人文・社会地域学

Regionology of Humanities and Societies

奥野　一生

目次

地図　目次

写真 目次 （写真はすべて筆者撮影）

※ 本書の授業での使用方法 ※

【2】～【15】まで、各1週で半期14週分の内容となります。最初に「オリエンテーション」、または、最後に「まとめ」を加えて、15週目とすることができます。勿論、各週の内容に追加や取捨選択を適宜行ってください。

【2】～【15】の各週の内容で、（1）～（23）と区切って示した内容は、プレゼンテーションソフト「パワーポイント」での1シート（1コマ）を想定しています。したがって、説明の関係上、一部分、重複する内容構成となっています。本文から、ポイントとなる用語を画面上に示して、講義に使用することを想定しています。各週23シート（23コマ）としたのは、1シート（1コマ）を「科目名・今週のテーマ・連絡事項」用とし、計24シート（24コマ）を配布資料として、A4用紙1枚に6シート（6コマ）であれば4ページ（両面刷りで2枚）、4シート（4コマ）であれば6ページ（両面刷りで3枚）という設定に対応しています。学生の理解確認・フィードバック用に、「まとめ」と「考察」の項目を掲載しました。「意見・感想」の項目を加えて3項目とし、配布資料を配布する以外に、A4用紙1枚程度に「まとめ」「考察」「意見・感想」を記入し、毎週提出することを想定しています。

また、それぞれの内容に関連した映像を組み合わせて、ご活用下さい。なお、通年開講の場合は、2週を1セットとし、1週を本書による講義、もう1週を「系統的分野」をテーマとした学生のプレゼンテーション（スピーチ）や、アクティブ・ラーニング、ケース・スタディ、ケース・メソッドとする授業展開が考えられます。

【1】 はじめに

　今日、大学の学部名に「地域」を冠する学部が急増しています。これは、当然ながら、社会的要請が大きな要因で、地方における地域振興は僅々の課題であり、特に地方の大学での地域振興の研究と活用が強く求められているところです。「地域」を冠する学部（学類・学群・学環は除く）を設置する大学は、全国に25大学（2023年現在）あります。その歴史は、1996年（平成8年）の高崎経済大学地域政策学部設置、同じく同年10月の岐阜大学地域科学部設置が初期で、設置されてからまだ30年（2023年現在）未満、1990年代では5大学のみ（現在も存続しているもののみ）、大きく増加するのは2010年代と、比較的新しい学部で、そして比較的新しい学問分野ともいえます。ただし、「地域」のみの名称は、初期の岐阜大学地域科学部と鳥取大学地域学部のみで、他は前後に他の名称が付き、「国際」あるいは「グローバル」といった名称が付く場合は、「国際学部」的色彩が濃いとも思われます。やはり、「地域学」でも、系統的地域学（地域の前に系統的区分がくる）よりは、地域的地域学（地域の前に地域的区分がくる）ということもあり、従来から経済学で「地域経済学」があったように、「地域○○学」という名称が多いと指摘できます。「地域」は「一定の場所」という意味以外に、「地方」の意味で使用されることがあり、その結果、学部の設置地域は、全般的に地方に多く、特に国公立大学はほとんどが地方です。このことは学部の特色を表しており、例えば、人口減少率が高い県が多い東北地方を除くと、人口減少率（2021〜22年）第1位の長崎県（11.3%）に次ぐ第2位が高知県（11.2%）で、長崎県が離島県ということを考慮すると、「実質的」に高知県が第1位であり、死亡率（少子高齢化が大きな要因）が高い県が多い東北地方を除くと、死亡率（2021年）第1位が高知県（15.2%）で、そこから高知大学地域協働学部設置は、当然の設置ともいえます。人口減少率・死亡率が高い県が多い「地域」は東北地方ですが、設置は私立大学の八戸学院大学地域経営学部のみで、大学の地元「地域」貢献、「地域」に対する学問的取り組みが最も求められる「地域」です。
　設置大学を具体的に見てみると、国立大学（国立大学法人）では、1996

年（平成8年）10月に岐阜大学地域科学部が設置されたのが「地域科学部」の最初です。1999年（平成11年）には、鳥取大学が教育学部を教育地域学部に改組して誕生させ、2004年（平成16年）に教育地域学部の教員養成課程を島根大学教育学部に移管、教育地域学部を地域学部に改組、「地域学部」の最初です。同じく1999年（平成11年）には、福井大学が教育学部を教育地域学部に改組、地域文化課程・地域社会課程新設、2008年（平成20年）に地域文化課程と地域社会課程を統合して地域科学課程に、2016年（平成28年）に教育地域学部地域科学課程募集停止、教育地域学部は教育学部と元の学部名に、国際地域学部を新設、「国際地域学部」の最初です。2005年（平成17年）には、山形大学が教育学部を地域教育文化学部に改組、2015年（平成27年）には、高知大学が地域協働学部を設置、「地域協働学部」の最初です。2016年（平成28年）には、宇都宮大学が教育学部の総合人間形成課程の募集を停止して地域デザイン学部を設置、同じく2016年（平成28年）には、佐賀大学が文化教育学部を教育学部と芸術地域デザイン学部に改組、同じく2016年（平成28年）には、宮崎大学が教育文化学部人間社会課程募集停止して地域資源創成学部を設置、教育文化学部は教育学部と元の学部名に、2018年（平成30年）には、琉球大学が観光産業学部と法文学部を国際地域創造学部と人文社会学部に改組しました。以上、9大学に設置されましたが、内6大学は教育学部の教員免許の取得を必要としない、いわゆる「ゼロ免」課程からの改組といった教育学部がらみであることが多いのが特徴で、改組・募集停止を伴わない新設は岐阜大学地域科学部と高知大学地域協働学部の2大学のみです。教育学部がらみであるのは、かつて教員の退職者が少ない時代があり、そのため教員採用が少なく、教育学部で教員養成以外の進路に対応して設置された「ゼロ免」課程設置が背景にあります。公立大学（公立大学法人）では、1996年（平成8年）に高崎経済大学地域政策学部が設置、2001年（平成13年）に奈良県立大学地域創造学部が設置、2009年（平成21年）に新潟県立大学国際地域学部が開学・設置、2016年（平成28年）に長崎県立大学地域創造学部が新設、同じく2016年（平成28年）に福知山公立大学地域経営学部が設置、2020年（令和2年）に県立広島大学地域創成学部が人間文化学部・経営情報学部を

再編して設置、2021年（令和3年）に島根県立大学地域政策学部が設置されました。以上7大学に設置されましたが、高崎経済大学等を除いて歴史の比較的新しい公立大学に多く、公立大学の総数から見た比率では、特に地方の公立大学で比較的多いといえます。私立大学では、1997年（平成9年）に東洋大学国際地域学部が開設、1998年（平成10年）に東京農業大学地域環境科学部が農学部の改組で設置、2011年（平成23年）に愛知大学地域政策学部が設置、2013年（平成25年）に同志社大学グローバル地域文化学部が開設、2015年（平成27年）に追手門学院大学地域創造学部が開設、2016年（平成28年）に大正大学地域創成学部が新設、2018年（平成30年）に九州産業大学地域共創学部が学部再編により設置、同じく同年の2018年（平成30年）に八戸学院大学地域経営学部がビジネス学部改組により設置、2023年（令和5年）に淑徳大学地域創成学部が設置されました。以上、現在（2023年）9大学に設置されていますが、私立大学の総数から見た比率では、都市部に多い私立大で比較的少ないといえます。なお、2000年（平成12年）に富山国際大学に地域学部が設置されましたが、2008年（平成20年）に国際教養学部と統合・改組されて現代社会学部となりました。

　ところで、地域学の名称が用いられなかった時代は、地理学が「地域を見る視点を学ぶ」とされてきた時代があります。その地理学は、英国ではオックスフォード大学地理・環境学部やケンブリッジ大学地理学部、米国ではカリフォルニア大学ロサンゼルス校地理学部など、諸外国には地理学部がありますが、日本では学部名になく、学科名でも縮小の傾向にあります。具体的に「地理」を冠する学科の設置状況を見てみると、東京都に、東京都立大学都市環境学部地理環境学科、日本大学文理学部地理学科、法政大学文学部地理学科、駒澤大学文学部地理学科、明治大学文学部史学地理学科、立正大学地球環境学部地理学科、国士舘大学文学部史学・地理学科、専修大学文学部環境地理学科の8大学で、専修大学は2010年（平成22年）の学科設置です。愛知県に、中部大学人文学部歴史地理学科が2004年（平成16年）に新設、愛知大学文学部歴史地理学科が人文社会学科より改組で学科を設置、2大学です。奈良県に、奈良大学文学部地理学科の1大学です。三大都市圏内の東京都・愛知県に地理学科が設置されているのに対して、

京都府・大阪府・兵庫県の京阪神には学科設置がありません。愛知県を西日本としないなら、西日本唯一の地理学科が奈良大学地理学科となります。実は、かつて立命館大学文学部地理学科、大阪市立大学文学部史学地理学科、関西大学文学部史学地理学科がありましたが、立命館大学が2004年（平成16年）に人文学科に、関西大学が2004年（平成16年）に総合人文学科となり、学科名から「地理」の名が消え、愛知県で学科名に地理を含む学科が誕生したのと対照的です。実に、現在、学科名に「地理」があるのは計11大学です。学部名の「地域」の25大学と比べて、極めて対照的な状況です。高等学校の教科及び教員免許は地理歴史科で、地理総合と歴史総合が必修であり、地理と歴史が、いわば双璧を成します。その歴史学は、学部名に冠した大学に佛教大学歴史学部があり、歴史学科や史学科を有する大学は多く、具体的には、国立大学（国立大学法人）に2大学、公立大学（公立大学法人）に3大学、私立大学に47大学、計52大学と、地理と比べて歴史は圧倒的に多い状況です。以上の「地域」名称を使用した学部25大学（学科名に地域を使用した学科は、さらに多数）、「地理」名称を使用した学科11大学という状況から、「地域」を学ぶ学問が、2000年代に、「地理学」から「地域学」へと移行していると指摘できるわけです。

「地域」を学部名・学科名に冠して、「地域」を研究対象とする学部・学科では、「地域」という名称を使用した科目を「基幹科目」として開講、1年次より、体系的な科目を設定、体系的に学ぶことが必然です。「地域」という名称を使用した科目がないことや、当然、名前だけで内容が伴わないということにならないようにするのは「大学」として当然でしょう。地域学入門・総論・総説・概論・概説に始まり、地域学は人文科学・社会科学・自然科学を複合的に学ぶところから、系統的学問区分の人文科学・社会科学・自然科学に対応して、系統的地域学の人文地域学・社会地域学・自然地域学、地域的学問区分に対応して、地域的地域学の日本と世界の地域学、日本地域学・世界地域学といった科目が設定されて、段階的に学ぶことが求められます。専門課程ともなれば、例えば「観光地域」では、観光地域学、さらにテーマパーク地域学やアニメ地域学といった、深化と共に、社会的ニーズに対応した科目設定も、必然的となるでしょう。そのよ

うな科目設定・開講に対して、十分な業績のある教員を採用、授業科目名と同名の教科書を執筆・発刊している人物が、授業を担当することが必須となります。様々な専門分野の教員でもって「総合」とするのではなく、一人の教員が、幅広い分野を修め、「包括的」に地域学の授業が行えること、それが「地域」を関する学部の授業で必要であり、「名称だけで終わらない」ということとなるのです。今日、当然ながら、「地域」を冠した学部・学科の設置急増に対して、教育内容が「検証」される段階となっているのは、「必然」といえます。名称と教育内容が異なれば、実際は「学べない」「生かせない」ことも、生じます。入口の学生募集、出口の就職先からも、「名称」と「学び」の一致が求められているところです。「地域」を冠した学部・学科の新設・改組に対して、既存の教員や狭い専門分野の教員で構成されている場合もあるわけですが、それこそ、「三大学三分野」の出身ぐらいの幅広い知見・素養を持った教員が必要といえます。

　最新の科学情勢では、「包括化」が求められます。複数の専門分野を統合することが重要で、自己の従来の専門分野のみでは包括化は実現できません。例えば、大学は過去、細分化と規模拡大を進めてきました。学部・学科・専攻の増設、そして専攻であったのを学科に、学科であったのを学部にというわけです。メリットとして専門化による発展が期待されたわけですが、デメリットとして幅広い学問分野全体を見渡すことが少なくなるということもあります。それに対して、「地域」を冠した学部の誕生は、過去の細分化に対する、未来に向けて統合化の方向でもあります。その際、学問・研究に求められているものや目的から逆算して検討・考慮することも、初期段階・発足時に必要です。すなわち、総合的な・包括的な学びをしてきた研究者を最初から採用することがスタート時点から必要です。反対に、様々な専門分野のみの研究者で構成されると、後々までそれが継続して影響することがあります。勿論、総合的な・包括的な学びをしてきた研究者が寡少という問題があり、そのことが「地域学」が必要とされながら、「○○地域○○学部」と「地域」だけにならないことに表れています。

　そこで必要となるのが、「包括的」な「地域学」の教科書です。残念ながら、「包括的」な教科書が極めて少なく、さらに、「包括的」と思われる大学用

の教材は、複数の著者による高価な書籍がほとんどで、一人の著者による包括的で、一冊で教科書に使用できる比較的安価な書籍がないのが現状です。本書は、以上のような情勢を踏まえて、三大学三専攻の出身、豊富な高等学校における地理指導の経験、大学での地理学授業の経験等を踏まえ、包括的な内容を扱うとともに、学生の興味・関心と将来の必要性を考慮し、限られた紙面で、内容を厳選した、大学用の「人文地理学」「人文・社会地域学」の教科書として企画したものです。教職科目としての「人文地理学」は勿論、一般教養科目としても、使用できる構成となっています。具体的には、半期の授業、例えば「人文地理学概論」「人文地理学総論」「人文地理学総説」「人文・社会地域学」の授業で、あるいは一般教養科目の授業で、教職に役立つ・使える内容という学生の要望に対応しつつ、できるだけ網羅するならば、これらの項目になるのは必然と思われます。限られた時間の制約を考慮して項目を設定したため、他に必要と思われる項目があると思われますが、主要項目は網羅していると考えています。

　本書の構成は、人文地理学の中心が政治地理学・経済地理学であるところから、最初に「政治地理学・経済地理学の諸相」の項目とし、現代的課題として情報問題やグローバル化と感染症について提示、体系的な系統的地域学の最初として「人口」の項目としました。「地域」を見る時、まずは「人口」の項目を見るのが適切です。ついで、その人口に大きな影響を与えるのが「産業」であり、第一次産業の農業・林業・水産業、第二次産業の鉱業・工業の項目としました。さらに、人々が住む場所として「集落」があり、村落・都市の項目を取り上げました。最後に、今日、「地域」を見る時に、特に世界の「地域」を見る時に重要となるのが「文化」で、世界の民族・宗教の項目とし、「文化」でもって、「人文・社会地域」のまとめを兼ねて、世界を3つの「地域」に区分して、提示しました。「人文」すなわち「人間文化」と称するならば、「文化」の項目は必須で中心であるべきものです。「文化」の項目がない「人文地理」はいかがか、ましてや出身学部・大学院を考えた場合、少なくとも触れるべき内容でしょう。

　なお、第三次産業の観光・交通の項目は、拙著『観光地域学』（竹林館）で取り上げていますので、そちらをご参照いただきたい。

【2】政治地理学・経済地理学の諸相

（1）政治地理学・経済地理学とは何か ①

　政治地理学・経済地理学は、系統地理学の各分野で、系統地理学では、自然・政治・経済・文化のそれぞれと、他との相互関係を考察します。

　政治地理学では、世界であれば世界全体とともに世界各国、日本であれば日本全体とともに都道府県市町村、政治の差異、具体的には、政治体制・対外政策や環境・人口・産業・交通・観光・都市・地域政策などを、過去・現在・未来と、空間的・時間的に、他との相互関係から考察します。

　経済地理学では、世界であれば世界全体とともに世界各国、日本であれば日本全体とともに都道府県市町村、経済の差異、具体的には、人口・農業・林業・水産業・鉱業・工業・村落・都市・交通・観光などを、過去・現在・未来と、空間的・時間的に、他との相互関係から考察します。

　これらを検討すると、空間的な共通性と多様性、時間的な共通性と多様性が見られ、その要因についても、共通性と多様性があり、的確な分析には、多くの情報収集、政治学・経済学を含めた幅広い学問分野の知見が必要で、特定の学問分野にこだわった判断では、不的確となります。

　なお、本書では、経済地理学の区分を中心に構成・展開・考察します。

（2）政治地理学・経済地理学とは何か ②

　政治地理学・経済地理学を考える場合に、まず、政治と経済、両者の「ちがい」と相互関係を検討することが、基礎として必要です。

　わかりやすいのが、役所と企業の「ちがい」から考えることです。企業は、経済活動を行って、利益を上げて運営されます。その際、経済法則を熟知し、利益の上がらないことは基本的にやらないのが原則です。ただし、地元貢献などの社会還元はあります。どのような経済活動を行うのか、経営判断が重要で、経済学や経営学などの基礎知識が判断に必要となります。役所は、経済活動で利益の面から取り組まれないが、社会で必要とされる事柄に税金を用いて取り組みます。法律に基づく事項、国の指示により都道府県市町村が実施する事項、住民の請願や地方公共団体の長と議会の協

議事項など、国全体とともに、特定の地方で行われることもあります。

　近年は、費用対効果が重視される傾向にあり、投入した費用（税金）に対して、効果（政策）の有効性が議論されることが多くなりました。国からの補助や税金には限度があり、当然、できることに制約があります。

　両者は、相反する面、補完関係、そして影響しあう面もあります。

（3）政治地理学での変遷と要因

　政治地理学では、世界であれば各国、日本であれば都道府県市町村の、政治の差異を、自然環境や社会環境などとの相互関係から考察します。

　そこで、まずは時間的側面として、世界各国の政治体制の差異、変化と変遷を見てみましょう。大きな流れとしては、古代の貴族政治の時代、封建時代（中世・近世）の絶対主義の時代、近代の市民革命と社会主義の出現の時代があります。これらは、空間的に世界同時進行ではなく、地域によって、具体的な時代は異なります。ただ、近代の産業革命によって、資本主義と社会主義が誕生、資本主義国・社会主義国、そのいずれにも入らない第三世界の国々という区分が、政治体制区分でよく用いられます。

　その要因も含めて検討すると、近代以前は、政治が主、経済が従、という傾向があり、宗教も大きく影響しました。しかし、近代以降は、経済が主、政治が従、という経済の影響が大きくなる傾向があります。その一方で、グローバル化とともに、反グローバル化の傾向もあり、また、現代以降、宗教の影響も大きくなるなど、世界の一様化だけでなく、多様化の傾向も見逃せません。その差異は、地域的に、詳細な検討が必要です。

（4）世界の中心の変遷（気候）

　世界の中心の変遷を、気候から見てみましょう。古代では、エジプト・メソポタミア・インダスにおいて古代文明が誕生、これらの地域は、乾燥帯気候地域で、外来河川流域の優位な農業生産を背景に、文明が誕生しました。また、古代ギリシャ・ローマ帝国の繁栄は、地中海性気候によってもたらされ、地中海沿岸の農業生産と居住環境、商業・交易の恩恵によるものです。中世・近世では、ヨーロッパ、特に西ヨーロッパが繁栄します

が、西岸海洋性気候という人間にとって快適な気候の地であったことによります。しかし、農業生産は最適というわけでなく、農産物・鉱産物を求め海外へ進出、広大な植民地を獲得してその富が集まりました。絶対主義の時代を生みますが、当然、それは市民革命を招き、植民地も独立、ヨーロッパは大きく影響を受けます。近代では、第一次世界大戦後、アメリカ合衆国の繁栄が顕著です。アメリカ合衆国には、すべての気候があり、すべての農産物が国内で栽培可能、実用主義が広がることとなります。現代では、資本主義（自由主義）と社会主義、その誕生と崩壊があります。

　このように近代までは、自然環境の気候の影響を受け、世界の中心地の変遷がありましたが、今後はそれを基礎に、多様に展開するでしょう。

（5）世界の中心の変遷（地形）

　世界の中心の変遷を、地形（大地形）から見てみましょう。古代では、エジプト・メソポタミア・インダスにおいて古代文明が誕生、これらの地域は、大地形の安定陸塊の地、大平原と外来河川の流域で、文明が誕生しました。また、古代ギリシャ・ローマ帝国の繁栄は、大地形の新期造山帯の地で、火山によってもたらされた肥沃な土壌と、山の斜面を活用した樹木農業と移牧による畜産の恩恵によるものです。すなわち、小麦栽培や、特に樹木作物のブドウとコルクガシ、ワイン、山羊と乳牛、発酵食品といった、作物・家畜・保存食品が、豊かな食生活を生みました。近世では、ヨーロッパ、特に西ヨーロッパの繁栄は、大地形の古期造山帯における石炭の産出が産業革命の早期実現となり、工業化を推進、製品を輸出、工業原料を求め海外へ、植民地獲得へと動き、絶対主義、市民革命、植民地独立と流れ、ヨーロッパは大きく影響を受けます。近代では、アメリカ合衆国の繁栄が顕著です。アメリカ合衆国には、すべての大地形があり、すべての鉱産物が国内で採掘可能、実用主義が広がることとなります。

　このように近代までは、自然環境の地形の影響を受け、世界の中心地の変遷がありましたが、今後はそれを基礎に、多様に展開するでしょう。

（6）資本主義と社会主義の誕生

　近代の産業革命は、蒸気機関を用いた動力革命でもあります。石炭を燃料として蒸気を発生させて機械の動力源としました。従来の人力・畜力・水力などに比べて、安定して長時間利用できる優れた動力源です。

　蒸気機関によってもたらされた機械生産は、大量生産・安価生産・同一品質生産を可能とし、手工業生産の衰退を招き、より大規模・高性能の機械生産へと展開します。その際に、機械を所有する、あるいは購入できる資本家と、機械を所有できない、購入できないで労働力を提供する労働者に分かれることとなりました。また、より高性能で大規模な機械を所有できるかどうかは資本力によるため、工業は資本力が大きく影響することとなります。さらに、輸出などの貿易による利益が大きいため、資本主義国は、工業などの第2次産業から、小売業・サービス業・運輸業・金融保険業などの第3次産業へと展開し、先進資本主義国へと発展しました。

　社会主義国は、旧ソ連・東欧・中国などで、共通点は石炭産出国ですが産業革命が遅れた国々であり、貧富の差が大きく、それが社会主義革命の原動力となり、かつては、第1次産業と第2次産業が中心で、今日でも、一人当たりの国民総所得で、先進資本主義国との格差があります。

（7）資本主義と社会主義

　資本主義で、資本とは、「お金」もしくは「お金」と同等の価値がある資産・財産です。資本主義では、私有財産制、すなわち財産の私有を認めており、それが貧富の格差を生むことにもなります。生産手段（工場・土地・機械など）の私有と所有者の判断で、生産物の価格・生産量・品質等が異なることとなり、自由競争による競争が発生、価格・販売量・品質などが市場経済にゆだねられることとなります。ちなみに、自由主義ともいうのは、自由競争主義からです。ただ、独占状態は公正な競争を阻害するため、独占や、場合によっては寡占が禁止されることがあります。

　社会主義は、当初は、国家の計画と指令による、計画経済を実行するもので、共産主義ともいいますが、区別する考えもあります。現在は大きな変化があり、実際は、政治と経済の分離が進んでいます。すなわち、政治

は社会主義だが、経済は市場経済を導入するというものです。原則としては、社会的所有、すなわち財産は公有とするのが本来です。生産手段（工場・土地・機械など）の公有が原則で、所有は認めず、「使用する権利がある」とされ、企業や個人によっては、「富裕層」が誕生しています。

（8）世界の政治地理学 ①

　世界の政治地理学を、具体的に、第二次世界大戦後（1945年）の冷戦時代から、ソ連（ソビエト連邦）崩壊（1991年）までの時代を検討してみましょう。この時代は、東西問題と称される、社会主義（東）と資本主義（西）の対立があり、実際の顕著な戦争ではない対立状態を「冷戦」と表現しました。ちなみに、当時のヨーロッパにおいて、東ヨーロッパが社会主義国、西ヨーロッパが資本主義国であったため、「東西問題」と称されました。

　資本主義国は、自由主義国とも称され、西ヨーロッパ（北・南ヨーロッパ含む）、南北アメリカ（キューバ除く）、日本・韓国・台湾・シンガポールが代表的な地域と国々です。社会主義国は、共産主義国とも称され、東ヨーロッパ・ソ連・中国・キューバが代表的な地域と国々です。第三世界の地域と国々は、アジア・アフリカの、かつては欧米の植民地で、第二次世界大戦後に独立するなど、独立の歴史が新しい新興国の国々です。

　この三者に分かれた背景には、植民地と宗主国、産業革命の実現時期、その実現に関わる資源の有無、経済的発展、地政学的位置と称される位置関係、勿論、指導者の思考が影響しています。

（9）世界の政治地理学 ②

　世界の政治地理学を、具体的に、ソ連崩壊（1991年）以降の時代を検討してみましょう。この間、アメリカ合衆国のニューヨークにおける同時多発テロ発生（2001年）、アラブの春（チュニジア・エジプト・リビア）というアラブでの変化（2011年）、フランスのパリにおける同時テロ発生（2015年）、ロシアによるウクライナ侵攻発生（2022年）があり、世界に大きな影響を及ぼす出来事ですが、次に何が起きるかが懸念されます。

　現在の世界の政治的枠組みである国家群には、欧米とその連携国（旧・

資本主義国中心）、ヨーロッパ・アメリカ大陸の国々・日本など、露中とその連携国（旧・社会主義国中心）、ロシア・中国・アジアとアフリカの国々、イスラームの国々（国内も含め、多様性に注目する必要があります）、中央アジア・西南アジア・北アフリカ（乾燥気候地域）、マレーシア・インドネシア（かつてヒンドゥー教、熱帯気候地域）、といった国家群の区分がされることがあり、世界を見る際の地政学的視点とされます。また、その国家群相互においては、移民問題、対外進出、地域紛争など、様々な課題があり、それが次に起こる出来事の要因になる可能性があります。

(10) 経済地理学の状況

経済地理学は、人口・農業・林業・水産業・鉱業・工業・商業・村落・都市・交通・観光などの経済の差異を他との相互関係から考察します。

近代以前においては、自然環境の影響が強く、特に産業はその立地条件において、影響を受けてきました。当然、人口・村落・都市も、分布や密度、立地などにおいて影響を受けてきました。近代以降は、科学技術の進歩で、自然環境を克服、例えば、自然環境からは不利でも、機械化で、土地生産性や労働生産性を向上させ、自由競争・市場競争に勝つことができることとなり、自然環境よりも人の「知」が重要との認識となりました。

また、それと関連して、資本力の差異や人件費の差異、為替の差異、これらと知識が、極めて重要な時代になりました。政治地理学と関係して、国や地域の法規・政策、文化地理学と関係して、宗教や習慣、嗜好といった項目も、差異を生む要因となり、地域分析に必要となります。

このように、様々な要因から、重要視される要因の順位、要因の組み合わせ、さらには要因の相互作用を検討するとともに、二極化や多様化、基軸化と集束化、これらの方向性を見極める必要性があるでしょう。

(11) 先進国と発展途上国

先進国とは、一人あたりの国民総生産・総所得が高い国で、第三次産業就業者数が多く、産業の中心となっている国です。すなわち、ペティ・クラークの法則により、第一次産業から第二次産業を経て第三次産業へと、

「先に進んだ国」です。第一次産業・第二次産業は高度に機械化され、その就業者数は少なくても生産性は高く、生産量が多いことがあります。

　発展途上国とは、一人あたりの国民総生産・総所得が低い国で、特に、第一次産業就業者数が多く、産業の中心となっている国です。すなわち、まだ第一次産業中心で、「途上」とされるわけです。注意すべきは、国全体の国民総生産・総所得が高くても、人口が多いため、「一人あたり」に換算すると低くなる国です。また、貧富の格差が大きく、少数の富裕層と多数の貧困層に分かれる場合があり、平均値や中央値が低くなることがあります。発展途上国では、まずは第二次産業化、すなわち工業化を進めるため、人件費の安さを活用した人手を要する手工業を中心にした場合に、賃金上昇は、競争力低下となるという側面があります。発展には、役に立つ教育の推進、競争力と収益力のある産業の育成が求められるところです。

(12) 世界の経済地理学

　先進国は、経済を中心とした視点から先進とされますが、政治・教育・医療なども同時に先進であることが多く、北西ヨーロッパ・北アメリカ・日本・オーストラリアなどの国々が、それに該当します。

　発展途上国は、経済・政治・教育・医療なども発展途上であることが多く、アジア・アフリカ・中南アメリカの多くの国が、それに該当します。

　以上から、経済は、政治・教育・医療などと関係深く、同時進行で発展させる必要性がありますが、現実には困難な問題が多く、先進国と発展途上国の相互協力、相互負担、相互活用が求められます。

　南北問題とは、豊かな「北」と貧しい「南」の問題で、北半球の中緯度から高緯度に、一人当たりの国民総所得が高い豊かな国々が多く、北半球の低緯度から南方面に、一人当たりの国民総所得が低い貧しい国々が多いことから、そのように表現されます。背景には、過去に影響した緯度による気候の差異、地形と資源による産業発展の影響があります。

　南南問題とは、「南」の貧しい国々の中でも、より貧しい「後発国」と指摘される国々の存在から、そのように表現されます。背景には、過去の植民地時代の影響、有力な産業育成の課題があります。

（13） 経済地理学の課題：国内格差の問題

　経済地理学の課題としては、先進国と発展途上国の格差もありますが、今日、それぞれの国々での国内格差が問題となっています。

　先進国では、非正規雇用の増加、失業率の増加、特に、中高年齢層、高学歴層（大卒）の貧困問題が発生しています。理由としては、少子高齢化による人口減少、特に若年層の減少、海外との競争の激化、機械化、リストラの進行です。対応としては、若年時だけでなく、中高年時に至るまでを見通した、未来を見据えた教育・就職が考えられるべきでしょう。

　発展途上国では、高学歴層（大卒）の失業率の増加、特に、「恵まれた」教育を受けた若者の貧困問題があり、それが先進国への移民につながり、先進国の労働状況に影響を及ぼしている場合があります。理由としては、国の発展のために高学歴化を推進したわけですが、欧米流教育が途上国の現状に合わないわけです。対応としては、競争に勝てる、通用する、役立つ、考える教育体制の確立、産業の育成が求められます。

　先進国・発展途上国ともに、競争の激化によって、中間層の維持が困難になっている点が、国内格差問題の共通点です。自らの国が、先進国・発展途上国との認識にとどまらず、国内格差にも注目すべきでしょう。

（14） 政治地理学・経済地理学における情報問題 ①

　政治地理学・経済地理学において、情報は地域的差異と地域間関係に大きな影響を及ぼす、重要な事例と要因で、その吟味が必要です。

　現在のみならず、過去の時代においても、情報収集と伝達が重要でした。情報の収集としては、諜報機関、例えば日本の「忍び」、海外の「スパイ」があり、情報の伝達方法としては、のろし、伝書鳩、新聞、電信、電話と、活用されてきました。特に、電信は、近代期において、戦争の勝敗や海外投資の成否と、政治・経済に大きくかかわったことが知られています。

　日本は、1871年（明治4年）に長崎～上海・ウラジオストク間電信ケーブル敷設、シベリア経由でヨーロッパ、大西洋横断ケーブルでアメリカ合衆国と、日本から欧州を経由して米州間が電信線で結ばれ、1873年（明治6年）に長崎～東京間が電信線でつながり、東京～長崎～上海・ウラジオ

ストク～欧州～米州まで全通、欧米の情報がすぐに日本（東京）へもたらされました。その後の 1877 年（明治 10 年）西南戦争、1894 年（明治 27 年）日清戦争、1904 年（明治 37 年）日露戦争と、戦争を優位に戦えたのは、電信による情報伝達のおかげでした。また、戦前の商社である鈴木商店は、海外情報を電信で収集、海外投資で大きな利益を上げ、大商社となりました。

(15) 政治地理学・経済地理学における情報問題 ②

　現在、様々な情報が、インターネット、スマホ、タブレットなどでやり取りされ、情報が氾濫、取捨選択、吟味が必要となりました。特に、「偽情報」が大量に流され、それを「ＡＩ」が学習、その結果、「ＡＩ」が誤った判断をすることや、さらに誤った情報を提供するという、瞬時に偽情報が駆け抜けることとなり、政治・経済に影響することが考えられます。

　また、従来、テレビ・新聞・雑誌のマスコミが情報発信源で、問題がなかったわけではありませんが、多くの一般人も情報発信源となり、質量ともに様々な情報が発信され、情報操作が行われやすくなっています。

　そこから、スマホ等から情報を得る、それを十分に吟味することなく暗記するだけという、安易に行動した人が問題となっています。そこで求められるのは、論理的思考力で判断、複雑多量の情報を処理する能力を、自分で身に着けることが求められています。そのためには、幅広い学問の学び、広い視野・視点からの検討、これを若い時から取り組むべきです。特に、自分にとって都合がよい、心地よい、単純少量の情報には、飛びついてしまうことがありますが、最も要注意です。やはり、「社会は甘くない」が判断の基本となり、日頃から、様々な情報への対応力が必要です。

(16) 政治地理学・経済地理学における情報問題 ③

　経済活動において、従来、生産者は、自己都合・自己判断で生産することもありました。勿論、経済法則に従い、一定の利益を上げることを考え、できれば、生産者の「理想」を追求することもありました。

　現在、マーケティングの技法が重視されています。市場調査やアンケート調査などに基づいて、企業が判断していく、すなわち、消費者の「声」

から、商品を開発、買い手を重視、さらに価格も重視することとなりました。その結果、特に、「低価格」を求める消費者の「声」から、品質の変更、正規労働者の賃金抑制、さらには非正規雇用を増加させることで人件費を削減、「低価格」を実現しますが、それは労働者、そしてそれがひいては「消費者」への「しわ寄せ」が身近で発生することとなっています。したがって、消費者の判断が必ずしも正しいとは限らず、「見かけ重視」「目先だけ」で、低賃金・非正規雇用の増加となることがあるわけです。

　企業の中には、消費者の要望には、「聞くべき要望と聞かなくていい要望」があるとして、取捨選択を重視した経営や、「企業は存続が第一」として、安売りに参入しない姿勢を取り、「コロナ禍」を乗り切った企業とそうではない企業が二極化、有事において、その真価が明確となりました。

(17) 政治地理学・経済地理学における情報問題 ④

　政治地理学や経済地理学においても、大量の情報を取り入れ、要因の分析が必要です。従来、大量の情報が収集できても、コンピューター能力の技術的限界から、処理と分析ができなかったことがありました。

　現在、コンピューター能力の飛躍的向上で、大量の情報が処理可能になり、情報間の相関が高いと判断できることとなりました。いわゆる、ビッグデータで、超大量の情報処理・情報分析が短時間で可能とされているわけです。しかし、データ処理で関係深いとまで指摘されても、その先の要因、因果関係、メカニズムの推察までは困難なことが多く、「計算上は相関関係がありそうだ」という相関係数となっても、実際は有力ではないことがあり、したがって、まったく誤った指摘がされることもあるわけです。

　特定の場所や特定の時期だけのデータだけでなく、多様な空間・時間までの分析が必要で、「よりビッグ」の必要性があります。「思考が科学をリードする」と指摘されるように、相関係数といったような「数学的処理」にとどまらない、幅広い学問の成果を取り込んだ情報処理が必要で、コンピューターによる判断のメカニズムに、多様な学問の情報と成果が盛り込めるならば、意義のある分析結果が得られることとなるでしょう。

（18）政治地理学・経済地理学での理想と現実

　政治と経済の問題で、常に付きまとう問題が、理想と現実です。学問的に理想とされ、時代が理想に向かうと期待されるわけですが、現実にはなかなか実現されていないことが多いのが、実情であったりします。

　政治地理学では、民主主義と衆愚政治、独裁政治があげられ、民主主義を目指したにもかかわらず、衆愚政治となる、あるいは結果的に独裁政治を生むことがありました。第一次世界大戦が民族自決を広めることとなり、その理想主義が、第二次世界大戦につながることとなりました。

　経済地理学では、市場原理に任せることが理想とされ、落ち着くところに落ち着くとされたのですが、過去には、大不況・恐慌を発生させることとなりました。また、市場競争が勝者と敗者を生み、それが進歩を生むとされました。理想主義が、経済発展を阻害することもある一方で、理想が現実を生み、現実が新たな理想を作ることともなっています。

　そこから考えることは、物事にはプラス・マイナス面があり、バランスが重要で、時代経過とともにより複雑多量となることを自覚する必要があります。それは人々が学問を学んで行動していないということであり、「役に立つ学問」を学んで行動する必要性を訴えることが求められます。

（19）政治地理学・経済地理学と心理・教育

　政治地理学・経済地理学には、人間の心理、そして教育が大きな影響を及ぼすことがあります。すなわち、人間の心理には、新しいものを求める心理、そして新しいものは「良い」とする心理です。具体的には、後発の心理で、例えば先進国のものを「良い」とする心理があり、例としては、日本の「舶来」志向、カタカナ志向、新物志向があります。

　これを利用した経済活動に、「流行」があります。勿論、「流行」はたまたま偶然に発生することもあり、すべてではないのですが、「流行ファッションは作られる」と指摘されることがあります。流行色は数年前に考えられ、製品が準備され、一斉に告知と販売が行われることがあります。

　衣類の物流事例には、欧米から日本の東京へ、次に日本の大都市へ、そして日本の地方へ、そこから中進国へ、さらに後発国へといった流れがあ

ります。勿論、有効利用であり、特に日本製は海外で人気があります。

　そこで考えるべきは、「新しい」ものの登場で、以前の「新しい」ものはどうなったかということです。教育もこの流れがあるかもしれません。やはり、基本・土台のベーシックを大切に、「新しい」はプラスαとし、しっかりとした「見る目」が、人生を大きく左右するとの自覚が必要です。

(20) 世界の政治地理学・経済地理学まとめ

　世界において、政治地理学・経済地理学の情勢で、現状は、かならずしも、すべてが「理想的」状況ではありません。その要因は、自然的から人為的まで、長い歴史の産物です。あえて一言・二言でいえば、「複雑多様」「広く深い」と言えるわけですが、それでは、本当の「結論」にはならず、これからの取り組みにもつながりません。

　それを、現状分析、自己理解、未来考察するには、第一に「網羅する（系統的・歴史的・空間的すべて）」、第二に「要因を考える（物理的・心理的・地理的すべて）」、第三に「集約する、未来考察に必要なポイントをつかむ（短時間でまとめる力、客観的真理からの意見）」ことが求められます。

　「アナログ」と「デジタル」といわれるように、コンピューターといったデジタル機器の活用を行うとともに、「デジタル」のデータや分析結果に対し、「アナログ」とされても、常に、立ち止まって、自己の判断力、幅広い視野・視点からの検討を加えることが必要です。「数字の誤差範囲」と指摘されるように、数字は「よっぽどでなければ、参考程度」とされることがあります。「数字は裏付けに必要」ですが、長年にわたって培われてきた学問の成果を生かすことが必要で、学問を学ぶ意義でもあります。

(21) 世界のグローバル化と感染症

　2020年からの世界的な「コロナ禍」は、観光・交通・貿易分野など、世界に大きな影響を与えました。まさしく、政治地理学・経済地理学でテーマとなる「グローバル化と反グローバル化」の動き、すなわち、コロナ禍以前の世界的交流拡大と、新型コロナウイルス感染症対策による交流の制限政策です。

過去では、13 世紀にモンゴル帝国の拡大と東西交流の活発化があり、その時の代表的人物がマルコ＝ポーロで、彼の「世界の記述」は西洋人の東洋への夢をあおりました。しかし、実際に西洋人が動いたのは 15 世紀の、地理上の発見の時代、大航海時代になってからで、14 世紀に黒死病（ペスト）が流行、欧州人口の 3 分の 1 が死亡した反グローバル化の影響です。19 世紀の日本の幕末（江戸時代後期）に外国船が来航、コレラが流行、江戸の死者は 3 ～ 10 万人（約 1 割）とも言われ、反グローバル化の「攘夷」が叫ばれました。20 世紀の第一次世界大戦で米軍兵士が欧州へ派遣、スペイン風邪が流行、世界の死者 1 億人（5 ％）、日本 45 万人（1 ％）と言われています。21 世紀も、人・物の急速なグローバル化が進行、新型コロナウイルスの感染が拡大しました。このように、グローバル化と感染症は深く関係し、その周期は短くなり、21 世紀における発生と、反グローバル化も予測されたわけです。

(22) 現代における有事

　コロナ禍で、注目されたのは「平時と有事」、「有事の周期性」です。

　現代期を見ると、1940 年代前半は戦時で「有事」、1950 年代は復興期です。1960 年代は高度経済成長期で所得倍増、物価も上昇、1970 年代後半はオイルショックが発生、「有事」で、戦後最悪の就職難といわれ、記録は塗り替えられていません。1980 年代後半はバブル経済期で、戦後最高の好景気とされ、戦後最悪から戦後最高となり、「もはや戦後ではない、景気が悪くなることはない」とまで言われることがありました。しかし、1991 年ぐらいからバブル崩壊、反動は大きく、「有事」です。その後も、1997 年に金融不安発生、バブル崩壊の影響が金融機関に波及、2001 年に I T バブル崩壊、1990 年代に多くの I T 企業が誕生、I T 企業の競争激化による 2 極化です。2008 年にリーマンショックが発生、金融危機で、資産価値の暴落を招き、そこに、2020 年からのコロナショックの「有事」です。「有事には周期性がある」、すなわち、景気の変動は経済学の基本法則です。「平時の期間が良く長いほど、有事のショックは大きい」わけで、自然法則の地震においても同様のことが指摘されます。このように、学問（社会

法則・自然法則）の基本を学び、対応することが必要となります。

(23) 未来に向けて考えること

　以上のように、「有事への対応」が求められ、有事には限りがあり、平時のほうが長いことです。当然ながら、周期的に来る有事に対する平時の備えが必要で、有事に、真価が鮮明になり、個人の差が大きくなり、平時に縮小した格差が拡大することとなります。具体的には、「経済成長」「バブル」「金融」「ＩＴ」などの素顔が鮮明になるともいえます。そして、有事には、平時に見えにくいビジネス・チャンスが芽生えます。

　有事に「○○は減少」、ということは裏を返してみてみれば、「○○は増加」があり、平時には見えない「○○は必要」ということに気づかされます。このように、発想力で「ひらめくことが大切！」です。

　様々な情報、特に対処方法がマスコミやネット上で公開されます。しかし、「本当にわかっている人は、絶対に他人に教えない！」ということに気づかされます。すなわち、「みんながやると利点ではなくなる」わけで、広まると効果は少なくなるという「事実」があるわけです。そこから、「いい加減な人は、すぐに、他人に広めようとする」わけで、まず、「自分で考える力をつける」「未来を見て」、そして、ついで、「日常で臨機応変」「すぐに判断、すぐに実行」、古くから「早い者勝ち」と言われる所以です。

　「まとめ」：
　資本主義と社会主義とは、それぞれ何か。
　先進国と発展途上国とは、それぞれ何か。
　政治地理学・経済地理学の問題には、何があるか。

　「考察」：
　資本主義と社会主義、発生の要因は何か。
　先進国と発展途上国、発生の要因は何か。
　政治地理学・経済地理学の問題、発生の要因は何か。

【3】世界の人口地理学（日本含む）

（1）人口地理学とは何か

　人口地理学は、系統地理学の経済地理学の一分野です。経済学の分野に人口経済学があり、人口と経済との関係を考察します。

　人口地理学は、人口分布、人口密度、人口動態、人口構成の差異を、気候や地形といった自然環境、産業や交通、民族や宗教、政治や経済の政策といった社会環境から空間的に考察するとともに、人口によって、自然環境や社会環境も変化するという、空間的相互関係も検討します。さらに、その影響の連鎖、過去から未来までの時間的推移も空間的に検討します。

　人口分布は、人間はどこに住んでいるか、どこが分布の限界か、その要因は何かを考察します。人口密度は、人間はどれだけ密に住むのか、密度の高い場所、密度の低い場所、その要因は何かを考察します。人口動態は、人間はどれだけ増減したのか、増加した場所、減少した場所、その要因は何かを考察します。人口構成は、人間の男女別・年齢別・産業別（職業別）構成の多少、比率の高低、どこがそれぞれ多いか少ないか、あるいは高いか低いか、その要因は何かを考察します。

　このように、人口現象で地域の特色が明らかになり、要因としての自然環境・社会環境も見えてくるため、地理学の最初のテーマとして最適です。

（2）世界の人口地理学 ① ＜人口分布＞

　人口分布では、まず、居住地域であるエクメーネ（独語）と非居住地域であるアネクメーネ（独語）に区分して考察します。

　居住地域の限界、すなわちエクメーネの限界には、水平的限界と垂直的限界があります。水平的限界には、まず極限界があり、北極・南極に向かって気温が低下、作物栽培が限界となって、非居住地域となります。次いで乾燥限界があり、乾燥帯気候の砂漠気候などで降水量が減少、作物栽培が限界となって、非居住地域となります。垂直的限界には、高度限界があり、海抜高度が上がることで気温が低下、作物栽培が限界となって、非居住地域となります。低緯度地域ほど麓の気温が高いため、高山での気温が高緯

度地域よりも比較的高く、高度限界が高くなります。典型例は、新期造山帯の環太平洋造山帯で、低緯度に高山が連なるアンデス山脈です。

　作物栽培の限界が居住地域の限界となるわけですが、その限界をこえて、居住するいわば例外には、遊牧・鉱山・基地が居住の理由となる、砂漠や極地の居住例があります。砂漠などの石油や鉄鉱石の鉱山には、輸入国である日本などの駐在員が居住して、業務を行っていることがあります。

（3）世界の人口地理学 ② ＜人口密度＞

　人口密度は、例えば１平方キロメートルあたり何人といったように表現されます。その人口密度の差異とその要因を検討してみましょう。

　例えば、人口密度が高いから、生活が苦しいとは限らず、人口密度が低いから、生活が楽とは限りません。むしろ、生活がしやすい場所だから、人が集まり、高密度になることがあり、生活がしにくい場所だから、人が集まらず、低密度になることもあるわけで、差異と要因は多様です。

　また、すべての人々は、「地理学」を学んで行動しているわけではありません。したがって、実際に生活できる人口密度と比べて、アンバランスになることもあるわけです。すなわち、多くの人々を養うことができる地域が、人口支持力がある地域で、地域の生産力に比例、具体的には商工業地域が高い状況にあります。それに対して、人口支持力以上に人口増加した場合、人口圧が高いということとなり、より良き場所を求めて移動・移住が行われ、移民の発生につながります。

　このように、人口密度だけでなく、人口支持力との関係、移民を発生させる場所か、移民が向かう場所かといったことも、考えたいところです。

（4）世界の人口地理学 ③ ＜人口密度の差異と要因＞

　人口密度の差異を生じさせる要因（理由）には、大きく、自然的要因（自然環境）と社会的要因（社会環境）の二つの要因があります。

　自然的要因（自然環境）には、まず、気候があり、人間にとって快適な気候地域が住みやすいために高密度となります。具体的には、温帯気候地域が高密度で、欧米では温帯気候地域のみならず、冷帯気候地域も高密度

です。また、アジアでは、熱帯気候地域も高密度で、米の栽培と関係しています。ついで、地形があり、農業や都市の立地に適する平野部、特に水が得やすい河川流域が高密度、ただし中南アメリカでは高山も高密度で、これは麓の気温が高温で、高山が居住に適した気温となるからです。

社会的要因（社会環境）には、まず、産業があり、人口支持力がある第2・3次産業が中心を占める地域、すなわち商工業地域が高密度です。それに対して、第1次産業が中心を占める地域は低密度ですが、アジアでは米作地域が高密度、米は人口支持力がある作物です。同様に、豚の飼育地域も高密度で、豚は繁殖率が高く、やはり豚は人口支持力がある家畜です。ついで、居住の歴史がある旧大陸（ヨーロッパ・アジア・アフリカ）が高密度、それに対して新大陸（アメリカ・オーストラリア）が低密度です。

（5）世界の人口地理学 ④ ＜人口高密度地域＞

人口密度について、具体的に人口密度が高い地域の国々を示します。やはり、人口が多い中国・インド・インドネシアで、高密度となります。

東アジアでは、中国、特に東部沿岸と大河流域（黄河・長江など）で、中南部の米作農業地域と、沿岸部の経済発展著しい商工業地域です。東南アジアでは、インドネシアに高密度の島々があり、特にジャワ島は高密度島です。南アジアでは、インド、特にガンジス川（ガンガ川）流域と南部沿岸の都市で、北部大河流域の農業地域と、南部沿岸の工業地域です。

ヨーロッパでは、イギリス・フランス・ドイツなどの西ヨーロッパの国々で、ヨーロッパの代表的な混合農業地域、商工業都市地域です。

アメリカでは、アメリカ合衆国東部で、混合農業地域と商工業都市地域、また、中南アメリカの国々で、高山・高原都市地域です。

アフリカでは、エジプトのナイル川流域、ギニア湾沿岸国で、集約的畑作農業やプランテーション農業地域です。

極小国（モナコ・シンガポール等）が高密度となるのは当然ですが、バングラディシュ・オランダ・ベルギー・ドイツ・インドなど、面積が一定以上ある場合でも、高密度となっていることにも注目したい。

（6）世界の人口地理学 ⑤ ＜人口動態＞

　人口動態とは、一定期間における人口増減です。それを世界全体で見ると、世界の人口は急激に増加しており、「人口爆発」と表現されます。

　世界の人口増加の歴史を見てみましょう。市民革命である 1642 年の清教徒革命後、それまで微増の人口増加であったのが、約 150 年で世界の人口が 2 倍となりました。すなわち、政治地理学で指摘した貴族政治や絶対主義で抑制されていたのが、市民革命によって解放されたことにより、人口が増加したわけで、勿論、この時代の人口増加の中心は、名誉革命・フランス革命・アメリカ合衆国の独立といった市民革命が広がった地域、すなわち、西ヨーロッパを中心としたヨーロッパとアメリカ合衆国です。

　この 150 年間の人口増加を見て、イギリス人マルサスは、1798 年に『人口論』を著わしました。そこでは、「人口は、制限せられなければ、幾何級数的（等比級数的）に増加し、人類の生活資料は、算術級数的（等差級数的）に増加する。均衡を保たしめるものは、窮乏と悪徳である」と示されました。すなわち、それまで制限されていた人口増加、人口の増加状況と人類の食糧生産状況を提示して、将来への危惧を表現しました。

（7）世界の人口地理学 ⑥ ＜マルサスの人口論＞

　イギリス人マルサスは、1798 年の『人口論』で窮乏と悪徳を予言しました。「窮乏」とは貧困であり、「悪徳」とは戦争などの発生を示します。

　マルサスの予言どおり、次の 150 年を待たずして、約 120 年後の 1914 年に第一次世界大戦が発生、そしてその戦後約 20 年、1939 年に第二次世界大戦が発生と、続けて世界的な大戦争が発生する事態となりました。

　マルサスの『人口論』後、約 130 年で世界の人口は 2 倍となりましたが、それは、第一次世界大戦と第二次世界大戦の間の時期であり、そして、第二次世界大戦後、約 45 年で世界の人口は 2 倍となり、それは、ソ連崩壊など現在の政治地理体制への転換時期に該当するわけです。

　このように、予言どおり人口増加率は加速、そして直接的ではなくても、人口の動きが歴史の動きの根底にあり、政治や経済、さらに文化に至るまで、物事を動かす大きな原動力となっていることに注目すべきです。

幸いにして、人類の食糧生産は、耕地の拡大や栽培技術の進歩、新たな食品の開発もあって、かなり人口増加に対応することができ、地下資源開発や工業生産の増大もありました。しかし、マルサスが警告したように、まだ予断を許さない状況にあることは、是非とも自覚すべきでしょう。

（8）世界の人口地理学 ⑦ ＜自然増加＞

　人口動態には、まず、自然的増減（自然増加）があり、出生数の多少・出生率の高低と、死亡数の多少・死亡率の高低で、増減が発生します。

　人口増加の型には、出生から、多産型（人口急増型）と少産型（人口停滞・減少型）があり、多産型（人口急増型）は発展途上国の多くの国々、少産型（人口停滞・減少型）は先進国の多くの国々で見られます。出生率は、年齢構成、生活水準、歴史伝統文化で差異があります。例えば、年齢構成が高かったり、先進国のように生活水準が高くなるとそれを維持するため、出生率は低くなり、反対に年齢構成が若かったり、発展途上国のように生活水準を高めるために、出生率が高くなる傾向があります。

　死亡も、人口増減に影響しますが、死亡率は、生活水準、気候、食生活、年齢構成、医療技術、社会福祉制度で差異があり、特に、乳児死亡率は、医療技術・社会福祉・生活水準が大きく関係します。出生時平均余命（寿命）は、生活水準・気候・食生活・医療技術・社会福祉で差異があり、特に、気候・食生活・健康保険が深く関係します。これらは、先進国と発展途上国で差異があるとともに、先進国間でも差異があり、政治地理学・経済地理学で示したように、国内格差が影響する典型例でもあります。

（9）世界の人口地理学 ⑧ ＜社会増加＞

　人口動態には、ついで、社会的増減（社会増加）があり、移民・移住といった人口移動によって、増減が発生します。

　人口移動の理由は、経済的要因が中心、よりよい生活を求めて他の地域へ移動することが多く、同じ国内でも、進学・就職で移動が発生します。

　過去の人口移動、移民・移住の例では、ヨーロッパ人の新大陸へ移動があり、ゲルマン民族のアングロサクソン人は北アメリカ・オーストラリ

アヘ、ラテン民族（スペイン・ポルトガル人）は中南アメリカへ、そのため、北アメリカをアングロアメリカ、中南アメリカをラテンアメリカと呼称することとなりました。また、アフリカの黒人は新大陸のアメリカ大陸へ移動、当初は奴隷として強制的な移民・移住でした。アジア人では、中国人が東南アジアやアメリカ合衆国へ、インド人が東南アジア・東アフリカへ、日本人がアメリカ大陸へと、移民・移住の例があります。

　現代の人口移動の例としては、第二次世界大戦後に、旧植民地から旧宗主国へ、西アジア・北アフリカの乾燥帯気候地域（イスラーム圏）の人々が、ヨーロッパ、特に西ヨーロッパへ、さらにアメリカ合衆国へ、中南アメリカの人々が北アメリカへと、移民・移住は継続しています。

(10) 世界の人口地理学 ⑨ ＜人口構成＞

　人口構成とは、人口がどのような人々によって構成されるかで、具体的には、性別年齢別人口構成と産業別人口構成があり、国単位だけでなく、都市部と地方部など、国内各地域の構成にも注目する必要があります。

　性別年齢別人口構成は、人口ピラミッドを作成して検討します。人口ピラミッドは、横軸左右に男女、縦軸に年齢を示した棒グラフです。大きく、人口ピラミッドの形から、ピラミッド型（富士山型）・つりがね型（釣鐘型）・つぼ型（紡錘型）に区分されます。ピラミッド型（富士山型）は、発展途上国に多い型で、若年層が多く、高齢層が少ない。つりがね型（釣鐘型）は、先進資本主義国に多い型で、若年層から高齢層が均一となり、つぼ型（紡錘型）は、さらなる先進国で見られ、若年層が少なく、高齢層が多い。

　産業別人口構成は、三角図表を作成して検討します。三角図表は、三角形の三辺を第一次産業・第二次産業・第三次産業の各比率（％）とし、各比率の交差点で表示、３要素から構成され、合計が100％になるものによく用いられます。発展途上国は、上から中央に集まり、特に第一次産業が多い状況が示され、先進資本主義国は、下から左下に集まり、特に第三次産業が多い状況が示され、その推移をみると、変化が明確となります。

(11) 世界の人口地理学 ⑩ ＜性別年齢別人口構成＞

　人口構成で、性別年齢別人口構成を検討すると、先進国と発展途上国で大きな違いがあり、それが人口移動の要因となることがあります。

　先進国では、生活費と教育養育費が高価となる傾向があるため、出生率が低下、人口停滞から人口減少へと移行し、人口構成においても、相対的高齢化が進行、いわゆる「少子高齢化」です。先進国における人件費の高額化は、人件費が比較的低い発展途上国における第一次・第二次産業の発展となり、先進国は第一・二次産業を発展途上国など、海外に依存する傾向となります。性別年齢別人口構成は産業別人口構成にも影響します。

　発展途上国では、収入増を目指して一家の労働者数を増加させるために、出生率が高い状況となります。ただし、「中進国化」によって、出生率が下がる傾向も現れています。従来、発展途上国では、死亡率が高い時期がありましたが、低下傾向も出てきています。その結果、人口増加は継続、人口構成も現在ではまだ若者が比較的多い状況です。発展途上国での人口増加は、就業機会の増加がないと、失業率上昇と人件費の安価化を招き、また就業先が限られると、若者は高収入や希望の就職を求めて、先進国へ進学・就職、先進国への移民・移住につながることがあります。

(12) 世界の人口地理学 ⑪ ＜産業別人口構成＞

　人口構成で、産業別人口構成を検討すると、先進国と発展途上国で大きな違いがあり、それが人口移動の要因となることがあります。

　第一次産業は、農業・林業・水産業で、「自然」が相手の産業、第二次産業は、鉱業・製造業・建設業で、「モノ」が相手の産業、第三次産業は小売・卸売・金融・運輸・サービス・公務で、「ひと」が相手の産業です。

　産業発展の社会法則には、ペティ＝クラークの法則があります。それは、「社会の発展にともない、産業の中心は変化する。すなわち、第一次産業から第二次産業へ、第二次産業から第三次産業へと移行する」というものです。第一次産業・第二次産業・第三次産業の区分は、「相手が異なる」だけでなく、最初に成立する産業が第一次産業であり、次いで成立するのが第二次産業、その後に第三次産業が成立するという、産業成立の順序も

示しているということにも、注目すべきでしょう。

　発展途上国は産業の中心が第一次産業、先進国は産業の中心が第三次産業まで「先に進んだ国」であり、第一次産業よりも第二次産業、第二次産業よりも第三次産業の収益率の高さが、推移の大きな要因となっています。ただし、収益率が高いと、競争も激しくなることにも注意が必要です。

(13) 日本の人口地理学 ① ＜人口分布＞

　日本の人口分布は、かつての「西国」の西日本中心の分布から、近世の江戸期以降、東日本方面が増加、その結果、人口重心も東へ移動、現在の人口重心は岐阜県、ここで人口のバランスがとれているということです。

　東京一極集中と表現されるように、現在、東京・関東に人口が多く分布しています。これは、江戸幕府の城下町の発展があり、実質的には政治の中心となり、経済の中心も大坂から江戸へと移り、明治の遷都によって、首都「東京」が誕生、政治のみならず、経済も明確に日本の中心となり、東京のみならず、周辺の関東地方各県の人口増加によるものです。

　人口集中の要因は、政治と経済の活発化で、多様な仕事があり、収入が多いことから、それを求めて人々が集まります。しかし、課題も発生、過密を越えて超過密となり、地価や家賃の高騰を招き、長距離通勤通学が発生します。その結果、従来の古くからの居住地以外に、今まで人が住んでいなかった場所に居住することとなり、災害発生の危険性も考えられるわけです。将来を展望してみると、日本全体のみならず、東京方面でも少子高齢化が進行、東京から距離や時間的に遠い場所においてすでに過疎化が進行、地価の下落も発生していることに注目する必要があります。

(14) 日本の人口地理学 ② ＜人口分布、都市と地方＞

　日本の人口分布では、都市部の分布増加、地方部の分布減少があります。これは、地方から都市への人口移動によるもので、特に、その時期としては、1960年代の高度経済成長期以降が顕著となっています。

　地方での分布減少要因は、高学歴化・就職先多様化があり、進学で都市部へ移動する、また就職で、仕事と収入を求めて都市へ移動することによ

るものです。性別年齢別では、特に若い女性の都市部への移動が比較的多く、地方における若い女性の相対的な少なさが、地方でのいわゆる「嫁不足」という婚姻問題となり、婚姻率減少・出生率低下を招きます。

　地方での人口分布の減少により、地方では課題も発生、少子化による学校の統廃合、人口減少による商店の廃業、交通機関や公共機関の廃止、空き家の増加があります。その課題に対して、発想の転換も必要です。子供の減少は少人数教育が可能になることであり、商品入手・移動不便は、今日ではオンライン活用で補える可能性があり、空き家の増加は、住居の安価な入手可能という状況となります。そして、そこに、地方でのビジネス・チャンスがあるともいえ、活用が期待されます。

(15)　日本の人口地理学 ③ ＜人口密度＞

　人口密度では、大きく都市が高密度、地方が低密度です。ただし、最近、市となった場所は全体として比較的低密度です。それは、市町村合併で、地方の過疎化による広域合併が促進され、市が周辺の町村を吸収合併、あるいは町村で市にとなりましたが、名目上「市」であっても、実態は、「町」「村」で人口密度は低いわけです。合併により、新たな中心地以外は、中心地機能が撤退して過疎化が加速、人口密度も低くなっています。具体的には、合併によって、元・市町村役場であったところが、支所化や廃止となり、保健所や学校の統廃合も行われ、商店も縮小、乗客減少による交通体系の変更と縮小といった、地域システムに大きな変化が生じ、不便になることによって、人口減少を招くことがあります。ところが、人口統計等が、市町村全体で集計されると、過疎化した場所が見えてこないことにもなり、市町村内の詳細な統計の算出が、地域分析と地域振興に必要です。

　人口密度では、大都市の中心地で、夜間に「過疎化」が進行しています。都市内部で、建物はあるが、無居住の「人口密度が低い」地域が増加しています。このように、都市・地方ともに、人口減少にともなう人口密度低下、課題の発生に注目する必要があります。

(16) 日本の人口地理学 ④ ＜人口動態＞

　日本の人口動態では、明治以降、近代期・現代期に大幅な人口増加がありました。明治～昭和初期、急速な近代化、特に産業・教育・医療の発達が顕著で、人口が急増、実に、1872 年（明治 5 年）の人口約 3 千 4 百万人が、1940 年（昭和 15 年）の人口は約 7 千 3 百万人と、倍増しました。

　第二次世界大戦後の現代期、戦後復興、高度経済成長、所得増加による先進国化によって出生率は低下へと転換、出生数は 1950 年代をピークとして減少、あわせて死亡率も減少、死亡数は 1950 年から 2000 年は百万人を下回り、死亡率も 1960 年から 2010 年まで 10‰を下回り、出生数の減少は死亡数の減少で、人口増加率は低下しながら増加は維持されました。

　しかし、人口数は 2010 年の約 1 億 2 千 8 百万人をピークに、減少期に転じました。これは出生の減少、すなわち、婚姻の減少が大きな理由です。競争激化、価格据え置きによる経費節減、給与抑制、非正規労働者増による収入減での非婚化、高学歴化での晩婚化、また、地方と都市の男女比差が晩婚化・非婚化となり、出生率の低下と死亡率の上昇（2015 年に 10‰を上回る）による「少産多死」で、人口数の減少につながっています。

(17) 日本の人口地理学 ⑤ ＜2010 年以降から減少期＞

　2010 年以降からの減少期に至る経緯を、時系列で検討してみましょう。

　1980 年代後半はバブル経済の時代、1990 年代にバブル経済は崩壊、景気低迷、バブル期に増大した融資の返済期を迎え、バブル経済崩壊期も融資によって企業は維持を図ります。物事を見る時には、タイムラグに注意が必要です。すなわち、バブル経済崩壊といった「有事」に融資が行われ、一時的に持ちこたえますが、やがて返済期になります。そこへ、1995 年阪神淡路大震災、2011 年東日本大震災、2020 年コロナ禍と続き、融資がその都度行われ、やがて融資返済期と、融資と返済の循環が続きます。

　一見、「有事」の連続を要因とみるかもしれませんが、1990 年代から、新興国の経済発展により競争が激化、これは地理統計の産業統計に表れており、日本企業の業績悪化により、2000 年前後の就職氷河期、2008 年のリーマンショックと、1980 年前後の生まれで、現在 40 歳代が正規雇用の減少、

非正規雇用の増加の世代で、婚姻率の大幅低下となりました。また、この世代は「ゆとり教育世代」で、学力大幅低下世代とも指摘されることがあり、その後の景気回復期でも、大きな転換がありませんでした。

(18) 日本の人口地理学 ⑥ ＜人口構成＞

　人口構成では、国内各地域についても注目する必要があります。

　日本の人口構成は、人口動態と深い関係があります。現在の40歳代は、高等学校卒業時の就職時に「フリーター」の用語が誕生した時期であり、前述したように、「ゆとり教育世代」です。国際的な競争が激化した時期に、「ゆとり教育」が行われました。「やりたい仕事」「好きな仕事」を求めて都市へ移動、都市では、仕事は多いが、非正規雇用が多く、「フリーター」「フリーランス」という用語が登場することになります。この移動によって、「地方」と「都市」の性別年齢別人口構成が大きく変化しました。すなわち、若者が都市へ、特に若い女性が都市へ移住、地方で若い女性が少なくなり、必然的に都市で若い女性が多くなるという、「地方」「都市」ともに、性別比に大きな差異が生じ、それが婚姻率の低下となり、独身者が増加、非正規労働もさらに増加、まもなくこの世代は50歳代となります。

　就職氷河期が要因と言われますが、かつて戦後最悪の就職難の時期もあり、それだけが要因とは言えません。やはり、地理的要因、すなわち「地方」と「都市」の性別年齢別人口構成の差異が大きな要因です。

(19) 日本の人口地理学 ⑦ ＜人口構成、都市と地方＞

　戦後の性別年齢人口構成では、第二次世界大戦で多くの男性、特に若い男性が戦死、戦後、男女比に大きな差が生じました。したがって、女性の非婚も発生しましたが、戦後は空前の婚姻・出産ブームとなり、婚姻率・出生率は高く、1950年の出生率は28‰を上回りました。しかし、1960年代の高度経済成長期に、進学・資格・仕事を求めて若年層の都市移住が多く、その後は特に相対的に女性の移住が多くなり、都市での若年女性比率の高止まり状態が、非婚化・晩婚化による婚姻率の低下、それに伴う出生率の低下、出生率は年々低下して、2020年には約7‰となりました。

　産業別人口構成では、地方で第一次産業比率が比較的高く、都市で第三次産業比率が比較的高く、地方・都市ともに工場立地によって第二次産業比率が高いところがあり、地方で第一次産業の衰退により、相対的に第三次産業比率が高くなってしまった場合もあります。

　地方の維持は、かつて、Uターン（定年後の帰郷）・Jターン（地方中心地への帰郷）が期待されました。しかし、それが期待できない場合、Iターン（都市から出身地でない地方への移住促進）、Oターン（定住人口ではなく、交流人口を増やす）が期待されることとなっています。

(20) 日本の人口地理学 ⑧ ＜人口問題＞

　人口問題を検討すると、非正規雇用の問題でもあることに気づきます。

　非正規雇用は、退職金・社会保険（健康保険・厚生年金）の問題（退職金少・社会保険の多くは自己負担）があり、自営業（個人商店等）・個人事業主（芸術・芸能・スポーツ等）、そして資格を取得し、資格を活用して独立開業も同様の状況となり、年金も国民年金のみとなります。

　老後（働けなくなった時）の収入源はどうするのか、長期間の正規雇用で退職の場合は、退職金と厚生年金（企業年金・共済年金を含む）がありますが、非正規雇用が多い仕事、就職先、その就職先につながる進学先であった場合はどうなるかを考えることが必要となってきます。

　そこで、小学校・中学校・高等学校での進路指導では、興味・適正・能力等から考えることを指導するとともに、さらに、長期的な視点で、老後の年金等の生活資金まで考えた進路選択の指導が必要となるでしょう。高等学校卒業以降において、学ぶ内容で、それを生かした仕事や就職先が限られてくる場合や、非正規雇用につながる場合があります。学部・学科選択等、大学入学時から卒業後の進路を考えることが求められます。

(21) 日本の人口地理学 ⑨ ＜世代間人口数の差異＞

　人口問題は、世代間人口数の差異問題でもあります。現在、最も人口が多い年代は、第二次世界大戦後の昭和20年代に生まれた第一次ベビーブーム世代で、年齢は70歳台、人数が多いにもかかわらず、当時は大学数が

少なく、大学入試は激戦でした。その世代後半は、大学卒業時に石油ショックが発生、戦後最悪の就職難となります。民間企業の就職が困難であったため、採用のあった公務員へと向かい、すぐに就職できたとは限りませんが、再任用まで勤めて退職、近年の公務員採用増加となりました。

　第一次ベビーブームの前の、戦中や終戦直後の世代は、第一次ベビーブーム世代に比べて人口は約半分、大学は少なかったわけですが、人数が少ない分、圧倒的に有利でした。第一次ベビーブーム世代の次に人口が多い世代は、第二次ベビーブーム世代で、現在、50〜40歳後半、学校が増設され、進学率が上昇しました。しかし、その世代後半は、バブル崩壊の「就職氷河期」、非婚・晩婚・少子化で「第三次ベビーブーム」発生はなく、現在、20歳代は、第二次ベビーブームの親世代の人口の約半分であるとともに、大学生時に「コロナ禍」に遭遇した世代ということになります。

(22) 日本の人口地理学 ⑩ ＜人口・人口密度・出生率・死亡率＞

　都道府県別人口（2022年）は、多い順に第1位東京都、第2位神奈川県、第3位大阪府、第4位愛知県、第5位埼玉県で、三大都市圏です。少ない順では第1位鳥取県、第2位島根県、第3位高知県、第4位徳島県、第5位福井県で、実は中国四国地方が多い。都道府県別人口密度（2022年）は、高い順に第1位東京都、第2位大阪府、第3位神奈川県、第4位埼玉県、第5位愛知県で、人口と順位が入れ替わるものの、やはり三大都市圏です。低い順では第1位北海道、第2位岩手県、第3位秋田県、第4位高知県、第5位島根県で、北海道・東北や、やはり中国四国地方に多い。

　都道府県別出生率（2021年）は、高い順に第1位沖縄県、第2位福岡県、第3位愛知県、第4位滋賀県、第5位東京都、若年層比率が高い都県です。低い順では、第1位秋田県、第2位青森県、第3位岩手県、第4位山形県、第5位北海道、東北・北海道に多く、若年層比率が低い道県です。都道府県別死亡率（2021年）は、高い順に第1位秋田県、第2位青森県、第3位高知県、第4位山形県、第5位島根県、東北に多く、高齢層比率が高い県です。低い順では第1位沖縄県、第2位東京都、第3位滋賀県、第4位神奈川県、第5位愛知県、大都市圏を中心に、高齢層比率が低い都県です。

(23) 日本の人口地理学 ⑪ ＜就業人口・産業比率＞

　都道府県別就業人口（2017年）は、多い順に第1位東京都、第2位神奈川県、第3位大阪府、第4位愛知県、第5位埼玉県で、三大都市圏の都府県です、少ない順では第1位鳥取県、第2位島根県、第3位高知県、第4位徳島県、第5位福井県で、中国四国地方に多く、人口の少ない県です。

　都道府県別第一次産業比率（2017年）は、高い順に第1位青森県、第2位宮崎県、第3位高知県、第4位岩手県、第5位熊本県、東北・九州に多い。低い順では第1位大阪府、第2位東京都、第3位神奈川県、第4位埼玉県、第5位京都府、東京と大阪の都市圏です。都道府県別第二次産業比率（2017年）は、高い順に第1位富山県、第2位静岡県、第3位愛知県、第4位岐阜県、第5位三重県、中部地方の工場立地県です。低い順では第1位沖縄県、第2位東京都、第3位高知県、第4位北海道、第5位千葉県、東京・千葉以外は工場の立地条件が不利な道県です。都道府県別第三次産業比率（2017年）は、高い順に第1位東京都、第2位沖縄県、第3位神奈川県、第4位千葉県、第5位北海道、東京都市圏と観光道県の北海道・沖縄です。低い順では第1位福島県、第2位長野県、第3位栃木県、第4位山形県、第5位富山県、第三次産業機能を隣接他県に依存する県です。

「まとめ」：
世界の人口（分布・密度・動態・構成）変化には、何があるか。
日本の人口（分布・密度・動態・構成）変化には、何があるか。
人口移動・移民には、何があるか。

「考察」：
世界の人口（分布・密度・動態・構成）変化、その要因は何か。
日本の人口（分布・密度・動態・構成）変化、その要因は何か。
人口移動・移民、その要因は何か。

【4】 世界の農業地理学と貿易地理学 ①

（1） 農業地理学とは何か

　農業地理学は、系統地理学の経済地理学の一分野です。経済学の分野に農業経済学があり、農業と経済との関係を考察します。

　農業地理学は、農業の種類、農業の立地条件、農産物・畜産物の生産・輸出・輸入、農業地域、これらの差異を、地形・気候・土壌といった自然環境、産業や交通、民族や宗教、政治や経済の政策といった社会環境から空間的に考察するとともに、農業によって、自然環境や社会環境も変化するという、空間的相互関係も検討します。さらに、その影響の連鎖、過去から未来までの時間的推移も空間的に検討します。

　農業は、林業・水産業とともに第一次産業、自然相手の産業で、自然環境の地形・気候・土壌の影響が大きい。勿論、栽培・飼育方法の工夫、品種改良、輸送方法の改善で、栽培・飼育可能範囲が拡大、従来は、立地条件が不利で栽培・飼育がなかった地域でも、今日では行われる場合があります。その一方で、連作や環境悪化、競争の激化により、衰退した農牧業地域もあり、自然環境と社会環境を見据えた農業経営が求められます。

　農業は、歴史上、最初に登場する産業であり、要因としての自然環境・社会環境も見えてくるため、産業の最初のテーマとして最適です。

（2） 農業の種類 ① ＜経営体・専業兼業・自作小作＞

　農業の種類は、経営体・専業兼業・自作小作といった、規模や労働力、他との就業関係、土地の所有関係により、区分することができます。

　経営体よりの区分では、伝統的農業地域での家族労働力を用いる小規模家族経営、新大陸などでの雇用労働力を用いる大規模資本主義的経営、集団労働力を用いる社会主義的集団経営に、区分することができます。

　専業兼業よりの区分では、農業のみに従事する専業と、農業以外も行う兼業に区分され、さらに日本では、農業が主、他が従であるものを第一種兼業農家、他が主、農業が従であるものを第二種兼業農家とします。

　自作小作よりの区分では、耕作する土地は自己所有の自作農と、耕作す

る土地は地主所有の小作農に区分されます。発展途上国のプランテーション農業では、植民地時代以来の大地主所有の大農園で、耕作を行う人々も多く残っています。日本では、戦後の農地改革で自己所有が原則となり、自分の土地であるため、生産物も自己所有となり、農業発展に貢献したとされます。しかし、土地が細分化されて、国際競争力の点では不利であるため、今日では、会社組織での農業や請負耕作も拡大しています。

（3）農業の種類 ② ＜生産方法・生産性・土地利用＞

　農業の種類は、生産方法・生産性・土地利用といった、資本や労働力、収量の多少、作物数・回数により、区分することができます。

　生産方法よりの区分では、投入する資本・労働力から、多い農業が集約的農業、少ない農業が粗放的農業で、大資本で行われていれば投入する資本が多く、人口が多ければ投入する労働力が多い傾向があります。

　生産性よりの区分では、生産性の高低を収量の多少から、同一面積に対しての収量で土地生産性の高低を、同一労働に対しての収量で労働生産性の多少を判断します。一般的に、集約的農業で生産性が高く、粗放的農業で生産性が低い場合が多い。他に、土壌や栽培方法の影響もあります。

　土地利用よりの区分では、一年に栽培する、作物数・回数から区分します。例えば、二期作は、一年間に同一作物を二回栽培するもので、米栽培でも行われ、日本では高知・沖縄でわずかに残っています。二毛作は、一年間に同じ土地で二種類を栽培するものです。複数作物・複数回栽培は、土地が肥沃であることによって可能な農業で、比較的肥沃なアジアの温帯気候を中心とした農業地域で行われるとともに、多様な農作物を入手でき、食生活の充実となり、豊かな食文化という、文化面にも注目したい。

（4）農業の種類 ③ ＜地力維持＞

　農業の種類は、豊かな土地での土地利用とともに、やせた土地における地力維持の土地利用方法によっても、区分することができます。

　地力維持のための土地利用としては、やせた北西ヨーロッパの土地において中世に考え出されて発達した二圃式農業・三圃式農業と、輪作があり

農業の生産性向上に大きく貢献、輪作は新大陸にも伝わりました。

　二圃式農業は、圃場を二つに分けて、一年ごとに小麦（冬作物）の栽培と、休閑（休む）を交替して繰り返すもので、土地を毎年使用しないため、土地を休ませることができ、地力の回復を待つわけです。三圃式農業は、圃場を三つに分けて、一年ごとに夏作（春作地）・冬作（秋作地）・休閑を交替して繰り返すものです。夏作と冬作を組み込むとともに、一年間の休閑が３年に一度となるため、土地の利用効率が上がることとなりました。

　輪作は、圃場を作物の種類数に分け、一年ごとに圃場を車輪のように移動、循環的に栽培するものです。三圃式農業から休閑なくして、負担の少ない牧草や根菜類の栽培を組み込み、圃場も三圃以上に増やして、休閑地をなくしても、土地に与える負担を軽減しています。やせた土地以外に、肥沃でも、土地に与える負担が大きい作物の栽培に用いられます。

（5）農業の種類 ④ ＜目的・生産物・農産物＞

　農業の種類は、目的・生産物・農産物といった、自給と販売、作物と家畜、作物と家畜の種類により、区分することができます。

　目的よりの区分では、自家消費用に栽培する自給的農業、販売用に栽培する商業的農業、大規模輸出用に栽培する企業的農業に区分されます。

　生産物よりの区分では、種をまき耕す、作物栽培の農業である耕種農業、作物栽培と家畜飼育の両方を行い、なおかつ、両者が有機的に結びつくのが混合農業、家畜飼育中心、牧草栽培程度は行う牧畜に区分されます。

　農産物よりの区分では、米・小麦等の穀物栽培である穀物農業、果樹等の樹木作物栽培である樹木農業、花卉（かき）・野菜等の作物栽培である園芸農業などに区分されます。また、米の栽培である稲作農業、畑での栽培の畑作農業、地中海性気候に適した作物栽培と家畜飼育を行う地中海式農業、嗜好作物を中心として輸出目的に大農園で栽培するプランテーション農業、乳牛飼育と乳製品生産の酪農などの区分があります。

　以上のように、目的から自給的・商業的・企業的に、生産物・農産物の種類から稲作・畑作・混合・牧畜・酪農・園芸・地中海式・プランテーション農業に区分と、地理学者ダウエント・ホイットルセーは農業地域区分を

行いました。

（6）農業の立地条件 ① ＜自然的条件＞

農業の自然的立地条件としては、気候・地形・土壌があります。

気候は、気温と降水量で、作物・家畜により気温の高低、降水量の多少の限界と、作物・家畜により適した気温と降水量があり、熱帯・温帯・冷帯に適した作物・家畜、幅広い気候に適した作物・家畜もあります。

地形は、平地と傾斜地があり、一般的には広大な平地が大規模な栽培を可能としますが、作物により斜面が適地もあります。典型例は、樹木作物で、傾斜地では水はけがよく、日当たりが良いことが適しています。また、山地と海抜高度の差の活用、例えば高度差による温度差を利用して、麓で熱帯性作物を栽培、山中で温帯性作物の栽培が可能になることによって、狭い国土でも幅広い作物の栽培が可能になることがあります。

土壌は、肥沃な土壌としては、温帯気候地域や乾燥帯気候地域に分布するチェルノゼム（黒色）やプレーリー土（茶色）があり、やせている土壌としては、熱帯気候地域に分布するラトソル（赤色）や冷帯気候地域に分布するポドゾル（灰色）があります。特定の作物栽培に向いた土壌では、ブラジルのブラジル高原に分布するテラロッシャがコーヒー豆栽培に適し、インドのデカン高原に分布するレグール土が綿花栽培に適します。

（7）農業の立地条件 ② ＜社会的条件：国内市場、生活習慣との関係＞

農業の社会的立地条件としては、国内市場、生活習慣があります。

国内市場は、国内における、産地と市場（しじょう・都市）の関係で、都市近郊農業では、新鮮さが必要な高収益作物栽培となり、遠隔地の農業では、保存が可能な作物での大規模な栽培となる傾向があります。

生活習慣（食習慣）との関係では、東アジアや東南アジアでは、米中心の食生活であるところから、米中心・米優先の農業となります。ヨーロッパや新大陸では、肉類・乳製品を生産、小麦中心・優先の食生活であるところから、小麦中心の農業・有畜農業となります。

宗教の影響では、イスラームの豚の忌避があり、豚肉を食さないこと

は勿論、基本的に飼育をしません。イスラームでは、御祈りをしたハラール食品が食生活の基本となっています。そのため、イスラーム圏では、鶏肉が肉の中心となっており、特に熱帯のイスラーム圏では生産が多くなっています。ヒンドゥー教徒においては、牛の神聖視から牛肉を食べません。しかし、神聖な動物ですので、牛の飼育はあり、牛からの牛乳は積極的に利用しており、牛乳以外に、バター・チーズの生産・活用もあります。

（8）農業の立地条件 ③ ＜社会的条件：国際貿易との関係＞

農業の社会的立地条件としては、国際貿易との関係があります。

国際貿易との関係とは、まず、輸出目的の場合、輸出に便利な海岸付近に農場を立地させることとなります。また、栽培に最適、技術が優秀、高品質、大量安価等、国際的競争力が必要であり、労働力が豊富で低廉が求められ、現地労働者が低賃金になることがあります。

アジア・アフリカ・新大陸の植民地では、宗主国の必要と貿易利益のために、プランテーション農業が行われました。植民地の独立後も、国際貿易を目的に、特定作物のモノカルチャー（単一栽培）が継続し、食料自給率が低い理由となっていることがあります。

特定作物の価格が、消費国側有利で決定されるため、長らく低賃金状態が継続、また食料用の作物栽培が優先されなかったために、高価な輸入食料を購入することとなり、生活に大きく影響しています。そこで、栽培現地の人々の利益につながる価格設定で購入する、いわゆる「フェアトレード」の考え方の導入、現地に適した食料用の作物栽培の推進、さらに、大きな利益を得ることができる新たな作物栽培が求められます。

（9）農作物の種類 ① ＜穀物：小麦＞

農作物の種類で、穀物は、主食となりえる作物で、小麦・米・とうもろこしが三大穀物、世界的に見ると、小麦が最も代表的です。小麦以外の麦類では、他に大麦（食用以外に、ビール・ウィスキーの原料に）、ライ麦（パンの原料に）、えん麦（食用・飼料に）があります。

小麦で、冬小麦は、乾燥帯および温帯気候地域を中心に栽培され、秋に

種をまき、冬が生育の時期である「冬作物」であるところから冬小麦と称し、春小麦は、春から夏にかけて収穫、冷帯気候地域を中心に栽培され、春に種をまくところから、春まき小麦から春小麦と称し、秋に収穫します。冷帯気候地域でも栽培できる品種と栽培方法の確立により、小麦栽培地域は飛躍的に広がりました。北半球の春から夏に収穫時期となるのは、冬小麦で、乾燥帯気候地域では春が、温帯気候地域では夏が収穫時期となります。北半球の秋に収穫時期となるのは、春小麦で、冷帯気候地域で秋が収穫時期となります。北半球の冬は収穫の時期ではありませんが、北半球が冬の時、季節が逆の南半球は夏なので、冬小麦を温帯気候地域で収穫します。このように、地球上、どこかで収穫している作物であるところから、季節的に入手しやすく、主食である穀物として、重要となるわけです。

(10) 農作物の種類 ② ＜穀物：小麦以外＞

小麦以外の穀物としては、まず、米があり、熱帯気候地域原産で、特に田植え期に雨が多いモンスーン気候に適する作物です。用途は、主食としての食料以外に、酒（日本酒・泡盛）・餅・菓子などに加工されます。

ついで、とうもろこしは、新大陸原産で、冷涼に耐えるところから、温帯気候地域だけでなく、冷帯気候地域でも栽培されます。用途は、主食としての食料以外に、酒（アメリカ合衆国のバーボンウイスキー）・菓子などに加工されます。同じく、じゃがいも（馬鈴薯）も、新大陸原産で、冷涼に耐えるところから、熱帯・温帯・冷帯気候地域と、極めて幅広い農業地域で栽培されます。また、さつまいも（甘藷）も、新大陸原産で、高温多雨地が栽培地域として多く、熱帯と温帯気候地域で栽培されます。このように、新大陸原産の作物が旧大陸に伝わり、多くの人口を支えました。

あわ・きび・ひえ・こうりゃんは、寒冷ややせた土壌などの不良環境に強い雑穀で、小麦・米などが栽培できない土地で栽培されることが多い。

カッサバ（でんぷんはタピオカ）は、新大陸原産で、熱帯性の作物、タロイモ・ヤムイモも、熱帯性の作物で、熱帯気候地域の代表的主食です。

（11）日本の米の生産量（収穫量）

　日本の米の生産量（収穫量・2021年）は、第1位新潟県、第2位北海道、第3位秋田県、第4位山形県、第5位宮城県と、現在、生産量が多いのは、北陸・北海道・東北で、気候は寒冷地・積雪地域です。米は、本来、熱帯気候地域の作物で、かつては、北海道で栽培ができませんでした。現在、世界的に見ても稲作北限の地であり、栽培方法と品種改良で、栽培可能となったわけです。かつては、比較的暖かい西日本方面での生産量が多かったのですが、需要に対する生産量が過剰となって減反政策が行われ、西日本では他の作物への転換で減少、また都市化の進展によって大都市の水田地帯が宅地に転換されたことによって生産量が減少しました。北陸・北海道・東北では、気候から農業に制約があり、また低湿地などでは米以外の栽培が困難、その結果、相対的に上位となったもので、栽培最適地という理由ではありません。かつて、東北地方では山形県が最多生産量で、最上川流域で栽培された米が河口都市の酒田に集められ、西廻り航路で大坂に運ばれました。酒田が日本海側随一の港町として繁栄した背景には、山形が東北一の米どころであったことが要因で、産物に注目することが必要です。

（12）日本の「うどん」と「そば」

　日本において、「うどん」と「そば」は、古くからの麺類の代表で、「うどん」は小麦が、「そば」はそば（蕎麦）が主原料です。

「うどん」は香川県・埼玉県・群馬県の生産が多く、埼玉県・群馬県は内陸の畑作地で、小麦産地です。特に、香川県は降水量が少なく、米栽培が困難なことから、小麦栽培となり、かつては小麦の代表的産地で、「うどん県」として有名です。小麦は、パンの原料ともなることから需要が増大し、今日では、輸入が多くなっています。

「そば」は戸隠（長野県）・出雲（島根県）・わんこ（岩手県）が、三大蕎麦とされ、寒冷地で、米や小麦栽培が困難であるところから、蕎麦が栽培されたという経緯があります。

　現在、西日本方面は「うどん」、東日本方面は「そば」が優勢です。要因としては、気候以外に、東西の地質の違いによる水の違い、その水に合

う「だし」と味の好みの違い、それに合う麺類から、このような流れになったとされます。境界線は富山県で、高岡などでは「ちゃんぽん」（一つの器に「うどん」と「そば」が入る）として、提供される場合があります。

(13) 日本の「伝統酒」①

　日本の伝統酒には、まず、日本酒があり、米の醸造酒（発酵酒）で、米の蒸留酒が「米焼酎」です。焼酎は、各種原料を用いた蒸留酒、単一原料で伝統的製法を用いたものを「本格焼酎」と称することになっています。

　芋焼酎は鹿児島県などで、麦焼酎は大分県などで、米焼酎は熊本県・沖縄県などで生産され、タイ米を使用したのが沖縄の泡盛、アルコール度数が高く、多くは43度、与那国島のみ60度も許可されています。黒糖焼酎は、奄美群島でのみ製造が許可されている焼酎です。

　日本では、「南方」で焼酎、「北方」で日本酒と、「伝統酒」は、気候から南北に区分されます。これは、日本酒の醸造に必要となるのが、仕込みの時期の「冬」の寒さで、「冬」でも暖かい「南方」では仕込みが困難となることによります。「冬」が仕込みの時期であるため、農閑期に「杜氏」の人々が酒造地に出稼ぎに来ることがありました。

　日本酒の代表的産地は、神戸の「灘」が有名で、六甲山から流れ出る「宮水」が酒造りに最適とされます。また、京都の伏見、広島や秋田も「酒どころ」として知られています。

(14) 日本の「伝統酒」②

　日本の「伝統酒」（天然醸造）を、「東西南北」で見てみましょう。

　日本最北端の日本酒は、北海道増毛町で生産される「國稀」、日本最東端の日本酒は、北海道根室市で生産される「北の勝」、日本最西端の日本酒は長崎県平戸市で生産される「福鶴」、日本最南端の日本酒は、熊本県津奈木町で生産される「亀萬」です。日本最「東西北」端の日本酒は、ほぼ四大島（北海道・本州・四国・九州）の端の地ですが、日本最「南」端は熊本県で、九州が「焼酎」地域であることもありますが、やはり「冬」の仕込みの限界と関係しています。なお、日本最南西端の日本酒は、沖縄県

うるま市で生産される「泰石」で、「福鶴」・「亀萬」は天然醸造ですが、「泰石」は天然醸造ではなく、冷房使用醸造です。

日本最南東端の焼酎は、東京都伊豆諸島の大島・新島・八丈島・青ヶ島で生産され、近世に薩摩から来た人が製造手法を伝授しました。日本最南端の泡盛は、沖縄県波照間島で生産される「泡波」、日本最西端の泡盛は、沖縄県与那国島で生産される「どなん」です。佐渡（日本酒）、壱岐（焼酎）、久米島（泡盛）も有名で、離島で酒造りが盛んであることに注目したい。

(15) 農作物の種類 ③ ＜採油原料作物・薬用等の作物＞

農作物の種類で、採油原料作物（植物性油脂原料作物）があります。

大豆は、穀物の中に含めることもあり、用途は、食用以外に、食用油・豆腐・味噌・醤油などに加工されて使用されます。落花生（ピーナッツ・南京豆）は、新大陸原産、オリーブは、地中海性気候に最適で、食用油や果実は食用、ひまわり・ごま・なたね（菜種）も油を採取します。

ココやしは、熱帯アジア原産で、採取したコプラはやし油・石鹸に、油やしは、熱帯アフリカ原産で、採取したパーム油は蝋燭・石鹸に、それぞれかつては使用されました。しかし、動物のミルクから生産される動物性食品に対して、「植物性食品はヘルシー」とされ、石油から生産される合成洗剤に対して「植物性洗剤は環境にやさしい」とされることとなり、「植物性食品」「植物性洗剤」の原料として、ココヤシ・油やしの栽培が熱帯気候地域で広がり、従来のジャングル地帯を伐採して畑を広げるところから、当然ながら、熱帯林の損失、環境破壊につながることがあるわけです。

薬用等の作物としては、キナ樹（キニーネはマラリア特効薬）や除虫菊（蚊取線香）があり、これらは熱帯気候地域で特に求められるものです。除虫菊は、かつて瀬戸内海の島々で、多く栽培されていました。

(16) 農作物の種類 ④ ＜繊維原料作物と天然ゴム＞

農作物の種類で、繊維原料作物と天然ゴムがあります。

綿花（コットン）は、熱帯気候地域・乾燥帯気候地域・温帯気候地域と、比較的温暖なところで幅広く栽培される繊維原料作物で、繊維原料の中心

です。海岸沿いのように、塩分が含まれる土壌でも栽培でき、日本では、近世の時代に、河内や三河で盛んに栽培、かつて自給していました。

　亜麻は、最高級の麻（ハンカチ等）で、冷帯気候地域など、冷涼な気候に栽培が適します。黄麻（ジュート）は、穀物等を入れる麻袋に使用され、熱帯気候地域の低湿地の三角州など、高温多湿気候に栽培が適し、バングラディシュの代表的産物です。サイザル麻は、新大陸原産で、熱帯性の作物、中南アメリカや東アフリカの熱帯気候地域で栽培され、ロープが主要な用途です。マニラ麻も熱帯性の作物、水に強いため、船舶用ロープやティーバッグ使用され、名前のとおりフィリピンの代表的産物です。

　天然ゴムは、新大陸原産、熱帯気候地域で育つ高木です。ブラジルのアマゾン川河口、パラが原産地で、パラゴムとも称されます。その後、東南アジアで栽培が広がりました。用途は、「天然」のために手術用手袋等で、用途に応じて、石油からの合成ゴムとブレンドされて使用されます。

（17）農作物の種類 ⑤ ＜嗜好作物と砂糖原料作物＞

　農作物の種類で、嗜好作物と砂糖原料作物があります。

　嗜好作物は、好みで、消費量（需要）が大きく異なる作物です。

　茶は、発酵の程度により緑茶（非発酵）・烏龍茶（半発酵）・紅茶（全発酵）に区分されます。温帯気候地域を中心に栽培され、緯度が低く、麓が熱帯気候地域で海抜高度の上昇により気温が低下した高山斜面でも栽培されます。紅茶用に、イギリスの植民地であったインド・スリランカ・ケニアでの栽培が多く、台湾では烏龍茶が特産品となっています。

　コーヒー豆は、アフリカ大陸エチオピア原産、カカオ豆は、新大陸のアメリカ大陸原産、いずれも熱帯サバナ気候が栽培に最適で、代表的なプランテーション作物です。コーヒー豆は中南アメリカで栽培が広がり、カカオはアフリカで栽培が広がるなど、原産地と栽培地域が交代しました。

　砂糖原料作物には、さとうきび（甘蔗）とさとうだいこん（てんさい・ビート）があります。さとうきび（甘蔗）は、熱帯気候地域から温帯気候地域の比較的高温気候地域で栽培、さとうだいこん（てんさい・ビート）は、温帯気候地域から冷帯気候地域などの比較的冷涼な気候地域で栽培と、用途

は同じでも栽培地域の気候が異なり、日本では両方が栽培されます。

（18）日本の茶栽培（緑茶・紅茶・烏龍茶）

　日本では、茶は緑茶が中心ですが、紅茶・烏龍茶も生産されます。

　茶（生葉）収穫量（2021年）は、第1位静岡県（静岡茶）、第2位鹿児島県（知覧茶）、第3位三重県（伊勢茶）、第4位宮崎県（宮崎茶）、第5位京都府（宇治茶）、第6位福岡県（八女茶）、第7位熊本県（熊本茶）、第8位埼玉県（狭山茶）で、他に愛知県・佐賀県・熊本県等、秋田県から沖縄県まで、幅広く栽培され、抹茶は外国人観光客に大人気です。

　紅茶は、1881年（明治14年）にインド式製法で生産され、生糸とともに、日本の重要な輸出品が「茶」でした。当時、欧米では緑茶は好まれず、紅茶が輸出用に生産されたわけです。戦前の1930年代が日本の紅茶生産のピークで、三井農林の「三井紅茶（のちの日東紅茶）」が有名です。第二次世界大戦後、国産紅茶は国際的な価格競争力を失い、1971年（昭和46年）に紅茶の輸入自由化が行われ、以後、国産紅茶は地場消費用となり、僅かとなりましたが、生産は継続されていました。そして、2000年代に静岡県・鳥取県・高知県・福岡県等で再興隆し、今日では国産紅茶が多く出回るようになりました。品質の高さ、新鮮さ、日本人好みの味が要因です。烏龍茶も、国産茶葉で国産烏龍茶が製造されています。

（19）日本のコーヒー（豆）栽培

　コーヒー豆栽培は、熱帯気候地域、特にサバナ気候地域がほとんどです。日本国内のコーヒー豆栽培は、明治初期に、インドネシアのジャワ島から入手したものを東京都小笠原で栽培されたのが最初です。戦後、沖縄名護市でも栽培が始まり、「コーヒーベルト」とされる沖縄〜小笠原が北限となっていました。鹿児島県奄美群島では、一時中断後、徳之島・沖永良部島で再開され、やはり、日本列島でも、「南の島」が中心で、日本は、世界のコーヒー豆栽培の北限の地です。コーヒー関連企業の味の素ＡＧＦは、徳之島コーヒー生産支援プロジェクトを手掛け、ネスレ日本は沖縄での大規模国産コーヒー豆栽培プロジェクトを開始、やがて国産コーヒー豆

の量産栽培が定着することが期待されています。熊本県阿蘇中央高校でも栽培が始まり、福岡県柳川市、岡山県岡山市、静岡県でも温室栽培が始まり、現在の北限は、東海〜瀬戸内海〜九州北部と北上しています。

　注目すべきは、長崎県大村市でのコーヒー豆栽培で、「長崎スコーコーヒーパーク」という観光コーヒー農園があり、温室栽培ですが、約40年前から栽培、生産量が少なく、園内で、「寿古珈琲」の名称が使用されて、提供・販売が行われています。

(20) 世界のコーヒー（豆）栽培

　コーヒー豆は、アフリカ大陸のエチオピア原産で、アラビア半島に伝わり、その後、世界に広がりました。代表的生産国と銘柄名としては、以下の国々と銘柄名があります。

　アフリカ・アラビア半島では、タンザニアがキリマンジャロ（アフリカ最高峰の山名から）、エチオピア・イエメンがモカ（アラビア半島の積み出し港名から）です。アメリカでは、ジャマイカがブルーマウンテン（山脈名からで高級品としとして知られています）、ブラジルがサントス（積み出し港名から）、コロンビアがコロンビア、コロンビアの国名は「コロンブスの土地」を意味します。コロンブスは「新大陸」に到達、しかし「インド」と思ったため、彼の名は大陸名に残らず、「新大陸」と確認したアメリゴ・ベスプッチの名が大陸名となりました。しかし、コロンビアの国名からコーヒー銘柄名となり、コロンブスの名がコーヒー名に残ることとなりました。アメリカ合衆国のハワイがコナ（ハワイ島西部で風下の意）です。東南アジアでは、インドネシアのスラウェシ島がトラジャ（スラウェシ島中央部の高原地帯名、山の人々の意）、また、ベトナムは1990年代に急増、1999年にコーヒー豆生産が世界第2位となりました。

(21) 日本のインスタントコーヒー

　日本のインスタントコーヒーとして知られているのが、ネスカフェ（Nescafé）です。1938年（昭和13年）に、ネスレ（Nestlé S.A.）がスイスで提供開始（本社はスイス）、1953年（昭和28年）に、日本で輸入開始、1966

年（昭和41年）に、日本国内での生産を開始、1967年（昭和42年）に、「ゴールドブレンド」の販売を開始、2013年（平成25年）に、全商品をインスタントコーヒーから製法を変更、レギュラーソリュブルコーヒーとしました。

　インスタントコーヒーを輸入した当初、本来は「スプーン一杯」が適量とされていたわけですが、日本では濃い味好みのため、一度に、スプーン数杯を入れていることにネスレ日本が注目、そこで、「スプーン一杯で」と少量で濃い味が出る製品を開発、特に「ゴールドブレンド」が大人気となり、他社製品を圧倒しました。その結果、日本では、「インスタントコーヒーはネスカフェ」が定着したわけです。一日に何杯も飲む場合は、いわゆる「アメリカン」の薄い味が好まれますが、一日に一杯程度ならば濃い味が好まれます。ちなみに、アメリカの航空会社の機内で提供される飲み物は、まずは「コーラ」か「コーヒー」で、コーヒーは勿論、「アメリカン」が提供され、日本人客の中には、味に戸惑う人もいるようです。

（22）農作物の種類 ⑥ ＜果実＞

　温帯気候地域で栽培の果実には、ブドウがあり、用途は、生食以外に、酒用（発酵酒がワイン、蒸留酒がブランディー）です。また柑橘類のオレンジ類（温州ミカン・ネーブルオレンジ・バレンシアオレンジ・グレープフルーツなど）やレモン（地中海性気候に最適、日本でも瀬戸内海の島々で栽培）があり、リンゴは、温帯でも冷涼地や高山斜面で栽培されます。

　日本のブドウ収穫量（2021年）は、第1位山梨県、第2位長野県、第3位山形県、第4位岡山県、第5位北海道で、山梨・長野が2大産地です。ミカン収穫量（2021年）は、第1位和歌山県、第2位静岡県、第3位愛媛県、第4位熊本県、第5位長崎県で、和歌山・静岡・愛媛が3大産地です。リンゴ収穫量（2021年）は、第1位青森県、第2位長野県、第3位岩手県、第4位山形県、第5位秋田県で、青森・長野が2大産地です。岐阜県・広島県・山口県などでは、ミカンとリンゴの両方の収穫量があります。

　熱帯気候地域で栽培される果実には、まずバナナがあり、本来は「草」で、風に弱く、添え木をします。ついでパイナップルがあり、新大陸の南アメリカ大陸が原産地です。乾燥帯気候地域で栽培される果実にはナツメヤシ

があり、砂漠のオアシスを中心にオアシス農業で栽培されます。

(23) 畜産物の種類

　畜産で飼育される家畜には、牛・羊・豚があり、これらが三大家畜です。

　牛は、肉牛として適したヘレフォード種、乳牛として適したホルスタイン種があります。乳牛を飼育する酪農では、市場に近いところで牛乳・クリームを生産、市場から遠いところではバター・チーズを生産します。

　羊は、毛用種として適したメリノ種があり、羊肉はジンギスカン鍋となります。雑食にも耐える家畜で、特に餌が乏しくなることが多い乾燥帯気候地域で、遊牧の中心的家畜として、よく飼育されます。

　豚は、繁殖力が高く、雑食に耐え、中華料理で多用されます。東アジアや、欧米の混合農業で飼育される家畜の中心で、人口支持力が高く、温帯気候地域で、豚の飼育地域と人口密度が高い地域が一致します。

　日本の肉用牛飼養頭数（2021年）は、第1位北海道、第2位鹿児島県、第3位宮崎県、乳用牛養育頭数（2021年）は、第1位北海道、第2位栃木県、第3位熊本県、豚養育頭数（2021年）は、第1位鹿児島県、第2位宮崎県、第3位北海道で、北海道・鹿児島・宮崎が3大畜産県です。

　その他の家畜には、鶏・七面鳥・ヤギ・馬・ロバ・やく（チベット）・ラクダ、リャマ・アルパカ（アンデス）、トナカイがあります。

「まとめ」：
農業の種類の区分には、大きく何があるか。
農業の立地条件には、大きく何があるか。
農産物の種類の分類には、大きく何があるか。

「考察」：
農業の種類で、輪作を行う理由は何か。
農業の立地条件で、特に社会的条件の影響は何か。
農作物の種類で、特定の気候の影響を受ける作物と気候は何か。

【5】 世界の農業地理学と貿易地理学 ②

（1） 農作物の生産・輸出・輸入 ① ＜上位国の共通点＞

　農作物の生産と、貿易である輸出・輸入では、生産国・輸出国・輸入国の上位国をみて、共通点を見抜くことが重要なポイントです。

　注目する点は、まず、旧大陸か新大陸かで、新大陸原産の農作物の影響が残っている場合があり、また、新大陸が人口に比べて農産物の生産が多いため、輸出されることが多くなります。ついで、アジア（東・東南・南・西南）・アフリカ・ヨーロッパ・アメリカ（南北）・オーストラリアといった地域にも注目します。それぞれの地域で多く生産・輸出・輸入されている場合があります。さらに、自然環境として、熱帯気候地域・乾燥帯気候地域・温帯気候地域・冷帯気候地域といった各気候地域も影響します。すなわち、生産の多い気候地域から輸出され、必要とされて生産の少ない気候地域が輸入するわけです。また、社会環境として、人口が多い・国土面積が広い・旧植民地といった地域では、国内生産では足らない、国内から輸送するよりは輸入した方が便利、植民地時代から食料を輸入に依存して独立後も継続している、といったことがあります。特定の農産物でのみ登場する国々があり、特産品で、比率（％）にも注目、世界的な比率を占める国もあり、国際競争の結果ですが、リスクとなる可能性もあります。

（2） 農作物の生産・輸出・輸入 ② ＜穀物：小麦＞

　小麦の生産地域（2020年）は、アジア46％・ヨーロッパ34％・北アメリカ12％で、旧大陸のアジア・ヨーロッパで約8割を占めます。

　小麦の生産国（2020年）は、世界第1位中国、第2位インド、第3位ロシア、第4位アメリカ合衆国、第5位カナダ、第6位フランス、第7位パキスタン、第8位ウクライナ、第9位ドイツ、第10位トルコで、30年前に比べて世界全体の生産量は約1.4倍に増加しています。ほとんどの国は増加していますが、アメリカ合衆国・フランスは減少しており、かつてアメリカ合衆国は世界第2位、フランスは第4位でした。生産が多い国の共通点は、人口が多い、面積が広い、特に乾燥帯のステップ気候の穀倉地帯

を有する国です。フランスは、土地生産性が高いことで知られています。

　小麦の輸出国（2020年）は、世界第1位ロシア、第2位アメリカ合衆国、第3位カナダ、第4位フランス、第5位ウクライナ、第6位オーストラリア、第7位アルゼンチンで、新大陸や小麦が重要な輸出品の国々です。

　小麦の輸入国（2020年）は、世界第1位インドネシア、第2位トルコ、第3位エジプト、第4位中国、第5位イタリア、第6位アルジェリア、第7位ブラジルで、砂漠・熱帯の国や小麦を海外に依存している国々です。

（3）農作物の生産・輸出・輸入 ③ ＜穀物：米＞

　米の生産地域（2020年）は、アジア89％・アフリカ5％・南アメリカ3％で、旧大陸のアジアで約9割を占める、アジア集中の作物です。

　米の生産国（2020年）は、世界第1位中国（28％）、第2位インド（24％）、第3位バングラディシュ、第4位インドネシア、第5位ベトナム、第6位タイ、第7位ミャンマー、第8位フィリピンで、30年前に比べて世界全体の生産量は約1.5倍に増加しています。ほとんどの国は増加していますが、日本は減少しており、かつて日本は世界第8位でした。生産が多い国の共通点は、アジアの国々で、人口が多い、面積が広い、熱帯気候地域や発展途上国の国々で、食料の中心として米が重要な国々です。

　米の輸出国（2020年）は、世界第1位インド（32％）、第2位ベトナム、第3位タイ、第4位パキスタン、第5位アメリカ合衆国で、アジアの国で米が重要な輸出品の国や新大陸（アメリカ合衆国）の国です。

　米の輸入国（2020年）は、世界第1位中国、第2位フィリピン、第3位サウジアラビア、第4位コートジボワール、第5位ガーナで、アジアやアフリカの人口が多い発展途上国、アジアの乾燥帯気候地域の国々です。

（4）米と小麦 ＜人口扶養力＞

「米」と「小麦」は、2大穀物で、世界の多くの人口を養っています。

　そこで、同じ面積で、「米」と「小麦」をそれぞれ栽培した場合、どちらが多くの人口を養えるのでしょうか。勿論、両方の栽培が十分に可能な地域であることが前提です。答えは、「米」のほうが多くの人口を養える

のです。したがって、東・東南・南アジアの熱帯気候地域から温帯気候地域の国々では、「米」の栽培を優先、「米」が栽培できないところでは「小麦」となり、さらに「小麦」栽培ができないところで、大麦・ライ麦・えん麦や雑穀の栽培となるわけです。

　世界で人口密度が高い地域は、商工業が発達した地域が多く、商工業の人口扶養力の高さを表しています。それと共に、農業が中心の地域で人口密度が高い地域が、東・東南・南アジアの熱帯気候地域から温帯気候地域で、この「米」の人口扶養力の高さが大きな要因となっています。

「米」の人口扶養力が高いことに着目して、「米」の栽培が困難な乾燥帯気候地域である西アジアの国々や、熱帯気候地域で「米」の生産が少ないアフリカの国々で、輸入が多くなります。熱帯気候地域のブラジルやナイジェリアで「米」の生産が増加、今後も栽培が拡大すると予想されます。

（5）農作物の生産・輸出・輸入 ④ ＜穀物：大麦・ライ麦・えん麦＞

　大麦の生産地域（2020年）は、ヨーロッパ60％・アジア16％・北アメリカ10％と、約6割をヨーロッパが占める作物です。

　大麦の生産国（2020年）は、世界第1位ロシア、第2位スペイン、第3位ドイツ、第4位カナダ、第5位フランス、第6位オーストラリア、第7位トルコ、第8位イギリス、第9位ウクライナ、第10位アルゼンチンで、ヨーロッパの温帯気候地域から冷帯気候地域を中心に、他はアメリカ大陸とオセアニアの国々で、欧米の食生活と関係深い作物です。

　ライ麦の生産地域（2020年）は、ヨーロッパ86％、約9割を占めます。ライ麦の生産国（2020年）は、世界第1位ドイツ（23％）、第2位ポーランド、第3位ロシア、第4位ベラルーシ、第5位デンマーク、第6位中国、第7位カナダ、第8位ウクライナ、第9位スペイン、第10位トルコで、ヨーロッパの冷帯気候や土壌のやせた地域が中心です。

　えん麦の生産地域（2020年）は、ヨーロッパ60％、北アメリカ22％で、えん麦の生産国（2020年）は、世界第1位カナダ、第2位ロシア、第3位ポーランド、第4位スペイン、第5位フィンランド、第6位オーストラリア、第7位イギリス、第8位アメリカ合衆国、第9位ブラジル、第10位スウェー

デンで、ヨーロッパの冷帯気候や土壌のやせた地域が中心です。

（6）農作物の生産・輸出・輸入 ⑤ ＜穀物：とうもろこし＞

　とうもろこしの生産地域（2020年）は、北アメリカ35％・アジア31％・南アメリカ15％で、アメリカ大陸が約5割を占めます。

　とうもろこしの生産国（2020年）は、世界第1位アメリカ合衆国（31％）、第2位中国（22％）、第3位ブラジル、第4位アルゼンチン、第5位ウクライナ、第6位インド、第7位メキシコ、第8位インドネシアで、原産地であるアメリカ大陸の国々で生産が多い。また、中国・インド・インドネシアといった人口が多いアジアの国々です。

　とうもろこしの輸出国（2020年）は、世界第1位アメリカ合衆国（27％）、第2位アルゼンチン、第3位ブラジル、第4位ウクライナで、原産地のアメリカ大陸の国々とウクライナです。ウクライナは、小麦の生産・輸出で有名ですが、このとうもろこしも生産・輸出が多く、穀物の世界的な生産・輸出国です。

　とうもろこしの輸入国（2020年）は世界第1位メキシコ、第2位日本、第3位ベトナム、第4位韓国、第5位中国で、需要に対して国内生産が少ない原産地のアメリカ大陸のメキシコや、アジアの国々です。

（7）とうもろこしとじゃがいも ＜新大陸原産＞

　とうもろこしとじゃがいもは、新大陸の中南アメリカが原産地で、とうもろこしはコロンブスが、じゃがいもはスペインが、ヨーロッパにもたらし、その後、急速に世界各地に広まりました。その要因は、両者が、温暖地のみならず、冷涼地でも栽培が可能と、幅広い気候に対応していることで、米や小麦が栽培できない地域での主食となっています。ジャガイモは、ヨーロッパではドイツが有名です。日本でも、北海道を代表とする作物となっており、とうもろこしとじゃがいもは、「冷涼地」のイメージがありますが、「冷涼地」を含む、幅広い気候で栽培が可能です。

　用途は、食料以外に、両者ともお酒（バーボンウイスキー・イモ焼酎）に加工、バーボンウイスキーはテネシー州で生産され、西部劇に登場するお酒です。

アメリカ合衆国では、コンフレークが朝食に、ポップコーンがお菓子にと、生活に親しまれて欠かせません。アメリカ合衆国からもたれされた文化である野球観戦、映画鑑賞、テーマパーク訪問で、ポップコーンが提供されるのも、当然ということでしょう。また、じゃがいもからのポテトチップスも、アメリカ合衆国からもたらされたもので、国産じゃがいもの約2割はポテトチップスに加工される人気となっています。

（8）農作物の生産・輸出・輸入 ⑥ ＜じゃがいも・さつまいも＞

　じゃがいも（馬鈴薯）の生産地域（2020年）は、アジア50％・ヨーロッパ30％・北アメリカ8％と、旧大陸のアジアとヨーロッパで約8割を占め、原産地のアメリカ大陸をしのぐ比率となっています。

　じゃがいも（馬鈴薯）の生産国（2020年）は、世界第1位中国（22％）、第2位インド、第3位ウクライナ、第4位ロシア、第5位アメリカ合衆国、第6位ドイツ、第7位バングラディシュ、第8位フランス、第9位ポーランド、第10位オランダと、アジアの人口が多い国、欧米の先進国や冷涼国で、ここでもウクライナが登場します。

　さつまいも（甘藷）の生産地域（2020年）は、アジア63％・アフリカ32％と、旧大陸のアジアとアフリカで9割以上の比率を占めます。

　さつまいも（甘藷）の生産国（2020年）は、世界第1位中国（55％）、第2位マラウイ、第3位タンザニア、第4位ナイジェリア、第5位アンゴラ、第6位エチオピア、第7位アメリカ合衆国、第8位ウガンダ、第9位インドネシア、第10位ベトナムと、アジアの人口が多い国、アジア・アフリカの熱帯気候地域の国々で、特にアフリカで栽培と生産が拡大、従来のヤムいも・タロいも・キャッサバ（マニオク）に主食が代わる勢いです。

（9）農作物の生産・輸出・輸入 ⑦ ＜採油原料・植物性油脂原料：大豆＞

　大豆の生産地域（2020年）は、南アメリカ53％・北アメリカ34％と、約9割をアメリカ大陸が占め、原産地の東アジアをしのぐ比率となっています。20世紀になってから世界に広まり、アメリカ大陸で急速に拡大しました。旧大陸と新大陸の交代例として、じゃがいもと対照的です。

　大豆の生産国（2020年）は、世界第1位ブラジル（35％）、第2位アメリカ合衆国（32％）、第3位アルゼンチン、第4位中国、第5位インド、第6位パラグアイ、第7位カナダ、第8位ロシア、第9位ボリビア、第10位ウクライナで、ブラジルとアメリカ合衆国の両国で約7割を占め、アメリカ大陸の国、アジアで人口が多い国、混合農業が多い国の共通点です。

　大豆の輸出国（2020年）は、世界第1位ブラジル（48％）、第2位アメリカ合衆国（37％）、第3位パラグアイ、第4位アルゼンチン、第5位カナダで、アメリカ大陸、特に南アメリカの国の重要な輸出品です。

　大豆の輸入国（2020年）は、世界第1位中国（60％）、第2位アルゼンチン、第3位オランダ、第4位エジプト、第5位タイで、アジアで人口が多い国で大豆を海外に依存している国です。なお、アルゼンチンとオランダは中継貿易（輸入して輸出する）が含まれています。

(10) 農作物の生産・輸出・輸入 ⑧ ＜植物性油脂：パーム油・コプラ＞

　パーム油（「油やし」から採取）の生産地域（2019年）は、アジア89％と、約9割をアジアが占める、熱帯性作物の油やしからの産物です。

　パーム油（「油やし」から採取）の生産国（2019年）は、世界第1位インドネシア（58％）、第2位マレーシア（27％）、第3位タイ、第4位コロンビア、第5位ナイジェリア、第6位グアテマラ、第7位ホンジュラス、第8位パプアニューギニア、第9位コートジボワール、第10位エクアドルで、東南アジアの熱帯気候地域の国々が中心、他は中南アメリカやアフリカの熱帯気候地域の国々です。

　コプラ（「ココやし」から採取）の生産地域（2020年）は、アジア93％と、約9割をアジアが占める、熱帯性作物のココやしからの産物です。

　コプラ（「ココやし」から採取）の生産国（2020年）は、世界第1位フィリピン（42％）、第2位インドネシア（29％）、第3位インド、第4位ベトナム、第5位メキシコ、第6位パプアニューギニア、第7位タイ、第8位スリランカ、第9位ソロモン諸島、第10位コートジボワールで、東南アジアや南アジアの熱帯気候地域の国々が中心、他はオセアニアの島国、中南アメリカやアフリカの熱帯気候地域の国々です。

（11） 農作物の生産・輸出・輸入 ⑨ ＜繊維原料作物：綿花＞

　綿花の生産地域（2019年）は、アジア58％・北アメリカ18％・南アメリカ12％で、アジアとアメリカで約9割を占める作物です。

　綿花の生産国（2019年）は、世界第1位インド（24％）、第2位中国（19％）、第3位アメリカ合衆国、第4位ブラジル、第5位パキスタン、第6位トルコ、第7位ウズベキスタン、第8位オーストラリア、第9位メキシコ、第10位アルゼンチンと、アジアで人口が多い国々や、アジアと新大陸で、熱帯・乾燥帯・温帯気候地域と、幅広い気候地域で生産されます。

　綿花の輸出国（2020年）は、世界第1位アメリカ合衆国（41％）、第2位ブラジル（23％）、第3位インドで、アメリカ大陸の国々（アメリカ合衆国・ブラジル）とインドが中心となっています。

　綿花の輸入国（2020年）は、世界第1位中国（25％）、第2位ベトナム、第3位バングラディシュ、第4位トルコ、第5位パキスタンで、アジアの人口が多い国や、アジアの軽工業（繊維工業）が盛んな国々です。中国やパキスタンのように、国内での生産が多くても、需要に対応して多くを輸入しています。

（12） 農作物の生産・輸出・輸入 ⑩ ＜繊維原料作物：亜麻・ジュート等＞

　亜麻の生産地域（2020年）は、ヨーロッパ96％と圧倒的です。

　亜麻の生産国（2020年）は、世界第1位フランス（76％）、第2位ベルギー、第3位ベラルーシ、第4位ロシア、第5位中国、第6位イギリス、第7位エジプト、第8位オランダで、フランスが約8割を占め、ヨーロッパの温帯から冷帯気候地域の国々、高級な麻の衣類として使用されます。

　ジュートの生産地域（2020年）は、アジア99％とほとんどを占めます。

　ジュートの生産国（2020年）は、世界第1位インド（67％）、第2位バングラディシュ（30％）で、南アジアの熱帯気候地域の国々、この2ヵ国でほとんどを占め、ガンジス川三角州の低湿地帯が栽培地域です。

　サイザル麻の生産地域（2020年）は、南アメリカ42％、アフリカ39％、北アメリカ12％で、南アメリカとアフリカで約8割を占めます。

　サイザル麻の生産国（2020年）は、世界第1位ブラジル（41％）、第2位

タンザニア、第3位ケニア、第4位マダガスカル、第5位中国、第6位メキシコ、第7位ハイチ、第8位モロッコ、第9位ベネズエラ、第10位南アフリカ共和国で、南アメリカやアフリカの熱帯気候地域の国々が中心、特に、アフリカのタンザニア・ケニア・マダガスカルの特産品です。

(13) 農作物の生産・輸出・輸入 ⑪ ＜天然ゴム＞

　天然ゴムの生産地域（2020年）は、アジア86％・アフリカ9％で、約9割を占めます。原産地は南アメリカで、原産地では栽培が衰退しました。

　天然ゴムの生産国（2020年）は、世界第1位タイ（32％）、第2位インドネシア（23％）、第3位ベトナム、第4位インド、第5位コートジボワール、第6位中国、第7位マレーシア、第8位グアテマラ、第9位フィリピン、第10位カンボジアで、東南アジアの熱帯気候地域の国々が中心、他はアジアで人口が多い中国やインド、中央アメリカやアフリカの熱帯気候地域の国です。老木になると生産量が減少するため、順位の変動があります。かつては、マレーシアが生産でトップクラスでしたが輸入国となりました。

　天然ゴムの輸出国（2020年）は、世界第1位タイ（29％）、第2位インドネシア（25％）、第3位コートジボワールで、東南アジアの熱帯気候地域の国々の重要な輸出品となっています。

　天然ゴムの輸入国（2020年）は、世界第1位中国（26％）、第2位マレーシア、第3位アメリカ合衆国、第4位ベトナム、第5位日本で、アジアの工業国を中心に、ゴム工業の原料として輸入しています。

(14) 農作物の生産・輸出・輸入 ⑫ ＜嗜好作物：茶・コーヒー＞

　茶の生産地域（2020年）は、アジア83％・アフリカ12％です。

　茶の生産国（2020年）は、世界第1位中国（42％）、第2位インド（20％）、第3位ケニア、第4位アルゼンチン、第5位スリランカで、東アジアや南アジアの人口が多い国々、特にインド・スリランカ・ケニアなどはイギリスの植民地で、植民地時代から栽培が盛ん、輸出も多い国々です。

　茶の輸入国（2020年）は、世界第1位パキスタン、第2位ロシア、第3

位イギリス、第4位アメリカ合衆国、第5位エジプトで、欧米と乾燥帯気候地域の国々です。イギリスは輸入後、イギリスの会社が製品輸出します。

　コーヒー豆の生産地域（2020年）は、南アメリカ47％、アジア31％と、かつては圧倒的に南アメリカでしたが、アジアが急増しています。

　コーヒー豆の生産国（2020年）は、世界第1位ブラジル、第2位ベトナム、第3位コロンビア、第4位インドネシア、第5位エチオピアで、南アメリカと東南アジアの熱帯気候地域の国々が中心で、輸出も多い。

　コーヒー豆の輸入国（2020年）は、世界第1位アメリカ合衆国、第2位ドイツ、第3位イタリア、第4位日本、第5位スペインで、欧米が多い。

(15) 紅茶とコーヒー

「ティータイム」で代表されるように、イギリス人を中心として、休憩時間に「茶（紅茶）」を飲む習慣は、ヨーロッパやアメリカ合衆国など、ヨーロッパとその植民地を中心に、広く根付いています。

「茶（紅茶）」は、アジア・アフリカの温帯気候地域や熱帯気候地域の高原で栽培される作物で、イギリスは国内の需要を賄うため、インド・スリランカ・ケニア等の植民地で栽培・輸入しました。植民地から独立後も、栽培は継続、これらの国々は、今日でも生産量・輸出量ともに多い。比較的雨が多い地域で、日当たりがよく水はけがよい山の斜面が栽培に適しており、特に、ヒマラヤ山脈の南側斜面に位置するダージリンは、避暑地であるとともに、ダージリンの銘柄で知られる紅茶の山地です。従来は、イギリス経由で、世界各地に輸出されることも多かったのですが、栽培現地からの直接の輸入も増加しています。

　アメリカ合衆国でも、植民地時代に「ティータイム」で紅茶がよく飲まれたが、1773年のボストン茶会事件後、急速にコーヒーを飲むことに転換、「アメリカンコーヒー」として、親しまれることとなりました。

(16) 農作物の生産・輸出・輸入 ⑬ ＜カカオ豆・さとうきび＞

　カカオ豆の生産地域（2020年）は、アフリカ68％で、約7割です。

　カカオ豆の生産国（2020年）は、世界第1位コートジボワール（38％）、

第2位ガーナ、第3位インドネシア、第4位ナイジェリアで、アフリカの熱帯気候地域の国々、特にギニア湾沿岸の国々で、輸出も多い。

カカオ豆の輸入国（2020年）は、世界第1位オランダ（26％）、第2位ドイツ、第3位マレーシア、第4位アメリカ合衆国、第5位ベルギーで、欧米が多く、ココア・チョコレート原料に輸入しています。

さとうきびの生産地域（2020年）は、南アメリカ45％・アジア39％で、熱帯気候地域で生産が多く、熱帯・乾燥帯気候地域で消費が多い。

さとうきびの生産国（2020年）は、世界第1位ブラジル（41％）、第2位インド（20％）・第3位中国、第4位パキスタン、第5位タイで、中南アメリカとアジアの熱帯気候地域の国々が多く、砂糖（粗糖）の輸出も多い。

ブラジルでは、サトウキビは、砂糖原料以外に、バイオエタノール原料として、環境に「優しい」、石油に代わる燃料とされますが、熱帯雨林が伐採されてさとうきび畑となり、大きな環境問題になっています。「環境対策」が環境問題を発生させるという典型的事例となっています。

（17）農作物の生産・輸出・輸入 ⑭ ＜ぶどう・ワイン・オリーブ等＞

ぶどうの生産地域（2020年）は、アジア38％・ヨーロッパ36％で、かつては、ヨーロッパが中心でしたが、アジアでの生産が増加しました。

ぶどうの生産国（2020年）は、世界第1位中国（19％）、第2位イタリア、第3位スペイン、第4位フランス、第5位アメリカ合衆国、第6位トルコ、第7位インド、第8位チリ、第9位アルゼンチン、第10位南アフリカ共和国と、夏季の適度な高温乾燥が糖度を高める地中海性気候地域を中心とした温帯気候地域で、近年、中国での生産が急増しています。

ワインの生産国（2019年）は、世界第1位イタリア、第2位フランス、第3位スペイン、第4位アメリカ合衆国、第5位中国で、欧米の地中海性気候地域が伝統的生産国ですが、近年、中国が急増しています。

ワインは、ギリシャ・ローマ時代以降、特にキリストの「血」とされ、キリスト教地域に広がり、かつては欧米及びその移民地域（南北アメリカ）が中心でした。コルクガシ栽培は地中海性気候地域が最適で、コルク栓は高級ワインの栓に最適で欠かせない。地中海性気候地域で、この両者が生

産されるという、絶妙の組み合わせコンビが誕生したわけです。

(18) 農作物の生産・輸出・輸入 ⑮ ＜オリーブ・オレンジ類・レモン＞

　オリーブの生産地域（2020年）は、ヨーロッパ60％・アフリカ24％で、この両地域で8割以上を占めます。

　オリーブの生産国（2020年）は、世界第1位スペイン（34％）、第2位イタリア、第3位チュニジア、第4位モロッコ、第5位トルコで、南ヨーロッパや北アフリカの地中海性気候地域に集中しています。

　オレンジ類の生産地域（2020年）は、アジア50％・南アメリカ20％でこの両地域で約7割を占めます。

　オレンジ類の生産国（2020年）は、世界第1位中国（27％）、第2位ブラジル、第3位インド、第4位アメリカ合衆国、第5位スペイン、第6位メキシコで、アメリカ大陸とアジアの熱帯・温帯気候地域の国々です。

　レモンの生産地域（2020年）は、アジア43％・南アメリカ21％・北アメリカ20％で、この3地域で8割以上を占めます。

　レモンの生産国（2020年）は、世界第1位インド、第2位メキシコ、第3位中国、第4位アルゼンチン、第5位ブラジル、第6位トルコ、第7位スペイン、第8位アメリカ合衆国、第9位南アフリカ共和国、第10位イランで、地中海性気候を中心とした温帯気候地域の国々です。

(19) 農作物の生産・輸出・輸入 ⑯ ＜バナナ・パイナップル＞

　バナナの生産地域（2020年）は、アジア54％・アフリカ18％・南アメリカ16％・北アメリカ11％で、熱帯気候地域を中心としています。

　バナナの生産国（2020年）は、世界第1位インド（26％）、第2位中国、第3位インドネシア、第4位ブラジル、第5位エクアドル、第6位フィリピン、第7位グアテマラ、第8位アンゴラ、第9位タンザニア、第10位コスタリカで、アジア・アメリカ・アフリカの熱帯気候地域の国々です。

　バナナの輸出国（2020年）は、世界第1位エクアドル（29％）、第2位コスタリカ、第3位グアテマラ、第4位コロンビア、第5位フィリピンで、アジアや中南アメリカの熱帯気候地域の国々、特産品でもあります。

　バナナの輸入国（2020年）は、世界第1位アメリカ合衆国（20%）、第2位中国、第3位ロシア、第4位ドイツ、第5位オランダで、アジア・中南アメリカの特定の国が輸出、中国・欧米の特定の国が輸入しています。

　パイナップルの生産地域（2020年）は、アジア45%・アフリカ19%・北アメリカ19%・南アメリカ17%で、比較的幅広く栽培されています。

　パイナップルの生産国（2020年）は、世界第1位フィリピン、第2位コスタリカ、第3位ブラジル、第4位インドネシア、第5位中国で、アジア・中南アメリカの熱帯気候地域の国々、但し、特定の国の特産品です。

(20) 畜産物の生産・輸入 ① ＜羊・羊毛＞

　羊の頭数分布地域（2020年）は、アジア43%・アフリカ33%です。

　羊の頭数分布国（2020年）は、世界第1位中国、第2位インド、第3位オーストラリア、第4位ナイジェリア、第5位イラン、第6位エチオピアで、アジア・アフリカ・オセアニアの乾燥帯気候・熱帯気候地域が多い。

　羊毛の生産地域（2020年）は、アジア47%・オセアニア24%と、頭数に比べてオセアニアが入り、アフリカは肉用、オセアニアは毛用が多い。

　羊毛の生産国（2020年）は、世界第1位中国、第2位オーストラリア、第3位ニュージーランド、第4位トルコ、第5位イギリスで、アジアの乾燥帯気候地域、オセアニアの乾燥帯気候と温帯気候地域が多い。

　羊毛の輸出国（2020年）は、世界第1位オーストラリア（44%）、第2位ニュージーランド、第3位南アフリカ共和国、第4位イギリス、第5位シリアで、オセアニアの乾燥帯気候と温帯気候地域で約6割を占めます。

　羊毛の輸入国（2020年）は、世界第1位中国（46%）、第2位インド、第3位チェコ、第4位イギリス、第5位イタリアで、アジアの毛織物工業国、ヨーロッパの伝統的毛織物工業国で、イギリスは中継貿易です。

(21) 畜産物の生産・輸入 ② ＜豚と豚肉＞

　豚の頭数分布地域（2020年）は、アジア55%・ヨーロッパ20%です。

　豚の頭数分布国（2020年）は、世界第1位中国（43%）、第2位アメリカ合衆国、第3位ブラジル、第4位スペイン、第5位ドイツ、第6位ロシア、

第7位ベトナム、第8位ミャンマー、第9位メキシコ、第10位カナダと、アジア・ヨーロッパ・アメリカと、アフリカ以外の国が多い。

豚肉の生産国（2020年）は、世界第1位中国（37％）、第2位アメリカ合衆国、第3位ドイツ、第4位スペイン、第5位ブラジル、第6位ロシア、第7位ベトナム、第8位カナダ、第9位フランス、第10位ポーランドで、アジアの中国とベトナム、ヨーロッパ・アメリカの混合農業地域で生産されます。豚は繁殖力が高く、粗食に耐え、作物栽培と家畜飼育を行う混合農業で飼育する家畜に適します。豚肉は、ハムやソーセージに加工、ヨーロッパにおいて、冬季の食糧不足を補った。世界の人口分布・人口密度と比べると、中国とヨーロッパ・アメリカ合衆国が、人口分布が多く、人口密度が高い。作物の米と同様、豚は人口扶養力が高く、人口と関係深い。

(22) 畜産物の生産・輸入 ③ ＜牛・牛乳・牛肉＞

牛の頭数分布地域（2020年）は、アジア31％・アフリカ24％・南アメリカ24％、北アメリカ11％と、比較的広く分布する家畜です。

牛の頭数分布国（2020年）は、世界第1位ブラジル、第2位インド、第3位アメリカ合衆国、第4位エチオピア、第5位中国です。

牛乳の生産国（2020年）は、世界第1位アメリカ合衆国、第2位インド、第3位ブラジル、第4位中国、第5位ドイツです。

牛の頭数は、新大陸の企業的放牧地域以外に、インドが多い。これは、中心的な宗教がヒンドゥー教で、牛を神聖とし、肉を食用にしないためです。しかし、牛乳は飲まれ、バター生産も多い。

牛肉の生産国（2020年）は、世界第1位アメリカ合衆国、第2位ブラジル、第3位中国、第4位アルゼンチン、第5位オーストラリアで、アメリカ大陸やオーストラリアの国々での生産・輸出が多い。

牛肉の輸入国（2020年）は、世界第1位中国（22％）、第2位アメリカ合衆国、第3位日本、第4位韓国、第5位オランダで、近年、従来の豚肉以外に、牛肉の消費が増大した中国での生産・輸入が増大しました。

(23) 畜産物の生産・輸入 ④ ＜バター・チーズ＞

　バターの生産地域（2019年）は、アジア58％・ヨーロッパ24％です。

　バターの生産国（2019年）は、世界第1位インド（39％）、第2位パキスタン、第3位アメリカ合衆国、第4位ニュージーランド、第5位ドイツで、アジアの人口が多い国、乳製品の消費が多い国々です。

　バターの輸入国（2019年）は、世界第1位フランス、第2位オランダ、第3位ドイツ、第4位ロシア、第5位ベルギーで、西ヨーロッパの国々を中心に、乳製品の消費が多く、冬季の保存食としての需要もあります。

　チーズの生産地域（2019年）は、ヨーロッパ50％・北アメリカ30％で、アジアは8％と少なく、バターと対照的にアジアでは少ない。

　チーズの生産国（2019年）は、世界第1位アメリカ合衆国（26％）、第2位ドイツ、第3位フランス、第4位イタリア、第5位オランダ、第6位ポーランド、第7位カナダ、第8位エジプト、第9位ロシア、第10位イギリスと、北アメリカとヨーロッパの国々で、比較的偏りがあります。

　チーズの輸入国（2019年）は、世界第1位ドイツ、第2位イギリス、第3位イタリア、第4位フランス、第5位オランダと、西ヨーロッパの国々で、乳製品の消費が多い国々、冬季保存食としての需要があります。

「まとめ」：
小麦の生産が多い国は、どのような国か。
茶の生産が多い国は、どのような国か。
コーヒー豆の輸出が多い国は、どのような国か。

「考察」：
米の生産が多い国の理由は、何か。
とうもろこしとじゃがいもが世界で幅広く栽培される理由は、何か。
ワインとコルクガシの両者には、どのような関係があるか。

地形図1：農業地域　稲作農業　八郎潟干拓地　大潟村（秋田県）
　　　5万分の1地形図「羽後浜田」昭和48年編集

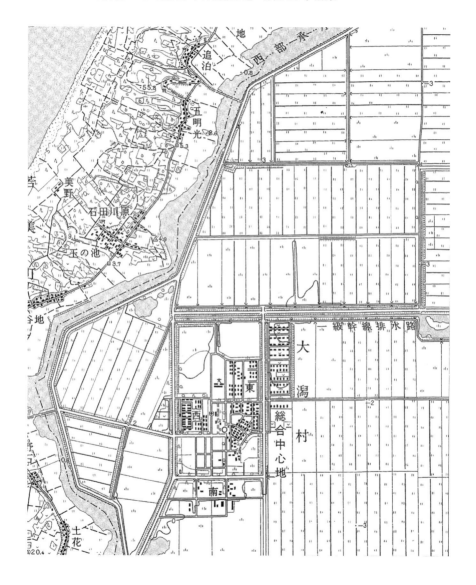

地形図2：農業地域　さとうきび農業　南大東島　南大東村（沖縄県）

5万分の1地形図「南北大東島」昭和56年編集

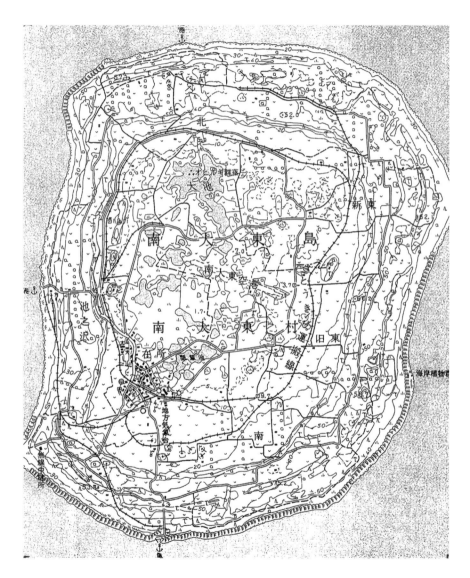

写真1：大潟村　総合中心地（秋田県）

写真2：大潟村　あきたこまちの手作り体験工房（秋田県）

写真3：南大東島　サトウキビ畑　南大東村（沖縄県）

写真4：南大東島　さとうきび輸送ディーゼル機関車　南大東村（沖縄県）

写真5：ドライブイン　バナナ園　（台湾）

写真6：バナナの木　（台湾）

【6】 世界の農牧業地域・林業地理学・水産地理学

（1） 世界の農牧業地域 ＜伝統的農業・商業的農業・企業的農業＞

　世界の農牧業地域の区分には、アメリカ合衆国の地理学者ダウエント・ホイットルセーが、栽培作物や飼育家畜の種類、自給や販売・輸出などの生産の目的、生産方法の規模や効率などを基準として区分した「世界の農牧業地域区分」があり、時代の変化を反映しつつ、今日でも広く用いられています。

　その区分は、大きく伝統的農業、商業的農業、企業的農業に３区分されます。伝統的農業は、まさしく古くから伝統的に行われて今日まで続くもので、特に自給的農業とされ、国内や地域での自給用が中心となっています。商業的農業は、自給的側面もありますが、現金収入を得るための販売も行われ、他の農業地域への広範囲の農作物・畜産物の供給を行っています。企業的農業は、世界市場に向けて販売・輸出を大きな目的とし、世界においての競争に勝つために、大規模かつ効率的に作物栽培や家畜飼育が行われるものです。伝統的農業は遊牧・焼畑農業・オアシス農業・アジア式畑作農業・アジア式稲作農業に、商業的農業は混合農業・酪農・園芸農業・地中海式農業に、企業的農業は企業的牧畜・企業的穀物農業・プランテーション農業に、それぞれさらに細分化されます。

（2） 世界の伝統的農業 ① ＜遊牧＞

　遊牧は、伝統的な農業の牧畜で、飼育する家畜の餌を求めて移動する粗放的な牧畜形態です。乾燥帯気候地域、寒帯気候地域、高山気候地域といった、乾燥や寒冷によって農業の耕種農業が困難な地域に分布しています。

　乾燥帯気候地域で最も広大な地域が、東アジア内陸西部から、中央アジア・西アジアを経て、北アフリカに至る地域で、羊・ヤギ・馬・牛などを飼育、家畜の肉とミルクを利用、家畜の皮や毛は衣類・住居材料に、家畜の糞は燃料や住居材料にも利用、テント型の住居は、中国内モンゴル自治区ではパオ、モンゴルではゲル、中央アジアではユルトと称されます。これらの地域以外に、アフリカ大陸中南部、南アメリカ大陸、北アメリカ大

陸、オーストラリア大陸の乾燥帯気候地域においてもみられます。

　寒帯気候地域は、ツンドラ気候地域で、ユーラシア大陸と北アメリカ大陸の北極海に面した沿岸地域において、トナカイの飼育を行い、その肉を食用に、皮を衣類やテント型の住居に使用します。

　高山気候地域は、ユーラシア大陸のチベット高原でのヤクの飼育、南アメリカ大陸のアンデス山脈でのリャマやアルパカの飼育で、肉・皮・毛を利用、アンデスではその毛の帽子着用が有名です。

（3）世界の伝統的農業 ②＜焼畑農業＞

　焼畑農業は、伝統的な農業の耕種農業で、土壌の栄養分が乏しいために、木や草を焼いて草木灰とし、それを肥料として作物を栽培する農業形態で、短期間に地力が減退するため、多くは数年で耕作地を移動します。ケッペンの気候区分では、ラトソルといった肥沃ではない土壌が分布する熱帯気候地域で広く行われています。作物は、キャッサバ・ヤムいも・タロいもといった、熱帯気候地域で栽培されるイモ類を中心に栽培しています。

　ユーラシア大陸で熱帯気候地域が分布するのが東南アジアで、インドシナ半島内陸のラオス・ミャンマー・タイ北部と南部、フィリピン諸島、スマトラ島・カリマンタン島・スラウェシ島・ニューギニア島といったインドネシア・東チモール・パプアニューギニア等で行われます。

　アフリカ大陸で熱帯気候地域が分布するのがアフリカ中部で、ナイジェリアが河口のニジェール川流域、コンゴ民主共和国が河口と流域のコンゴ川流域、モザンビークが河口のザンベジ川流域などで行われます。

　南アメリカ大陸で熱帯気候地域が分布するのがアマゾン川流域で、ブラジル以外に、その周辺のコロンビア・ペルー・ボリビアの内陸低地地域も含まれ、アマゾン川の上流はペルーで、船でさかのぼれます。

（4）世界の伝統的農業 ③＜オアシス農業＞

　オアシス農業は、伝統的な農業の耕種農業で、乾燥帯気候地域、特に砂漠気候地域の水が得られる、外来河川沿い、オアシスと称される湧水地の周囲、地下水路によって水が引かれた灌漑地域において、なつめやし・小

麦・綿花・果実などを栽培する農業形態です。乾燥帯気候地域は、肥沃な土壌が分布する地域で、熱帯気候地域などの湿潤地域を源に持ち、乾燥帯気候地域を流れる、乾燥帯気候地域からすれば「外来」である河川沿いは、優れた農業生産ができ、古代文明発祥の地となりました。

　アフリカ大陸では、北アフリカの外来河川のナイル川流域やサハラ砂漠のオアシス、ユーラシア大陸の西アジアでは、外来河川のティグリス川・ユーフラテス川流域やアラビア半島のネフド砂漠・ルブアルハリ砂漠のオアシス、イラン高原、南アジアでは、外来河川のインダス川流域、中央アジアでは、カスピ海やアラル海周辺、カラクーム砂漠やキジルクーム砂漠のオアシス、東アジアでは、タクラマカン砂漠のオアシスなどです。

　地下水路は、北アフリカではフォガラ、西アジアのイラン高原ではカナート、南アジアのアフガニスタン・パキスタンではカレーズ、東アジアの中国ウイグル自治区ではカンアルチン（カナルチン）と称します。

（5）世界の伝統的農業 ④ ＜アジア式畑作農業＞

　アジア式畑作農業は、伝統的な農業の耕種農業で、アジアにおける集約的・自給的な畑作物を栽培する農業形態です。冷帯気候地域や乾燥帯気候のステップ気候地域などの低温や少雨の地域で、熱帯気候地域や温帯気候地域で行われる稲作に適さない地において、小麦・大豆・綿花・コウリャン・アワなどの作物を栽培します。アジア式農業地域は、人口密度が比較的高く、多くの労働力の投入が可能で、土地生産性が比較的高い。

　東アジアでは、冷帯気候地域である中国の華北・東北地方で行われ、小麦・大豆・綿花・コウリャン・アワなどの作物を栽培します。また、日本の冷帯気候地域である北海道も畑作農業地域で、馬鈴薯・とうもろこし・タマネギなどを栽培します。

　東南アジアでは、温帯気候の温帯冬季少雨気候地域であるインドシナ半島のタイやミャンマーで行われ、とうもろこし・大豆・馬鈴薯・あわなどの作物を栽培します。

　南アジアでは、乾燥帯気候のステップ気候地域であるインドのデカン高原で行われ、小麦・綿花などを栽培します。インドのデカン高原は、レグー

ル土といわれる溶岩台地の風化土で、綿花栽培に最適です。

（6）世界の伝統的農業 ⑤ ＜アジア式稲作農業＞

　アジア式稲作農業は、伝統的な農業の耕種農業で、アジアにおける集約的・自給的な米を栽培する農業形態です。米は熱帯原産で、稲作には高温・多雨の環境が適するため、ケッペンの気候区分では熱帯気候地域や温帯気候地域で、地形では大河川の三角州を中心に行われます。アジア式農業地域、特に稲作は人口扶養力（人口支持力）が高いため、人口密度が比較的高く、多くの労働力の投入が可能で、土地生産性が比較的高い。

　東アジアでは、温帯気候地域の温暖湿潤気候地域の日本（北海道を除く）や中国の華中・華南、台湾、東南アジアでは、温帯気候地域の温暖冬季少雨気候地域と熱帯気候地域のサバナ気候地域のベトナム・カンボジア、熱帯気候地域のサバナ気候地域のタイ・ミャンマー、熱帯気候地域の熱帯雨林気候地域のインドネシアスマトラ島、南アジアでは、熱帯気候地域のサバナ気候地域のバングラディシュ・インドなどで行われます。

　特に、東アジアでは中国の長江、チュー川、東南アジアではベトナムのホン川やベトナム・カンボジアのメコン川、タイのチャオプラヤ川、ミャンマーのエーヤワディー川、バングラディシュ・インドのガンジス川、これらの河川流域の三角州が有名な地域です。

（7）世界の商業的農業 ① ＜混合農業＞

　混合農業は、商業的農業で耕種農業と牧畜を有機的に結び付けて行うという、作物栽培と家畜飼育の両方を行う農業形態です。本来は、ヨーロッパの土壌が必ずしも肥沃ではなく、地力低下を防ぐために、圃場を分割して、休閑地を含めて年度により栽培作物を変える中世起源の二圃式農業・三圃式農業から、休閑地であったところを根菜類や牧草栽培とする輪作とし、地力維持のため、家畜の糞を作物の肥料として活用するという、有機的な農業方法です。ケッペンの気候区分では、温帯気候地域と冷帯気候地域の一部で行われ、小麦・大麦・ライ麦・エン麦・とうもろこし・大豆・馬鈴薯・根菜類・牧草を輪作で栽培、牛・豚・羊を飼育します。

　ヨーロッパでは、温帯気候地域の西岸海洋性気候地域である西ヨーロッパから東ヨーロッパ、冷帯気候地域のロシア南部において行われ、フランス・ドイツが代表的な国で、小麦・馬鈴薯の栽培と豚の飼育が代表例です。

　北アメリカでは、温帯気候地域の温暖湿潤気候地域であるアメリカ合衆国のコーンベルトで、とうもろこし栽培と牛・豚の飼育を行います。

　南アメリカでは、温帯気候地域の温暖湿潤気候地域であるアルゼンチン・ウルグアイのパンパが代表的で、小麦栽培と牛の飼育が行われます。

（8）世界の商業的農業 ② ＜酪農＞

　酪農は、商業的農業の牧畜で、冷帯気候地域といった低温や、温帯気候地域であっても氷河の浸食によって土壌が多く失われた地など、作物栽培が難しい地域において、乳牛の飼育と牧草栽培を行う牧畜形態です。都市近郊では、ミルクを生産、それをすぐに提供するとともに、近郊地・遠隔地ともにミルクからバター・チーズなどの付加価値のある加工製品を生産して、消費地に輸送します。乳牛飼育以外に、豚・鶏・羊の飼育も行い、豚肉・鶏肉・羊肉、鶏卵の生産と提供も行われることがあります。

　ヨーロッパでは、北海沿岸の西ヨーロッパから北ヨーロッパで、気候は温帯気候地域の西岸海洋性気候地域ですが、氷河の浸食によって土壌が多く失われた地で行われます。西ヨーロッパの国々では、イギリス・アイルランド・ドイツ北部、北ヨーロッパの国々ではスウェーデン南部・ノルウェー南部、そして特にデンマークが「酪農王国」として有名です。

　北アメリカでは、アメリカ合衆国とカナダの国境地帯の五大湖周辺で行われ、気候は冷帯気候地域、やはり氷河の浸食を受けた地域です。

　南半球では、温帯気候の西岸海洋性気候地域であるオーストラリア南東部とニュージーランドで行われ、バターの生産・輸出で有名です。

（9）世界の商業的農業 ③ ＜園芸農業＞

　園芸農業は、商業的農業の耕種農業で、大都市近郊や大都市に輸送が可能な遠郊地域において、大都市に供給するための野菜や果実、花卉の栽培を行う農業形態で、集約的で土地生産性が高い。世界の大都市の多くが、

人間にとって快適な気候である温帯気候地域に立地することが多く、特に一人当たりの国民所得が高い地域がヨーロッパ・北アメリカ・オーストラリアであるため、園芸農業もヨーロッパ・北アメリカ・オーストラリアの温帯気候地域に多く分布します。遠郊地域では、輸送の必要という不利性を克服するため、大都市地域よりも温暖な気候の場合は早く出荷する促成栽培、寒冷な気候の場合には遅く出荷する抑制栽培を行っています。

　ヨーロッパでは、西ヨーロッパの大都市近郊に多く、特に代表的な国はオランダです。オランダは、国土の多くが干拓地で、花卉のチューリップ栽培が有名であるとともに、砂丘地域で野菜栽培が行われています。他に、フランスやスペインなど、温暖な気候を活用して行われます。

　北アメリカでは、アメリカ合衆国東南部のフロリダ半島方面で、東部大西洋岸の大都市に、野菜や花卉が輸送されて供給されます。

　オーストラリアでは、東部の大都市周辺地域で行われます。

(10) 世界の商業的農業 ④ ＜地中海式農業＞

　地中海式農業は、商業的農業の耕種農業を中心としたもので、名称どおり、温帯気候の地中海性気候地域で行われる農業形態です。地中海性気候は、夏は高温乾燥、冬は温暖湿潤という気候特性から、特に夏の高温乾燥に耐える作物栽培と、冬の温暖湿潤を活用した作物栽培に特色があります。具体的には、オリーブ、オレンジ類・レモンといった柑橘類、ぶどうといった果実、コルクガシが代表的作物で、冬季を中心に小麦が栽培されます。また、地中海性気候は必ず乾燥帯気候のステップ気候地域に隣接し、新期造山帯の山脈に位置することも多いため、その高低差を利用した羊・ヤギを季節によって飼育場所を移動する移牧が行われることも多くあります。

　ヨーロッパとアフリカの間にある地中海、その沿岸地域である南ヨーロッパと北アフリカが広大な地中海式農業の地域です。国々では、スペイン・フランス・イタリア・ギリシャ・チュニジア・アルジェリア・モロッコで、古代ローマ帝国繁栄の地、その時代に育まれた農業でもあります。

　アメリカ大陸では、アメリカ合衆国の太平洋岸であるカリフォルニア、チリ中部も地中海性気候地域で、地中海式農業が行われます。

オーストラリアの地中海性気候地域でも、地中海式農業があります。

(11) 世界の企業的農業 ① ＜企業的牧畜＞

　企業的牧畜は、企業的農業の牧畜で、世界市場に輸出するため、ヨーロッパ人が移住した新大陸を中心とした広大な草原において、極めて大規模に牛肉生産用の肉牛や羊毛用の羊を飼育、飼育技術は効率的で機械化を進め、少ない人数で多くの牛肉・羊毛を生産、労働生産性が比較的高い。特に、冷凍船の発明によって、長距離輸送が可能となったため、北アメリカ大陸のみならず、南アメリカ大陸やオーストラリア大陸において広がりました。ケッペンの気候区分では、熱帯気候のサバナ気候地域での熱帯草原、乾燥帯気候のステップ気候地域での乾燥草原において、よく行われます。

　北アメリカ大陸では、アメリカ合衆国の新期造山帯であるロッキー山脈で、気候は乾燥帯気候と冷帯気候、西部開拓時代に開発された大規模な農場で牛肉用の肉牛が飼育され、牛皮は衣類・装飾品に加工されます。

　南アメリカ大陸では、ブラジル高原の熱帯気候であるサバナ気候や隣接する温帯気候の温暖冬季少雨気候での肉牛飼育、アルゼンチンのパタゴニアでは、乾燥帯気候の砂漠気候やステップ気候地域で羊が飼育されます。

　オーストラリアでは、乾燥帯気候のステップ気候を中心に肉牛と羊の飼育、アフリカ南部でも乾燥帯気候のステップ気候で羊等が飼育されます。

(12) 世界の企業的農業 ② ＜企業的穀物農業＞

　企業的穀物農業は、企業的農業の耕種農業で、世界市場に輸出するため、ヨーロッパ人が移住した新大陸を中心とした広大な耕地において、極めて大規模に小麦などの穀物を栽培、栽培技術は効率的で機械化を進め、少ない人数で多くの小麦などの穀物を生産、労働生産性が比較的高い。ケッペンの気候区分では、温帯気候地域の比較的肥沃な土壌地帯を中心とした冬小麦の栽培以外に、耐寒品種への改良や栽培方法の進歩によって、冷帯気候地域でも小麦の栽培が可能となり、春小麦の栽培が行われています。

　北アメリカ大陸では、アメリカ合衆国からカナダにかけてのグレートプレーンズで、特にカナダのサスカチュワン州や、アメリカ合衆国のノー

スダコタ・サウスダコタ・ネブラスカ・カンザス・オクラホマ州で行われ、ミズーリ川などの河川での輸送もあり、製粉都市が立地しました。

　南アメリカ大陸では、アルゼンチンやウルグアイのパンパ、オーストラリアでは、マーリー川やダーリング川流域、そしてアフリカでは、南アフリカ共和国、ヨーロッパ・ロシアでは、ウクライナのドニエプル川流域、ロシア南部のヴォルガ川流域、カザフスタンのウラル川流域など、黒土地帯と称される豊かな土壌が分布する一帯でも行われています。

(13) 世界の企業的農業 ③ ＜プランテーション農業＞

　プランテーション農業は、企業的農業の耕種農業で、世界市場に輸出するため、欧米の植民地において、欧米の資本と技術により、現地や移民の労働力を使用して、大規模な農園で熱帯性作物であるプランテーション作物を単一耕作（モノカルチャー）で栽培、東南・南アジア、中央・南アメリカ、アフリカの熱帯気候地域で行われ、植民地独立後も大農園制が継続している場合が多い。作物は、コーヒー豆・カカオ・茶・天然ゴム・サトウキビ・ココヤシ・油やし・バナナ・パイナップルなどが代表的作物です。

　東南アジアでは、フィリピンのバナナ・ココヤシ・マニラ麻、ベトナムのコーヒー豆、マレーシアの天然ゴムや油やし、インドネシアの天然ゴムやコーヒー豆、南アジアでは、インドの綿花・茶・サトウキビ・落花生、スリランカの茶、バングラディシュのジュートなどが、代表的作物です。

　アフリカでは、ケニアのコーヒー豆、タンザニアのサイザル麻、ナイジェリア・ガーナ・コートジボワールのカカオ、セネガルの落花生、中央・南アメリカでは、キューバのさとうきび、ジャマイカ・コロンビアのコーヒー豆、ブラジルのコーヒー豆・綿花・さとうきび、エクアドルのバナナ、コスタリカのパイナップル、メキシコのサイザル麻が代表的作物です。

(14) 林業地理学と林業の立地条件

　林業地理学は、系統地理学の経済地理学の一分野です。経済学の一分野で、林業経済学があり、林業と経済との関係を考察します。

　林業地理学には、林業の種類と立地条件、林産物の生産・輸出・輸入、

世界と日本の林業地域、これらの差異を他との相互関係から考察します。林業は、農業・水産業とともに第一次産業で、最初に登場する産業、自然相手の産業で、自然環境の地形・気候・土壌が大きく影響します。勿論、伐採方法の工夫や用途の多様化で、木材の利用範囲が拡大しています。

　林業の種類には、原生林や人工林の伐採、植林、生育が不十分な木々を伐採し生育の良い木々を残す間伐、シイタケなどのキノコ類の育成・収穫、丸太から製材や合板加工、製紙パルプ原料のウッドチップ生産、関連産業として、パルプ・家具生産、間伐材活用の割りばし生産があります。

　林業の立地条件としては、熱帯気候・温帯気候・冷帯気候地域といった森林の存在地域、利用価値のある木材、例えば針葉樹のように単一で多量の木材や高級家具・船舶材などの有用樹の存在、輸送・輸出が可能で、国際的な価格競争に対応できる価格で提供できるかなどです。

（15）世界の林業地域

　世界の林業地域には、大きくケッペンの気候区分に対応して、温帯林地域・冷帯林地域・熱帯林地域の三地域があります。

　温帯林地域は、温帯気候が人間にとって最も快適な気候で、多くの人々が居住、日々の燃料や建築用、防風など身近な森林を活用しました。その結果、早くから伐採、人工林が多い地域です。樹種は、高緯度での落葉広葉樹の温帯林、低緯度での常緑広葉樹の暖帯林で、分布地域は東アジア、ヨーロッパ、アメリカ、オセアニアの温帯気候地域となります。

　冷帯林地域は、北部が針葉樹林気候（タイガ気候）で、針葉樹の単一樹種の純林・軟木が多く分布、樹高が揃い建築用材等に最適で、世界的な林業地域です。南部は針葉樹と落葉広葉樹の混合林地域です。分布地域は、北ヨーロッパ・ロシア・北アメリカの冷帯気候地域となります。

　熱帯林地域は、冷帯林地域と対照的に、樹種が多様で硬木も多く、また真っ直ぐではなく、さらに消費地から遠く、輸送も不便で、活用が遅れました。しかし、世界的な木材の需要の高まりもあって、パルプ・合板用に伐採が増加、森林消滅の危機も指摘されます。有用樹では船舶用のチーク、高級家具用のマホガニー・紫檀・黒檀、合板用のラワンがあります。

（16） 林産物の生産・輸出・輸入

　木材の伐採量（2020年）は、世界第1位がアメリカ合衆国、第2位インド、第3位中国、第4位ブラジル、第5位ロシア、第6位カナダで、人口が多い中国・インド、熱帯林伐採が急増のブラジルです。この内、針葉樹伐採量（2020年）は、世界第1位アメリカ合衆国、第2位ロシア、第3位カナダ、第4位中国、第5位スウェーデンと、冷帯気候地域の国々です。

　木材の輸出量（2020年）は、世界第1位ロシア、第2位カナダ、第3位ニュージーランド、第4位ドイツ、第5位チェコで、冷帯気候地域の国々が多く、ニュージーランドが急増しています。木材の輸入量（2020年）は、世界第1位中国、第2位アメリカ合衆国、第3位オーストラリア、第4位ドイツ、第5位ベルギーで、農産物と同様、中国の輸入が多い。日本の木材輸入先（2021年）は、世界第1位カナダ、第2位アメリカ合衆国、第3位ロシア、第4位スウェーデン、第5位フィンランドと、北米と北欧が多い。

　木材を主原料としたパルプの生産（2020年）は世界第1位アメリカ合衆国（26％）、第2位ブラジル、第3位中国、第4位カナダ、第5位スウェーデン、パルプの輸出（2020年）は、世界第1位ブラジル、第2位カナダ、第3位アメリカ合衆国、パルプの輸入（2020年）は世界第1位中国です。

（17） 日本の林業地域

　北海道地方は、日本の林業の一大中心地で、都道府県別で日本一が多く、代表的樹種はエゾマツ・トドマツです。林業統計（2020年）では、林野面積（5,504千ha）、国有林面積（2,916千ha）、民有林面積（2,588千ha）、保有山林面積規模別林家数比率で5〜10ha（24.0％）・10〜30ha（22.6％）・30ha以上（7.6％）、素材生産量（285万㎥）、木材チップ生産量（83万㎥）といずれも日本一で、林野面積は全国の約2割、国有林面積は全国の約4割、木材チップ生産量は全国の約2割を占め、この林業地域を背景に、王子ホールディングス（王子製紙）の苫小牧市での製紙工業などが立地しました。

　北海道以外で、樹種と林業都市は、青森県がひばで岩木川の五所川原、秋田県がすぎで米代川（よねしろ）の能代（のしろ）、長野県・静岡県がすぎ・ひのきで天竜川の天竜、奈良県・三重県・和歌山県がすぎで熊野川の新宮、大分県がすぎで

玖珠川の日田、鹿児島県屋久島がすぎで宮之浦川の宮之浦です。木々の搬出には、河川を筏で下流の谷口や河口の地に運ばれ、林業都市が立地しました。また、川沿いに森林鉄道が建設され、紀伊半島では約30か所の架空索道が設置されましたが、今日ではトラック輸送となりました。

(18) 林業の諸課題と家具工業

　世界の課題としては、熱帯林の急速な消失があります。熱帯林は、かつては森林資源としてあまり利用されませんでしたが、需要の増大、技術の進歩、輸送手段の確立によって、伐採が進行、跡地は農地となることが増加しています。しかし、熱帯林の減少は二酸化炭素の吸収の減少となり、地球環境に大きな影響を及ぼします。熱帯の土壌は、肥沃ではなく、伐採された地の回復は難しく、砂漠のような裸地が継続することがあります。

　日本の課題としては、輸入木材の増加によって、かつて自給率が6割を超えていたのが、3分の1程度に減少しています。国内林の需要低下、特に割りばしといった間伐材活用の需要が低下して、森林維持の間伐が行われなくなり、豪雨による斜面崩壊も起きやすい状況となっています。

　北欧のフィンランドやスウェーデンは、古くからの林業国で、木々の輸出とともに、デザイン性の高い家具製造でも有名です。日本の家具製造販売企業の中には、熱帯林を使用して、比較的安価な家具を製造販売、全国展開するところもあります。今日では、この両者が、家具市場において大きな位置を占め、幅広いインテリア市場へと展開しています。

(19) 水産地理学と水産業の立地条件

　水産地理学は、系統地理学の経済地理学の一分野です。経済学の一分野で、水産経済学があり、水産業と経済との関係を考察します。

　水産地理学には、水産業の種類と立地条件、水産物の生産・輸出・輸入、世界と日本の水産業地域、これらの差異を、他との相互関係から考察します。水産業は、林業・水産業とともに第一次産業で、最初に登場する産業、自然相手の産業で、自然環境の海流・海底地形・プランクトンが大きく影響します。勿論、漁法や養殖方法の工夫が、漁獲量を増大させます。

水産業の種類には、漁獲物から魚類・貝類・藻類、方法から天然もの漁獲と人工養殖、場所から海面と内水面、海面では、出航する港からの距離と日数から、遠洋漁業・沖合漁業・沿岸漁業に分けられます。関連産業として缶詰生産があり、かつて保存方法でよく用いられていましたが、冷凍技術の進歩で、遠方からの輸送や長期保存が可能となりました。

　水産業の立地条件としては、暖流と寒流が交わって水産物が多い、寒流のように単一で多量の魚類が分布、高値で取引される魚類が分布、輸送・輸出が可能で、国際的な価格競争に対応できる価格で提供できるかなどです。食習慣や宗教の影響で、水産物や一部魚類を食さないことがあります。

(20) 世界の水産業地域

　世界の水産業地域には、海域と海流から、区分される漁場があります。

　太平洋北西部漁場は、日本近海で、暖流の黒潮（日本海流）と寒流の親潮（千島海流）が流れ、世界最大の漁獲量を誇る漁場です。

　大西洋北東部漁場は、ヨーロッパの北海中心の漁場で、暖流の北大西洋海流と寒流の東グリーンランド海流が流れ、グレートフィッシャーバンクやドッガーバンクの浅瀬で、トロール漁法でニシン・タラを漁獲します。

　大西洋北西部漁場は、アメリカ合衆国・カナダ沖で、暖流のメキシコ湾流と寒流のラブラドル海流が流れ、ニューファンドランド島沖にグランドバンクがあり、ニシン・タラを漁獲しますが、漁獲量は減少しています。

　太平洋南東部漁場は、ペルー・チリ沖で、寒流のペルー（フンボルト）海流が流れ、アンチョビー（かたくちいわし）やサケの漁獲で有名です。

　大西洋中東部漁場は、アフリカのモロッコ・モーリタニア沖で、かつてはあまり漁業が盛んではなかったのですが、日本向けのタコの漁獲が急増、大西洋では北東部漁場に次ぎ、北西部を上回る漁獲量を誇ります。

　赤道が通過の太平洋中西部・インド洋東部や西部漁場は、中国・インド・インドネシアの人口が多い国の影響を受け、漁獲量が急増しています。

(21) 水産物の生産・輸出・輸入

　漁獲量（2020年）は、世界第1位中国、第2位インドネシア、第3位ペ

ルー、第4位インド、第5位ロシアで、人口が多い中国・インドネシア・インドが急増しています。養殖業生産量（2020年）は、世界第1位中国、第2位インドネシア、第3位インド、第4位ベトナム、第5位バングラディシュで、やはり人口が多い中国・インドネシア・インド、そしてアジアの国々で養殖業が発達し、盛んとなったことが示されています。

水産物の輸出（2019年）は、世界第1位中国、第2位ノルウェー、第3位ベトナム、第4位インド、第5位チリ、水産物の輸入（2019年）は、世界第1位アメリカ合衆国、第2位中国、第3位日本、第4位スペイン、第5位フランスで、中国が輸出・輸入の両方で登場、ノルウェー・チリが代表的輸出国、アメリカ合衆国・日本・欧州の国々が代表的輸入国です。

日本の魚介類輸入先（2021年）は、世界第1位チリ、第2位ロシア、第3位アメリカ合衆国、第4位中国、第5位ノルウェー、魚種では、マグロを台湾・中国・韓国から、エビをインド・ベトナム・インドネシアから、ウナギを中国・台湾から、サケ・マスをチリ・ノルウェー・ロシアから、タコをモロッコ・モーリタニアから、それぞれ多く輸入しています。

(22) 日本の水産業地域

北海道地方は、日本の水産業の一大中心地で、都道府県別で日本一が多く、水産業統計（2020年）では、漁業経営体数（11,089）・漁業就業者数（24,378人）・漁獲量（8,949百t）・漁船隻数（19,142隻）といずれも日本一で、特に、漁獲量は全国の約3割を占めます。この水産業地域を背景に、マルハニチロ（2007年に大洋漁業・日魯漁業が経営統合）などの水産企業が立地しました。

日本の代表的漁港（水産都市）としては、北海道地方のオホーツク海に面した紋別・網走・羅臼、太平洋に面した釧路・根室、東北地方では青森県の八戸、岩手県の石巻・気仙沼・大船渡・大船渡・女川、関東地方では千葉県の銚子・勝浦、中部地方では焼津、日本海に面した中国地方の鳥取県の境港、九州地方では長崎県の松浦、太平洋側に面した鹿児島県の枕崎などが、有名です。朝に水揚げされた魚が、高速道路をトラックで、あるいは航空便で東京等の大消費地に運ばれ、新鮮な状態で提供されます。

漁港の立地条件は、漁場に近く、多くの漁船が入港できる湾入といった

自然条件で、三陸海岸や北九州のリアス式海岸が適しています。高速道路・空港に近いという、輸送条件も社会的条件で重要となっています。

(23) 水産業の諸課題と養殖業

　世界の課題としては、従来は熱帯気候地域など陸上での食料資源が比較的豊富で、魚類利用が少なかった地域において、急速に漁業が発展、漁獲量と消費量が急増、漁業資源の維持とのバランスが課題となっています。陸上の動物に比べて、宗教上の制約が比較的少ないことが、海洋に面した人口急増の発展途上国での需要増大につながるという側面があります。

　日本の課題としては、遠洋漁業の衰退、次いで沖合漁業の衰退と、魚介類の輸入増加に伴う、漁業の衰退が危惧されています。日本は、古くから、様々な魚類・貝類・藻類を活用、そのまま食べる以外に、鰹節・昆布だしなどのだし文化、海苔などの加工食品と多彩に利用してきました。特に、寿司文化は、日本食の代表であり、新鮮さがあってこその食文化です。

　養殖は、「取る漁業から育てる漁業へ」と、天然魚の資源枯渇が心配される中、これからも期待される分野です。かつては内水面でのサケ・マス・ウナギ・車エビの養殖、海水面での海苔の養殖が知られていましたが、今日では、海水面でのタイ・マグロの養殖が有名で、内水面（水槽含む）でのヒラメやチョウザメ（キャビア用）の養殖も拡大しています。

　「まとめ」：
　世界の農牧業地域には、大きく何があるか。
　世界の林業地域には、大きく何があるか。
　世界の水産業地域には、大きく何があるか。

　「考察」：
　世界の農牧業地域は、どのようにして地域区分されるか。
　世界の林業地域は、どのようにして地域区分されるか。
　世界の水産業地域は、どのようにして地域区分されるか。

地形図3：林業地域　林業都市　新宮　新宮市（和歌山県）
　　　2万5千分の1地形図「新宮」平成10年修正測量

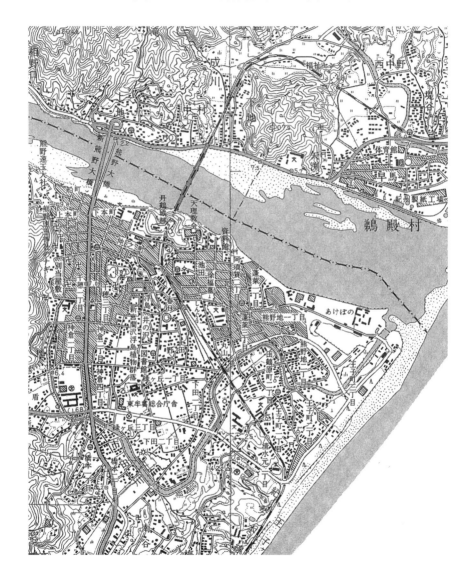

地形図4：林業地域　林業都市　日田　日田市（大分県）
　　　2万5千分の1地形図「日田」平成7年部分修正測量

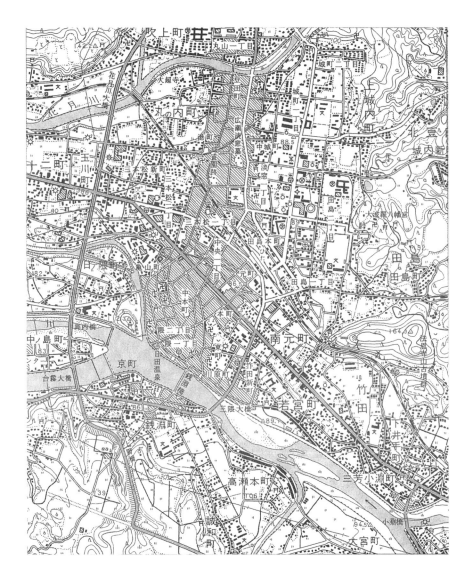

地形図5：水産業地域　水産都市　石巻　石巻市（宮城県）
2万5千分の1地形図「石巻」平成22年更新

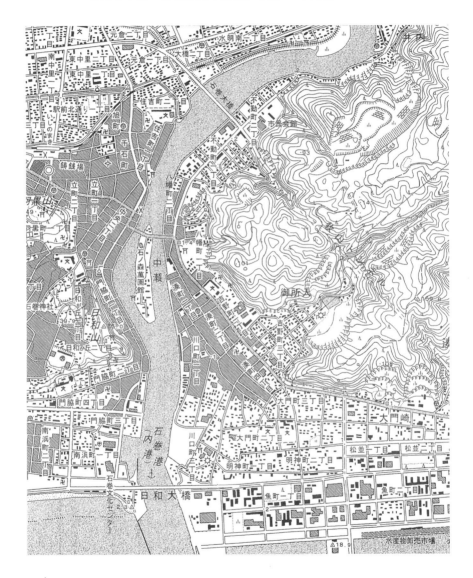

地形図6：水産業地域　水産都市　焼津　焼津市（静岡県）
　　2万5千分の1地形図「焼津」平成10年部分修正測量

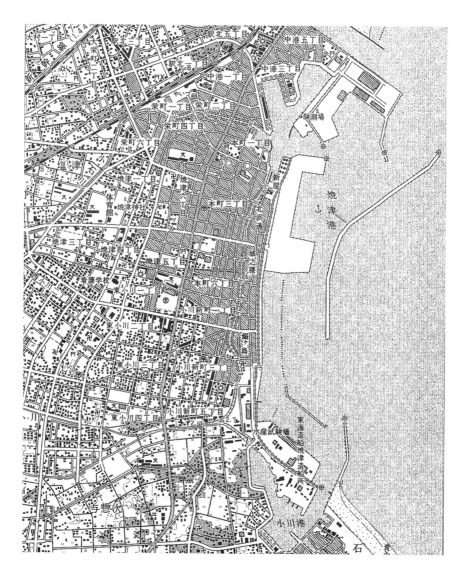

写真7：利尻島　（北海道）

写真8：利尻昆布（北海道）

【7】 世界の鉱業地理学と貿易地理学 ①

（1） 鉱業地理学とは何か

　鉱業地理学は、系統地理学の経済地理学の一分野です。経済学の分野に鉱業経済学があり、鉱業と経済との関係を考察します。

　鉱業地理学は、鉱業の種類、鉱業の立地条件、鉱産物の生産・輸出・輸入、鉱業地域、これらの差異を、地質・地形といった自然環境、産業や交通、民族や宗教、政治や経済の政策といった社会環境から考察するとともに、鉱業によって、自然環境や社会環境も変化するという、空間的相互関係も検討します。さらに、その影響の連鎖、過去から未来までの時間的推移も空間的に検討します。

　鉱業は、工業・建設業とともに第二次産業、モノ相手の産業で、自然相手の産業である第一次産業と、人間相手の産業である第三次産業の間にあり、自然環境の地質・地形の影響とともに、鉱業資源の価値・利用判断、労働力・技術・交通・市場・国際的な需給と貿易など、社会環境の影響も大きく、自然環境と社会環境を見据えた鉱業経営が求められます。

　鉱業を含む第二次産業は、歴史上、「二番目」に登場する産業であり、農産物と鉱産物は一次産品（原料）で、要因としての自然環境・社会環境も見えてくるため、農業と共に、産業のテーマとして最適です。

（2） 鉱業の立地条件 ① ＜自然的条件＞

　鉱業の立地条件で、自然的条件としては、地質構造が大きく影響します。鉱産資源（地下資源）は、地質構造の影響により、地域的に偏在、資源の分布は、極めて偏っています。

　鉱業が成立するための自然的条件としては、まず、鉱産資源（地下資源）の存在、すなわち、有無・あるなし以外に、有っても、鉱石の品位、すなわち、含有率、不純物の少なさがあり、ついで、鉱床の貧富、すなわち、資源全体量が豊富か貧弱か、さらに、可採埋蔵量、すなわち、資源全体量中、採取可能な量はどれほどか、以上を、探査・検討する必要性があります。いかに資源があっても、品位が低い、鉱床が貧弱、可採埋蔵量が少な

いと、鉱業が成り立ちません。当然、資源によって基準は異なり、例えば、鉄鉱石はかなりの高品位・富鉱床・可採埋蔵量が必要ですが、反対に、金鉱石の場合は、含有率が比較的低くても成り立つことがあります。

　なお、埋蔵量は、石油を代表例として、資源開発により、埋蔵量は増加するとともに、技術の進歩によって、可採埋蔵量も増加します。かなり昔から、「石油は枯渇する」と言われてきましたが、まだ採掘が継続しているのは、この埋蔵量と可採埋蔵量の増加によるものです。

（3）鉱業の立地条件 ② ＜社会的条件：労働力・技術・交通＞

　鉱業の社会的条件としては、まず、労働力・技術・交通があります。

　労働力については、鉱業に従事できる労働力が豊富か、人件費が低いか、ということで、低い労働力を大量に確保できるかが重要な条件です。発展途上国では、人口が急増しており、人件費も低い状況（日本と比べて $10 \sim 100$ 分の 1）で、それが鉱業を成立させることとなっています。特に、低くて豊富な未成年労働が大きな問題となっています。

　技術については、掘り出す技術、利用する技術があるかで、いかに資源があっても、掘り出すことができなければ、鉱業が成立しません。

　交通については、掘り出した資源を消費地まで運べるかで、運び出せなければ、やはり鉱業が成立しません。鉱産資源輸送には、鉄道が最適で、地下資源は内陸に分布することが多いため、輸出港まで一度に大量に輸送できる利点が鉄道にあります。アフリカ・南米ブラジル・オーストラリアでは、鉄道が鉱産資源輸送に活躍しています。

　技術や交通機関の設置には、資本が必要で、発展途上国では、先進国の資本によって、資源開発や交通などのインフラ整備が行われたことによって、はじめて鉱業が成立することがあります。

（4）鉱業の立地条件 ③ ＜社会的条件：市場価値・国際間の需給関係＞

　鉱業の社会的条件として、市場価値・国際間の需給関係があります。

　市場価値については、鉱産資源が採算のとれる価格で売れるか、資源の質が低い場合に売れるかということがあります。一般的には、資源の質が

高いことが求められる一方、発展途上国では、価格の安さが求められるため、低質でも、安ければ売れることがあり、その代表例としては、消費量の多い石炭があります。

　国際間の需給関係については、世界で必要とされているか、需要が多く、高く売れるかということで、時代の変化により、世界で必要とされるかが変化することがあります。例えば、レアメタルや電池原料資源が、近年、需要が急増しており、価格も上昇しています。しかし、資源によっては、需要と供給の関係が大幅に崩れ、価格が暴落、鉱業として採算が取れず、鉱山が閉山に追い込まれた事例も多くあります。

　日本は、多くの鉱産資源を輸入しています。それは、資源がない、枯渇したという理由ではなく、輸入した方が安いという理由がほとんどです。まだ、資源を残して閉山となった鉱山は数多い状況です。

（5）鉱業の立地条件 ④ ＜社会的条件：国際貿易との関係＞

　鉱業の社会的条件として、国際貿易との関係があります。

　国際貿易との関係としては、輸出目的の場合、国際競争力も必要で、採掘技術が優秀、労働力が豊富で低廉、大量安価等の条件がすべて揃う必要があります。国際競争力を維持するために、産出国側に、大きな負担が強いられることがあります。

　アジア・アフリカ・新大陸アメリカの植民地では、宗主国の必要と貿易利益のために、地下資源の開発が行われました。植民地からの独立後も、国際貿易の利益を目的に、特定地下資源のモノカルチャー（単一採掘）が継続、価格決定権が消費国側にあるため、産出国利益の少なさや、長期間の採掘継続のため、資源枯渇が心配されます。特に、再生産が可能な農産物と異なり、地下資源は終掘など、継続性の問題が付きまといます。また、人件費が低い状態が改善されない、安全性などの採掘状況の改善が進まない、せっかく資源を産出するのに、それを活用した工業等が発達していないなどの問題点も存在します。適切な利益を考慮した価格での輸入といった「フェアトレード」の考え方が、鉱産物にも必要です。

（6）エネルギー資源の開発 ＜種類と変遷＞

　エネルギー資源の種類と変遷を見てみましょう。

　産業革命前は、人力・畜力・風力・水力が機械等の動力源で、特に水力は重要でした。落差によって大きな水力が得られる山間部の「滝」に水車を設置、工場を立地させました。工場とととともに都市も立地、滝ができる位置に立地したため、「滝線都市」と称しました。

　産業革命は、機械の動力革命で、1785年に蒸気機関が発明され、石炭を使用した蒸気エネルギーが機械の動力源となりました。それ以前の人力・畜力・風力・水力に比べて、安定して長時間使用できるエネルギーで、画期的であり、産業を大きく変革したため、「産業革命」と称されるわけです。蒸気機関は、機械の動力源以外、蒸気船・蒸気機関車でも利用され、交通においても大きな変革をもたらしました。

　その後、1862年ディーゼル機関が発明されて、石油が内燃エネルギーとなり、1879年発電機が発明されて電力の電気エネルギーが使用され、液化天然ガス技術で天然ガスの利用が拡大、1906年原子力発電所により原子力エネルギーが使用されるようになりました。近年は、再生可能エネルギーの自然エネルギーとして、太陽光や風力発電が注目されています。

（7）鉱産物の種類 ① ＜エネルギー資源：石炭＞

　エネルギー資源としては、まず、石炭があります。石炭は、炭化の程度で種類があり、それぞれの用途があります。

　無煙炭は、最も炭化が進んだもので、名称どおり、燃やした時の煙が少なく、蒸気船・蒸気機関車の燃料用としてよく使用されます。

　瀝青炭は、無煙炭に次いで炭化が進んだもので、石炭化学工業の原料等、工業用としてよく使用され、特に強粘結炭は製鉄のコークス原料として、今日でも製鉄に欠かせない原料となっています。

　褐炭は、無煙炭・瀝青炭に次ぐ炭化の程度で、ここまでは、燃料として、よく利用されます。

　亜炭は、炭化の程度が劣り、独特のにおいもあったりして、燃料不足時や燃料不足地域で利用、日本ではかつて家庭用燃料で使用されました。

泥炭は、炭化があまり進んでいないもので、くすぶるように燃え、酒類蒸留用等の特別な用途に使用されます。

石炭は、様々な種類がありますが、世界に比較的広く分布し、それまでの木材から、「燃える石」として、今日でも世界でよく利用されています。

（8）鉱産物の種類 ② ＜エネルギー資源：石油＞

エネルギー資源として、次いで、石油があります。石油は、地下からくみ出したときは「原油」と称し、不純物を取り除き、沸点の違いを活用して精製（分離）、それぞれに用途があります。不純物として最も多いのが硫黄分で、回収されて、工業原料として利用されます。

ナフサは、最初に分離される成分で、石油化学工業原料（合成繊維・合成ゴム・合成樹脂・合成洗剤・農薬・溶剤等）に使用されます。

ＬＰガスは、次いで分離される成分で、ＬＰガス車などの燃料として使用されます。ガソリンは、次いで分離される成分で、ガソリン車などの燃料として使用されます。

灯油は、次いで分離される成分で、暖房用の燃料として使用されます。

軽油は、次いで分離される成分で、燃料等に使用されます。

残油は、残った成分で、さらに重油・潤滑油・パラフィンワックス・アスファルトに分離され、アスファルトは、道路舗装用に用いられます。

石油は、原料・燃料等に用い、石炭よりは産出地が限定されますが、液体で貯蔵・運搬が容易で、「燃える水」として、よく使用されます。

（9）鉱産物の種類 ③ ＜鉱物資源の種類：金属鉱物・非金属鉱物＞

鉱物資源の種類としては、金属鉱物と非金属鉱物に大きく分けられます。

金属鉱物は、鉄鉱石とレアメタル・非鉄金属、軽金属・貴金属等に分けられます。非金属鉱物は、ダイヤモンド・硫黄・チリ硝石・リン鉱石・石灰石などがあります。

金属鉱物の代表は、鉄鉱石で、金属としては世界に最も広く分布、入手しやすいとともに、加工しやすく、最もよく利用される金属です。

金属鉱物のレアメタルは、名称どおり、産出地が限られ、入手が困難

で、他の金属と混ぜて、優れた特性を発揮させる合金用原料に使用されます。ニッケル・クロム・タングステン・マンガン等がそれに該当します。

　非鉄金属は、銅・錫・亜鉛・鉛が代表例で、鉄に次いでよく利用される金属資源です。

　軽金属は、名称どおり、容積に比べて軽量の金属で、アルミニウム・チタンが代表的です。

　貴金属は、名称どおり、貴重で高価な金属、金・銀・白金が代表的です

　非金属鉱物は、ダイヤモンド・硫黄・チリ硝石・リン鉱石・石灰石で、金属以外の有用な鉱物、それぞれの特性を生かした用途があります。

(10) 鉱産物の種類 ④ ＜鉱産物の種類：鉄鉱石＞

　鉄鉱石の種類は、鉄の含有率によって区分されます。含有率50％以上が富鉱、50％以下が貧鉱で、利用価値の高いものは、50％以上となります。

　富鉱には、磁鉄鉱（含有率50 ～ 65％）があり、品位の高い鉄鉱石として知られ、スウェーデンのキルナ・イェリヴァレ鉄山で産出します。また、赤鉄鉱（含有率50 ～ 60％）があり、アメリカ合衆国のメサビ鉄山や、中国のターイエ鉄山で産出します。

　貧鉱には、褐鉄鉱・菱鉄鉱（50％以下）があり、不純物が多く、かつては利用が少なかったのですが、製鋼法の発達で利用されるようになりました。フランスのロレーヌ鉄山で産出するミネット鉱は、トーマス製鋼法により、利用されるようになった代表例です。

　鉄の特色は、比較的、世界で広く産出、鉱石だけでなく、砂鉄としても産出します。低温で硬く、高温で軟らかく、加工しやすい。高温で鍛えると、「鋼（はがね）」となり、古くから刀剣として使用されました。日本では、出雲で多くの刀剣を出土、権力の象徴とされます。また、北九州でも多くの刀剣が出土するため、「邪馬台国九州説」の根拠となっています。

(11) 鉱産物の種類 ⑤ ＜鉱産物の種類：レアメタル・非鉄金属＞

　レアメタルとその用途では、ニッケル鉱は特殊鋼・メッキに、クロム鉱は特殊鋼・メッキに使用され、鉄・ニッケル・クロムの合金はステンレ

ス、ニッケルとクロムの合金はニクロム線として使用されます。タングステン鉱は超硬工具や耐熱鋼などの特殊鋼、電気抵抗が大きいことから電球のフィラメントに、マンガン鉱は製鉄の補助原料・乾電池、耐摩耗性・耐食性に優れた合金用に、それぞれ使用されます。他に、インジュウムは液晶パネル材料に、タンタルはコンデンサ材料に、それぞれ使用されます。

　非鉄金属とその用途では、銅鉱は、電気の伝導性に優れているために、電線等の電気機械に、合金以外に、加工しやすいところから工芸用としても使用されます。錫鉱は、鉄板にメッキしたものがブリキで、かつてはおもちゃによく使用されました。保温性が良いところから食器となり、溶けやすいところから青銅やハンダの原料となります。亜鉛鉱は、鉄板にメッキしたものがトタンで、屋根材料に用いられ、合金以外に、針金の材料ともなります。鉛鉱は、柔軟性があるところから鉛管に、また、蓄電池や原子炉遮蔽板にも用いられます。

(12) 鉱産物の種類 ⑥ ＜鉱産物の種類：軽金属・貴金属＞

　軽金属とその用途では、アルミニウム原料のボーキサイトがあり、ボーキサイト４トンからアルミナ２トンが作られ、そこからアルミニウム１トンとなります。精錬時に大量の電力を必要とする金属で有名です。名称どおり軽量であるため、航空機・電車・船舶等の交通機械、鍋などの家庭器具、建材（サッシ）・ファースナーなど、幅広く使用されます。アルミニウムそのものは、強度や腐食性の問題があるため、用途に応じて他の金属等の添加物を加えた合金として、強度や耐食性をつけるようにしています。また、塗装によって、弱点を補うこともあります。航空機用のジュラルミンは、アルミニウム合金の代表例で、強度が優先されています。チタンは、航空機・カメラボディ・メガネフレームに使用されます。

　貴金属とその用途では、金鉱は、通貨・装飾用に、銀鉱は、通貨・装飾用・写真工業原料に、白金（プラチナ）は、医療用・装飾用にそれぞれ使用され、特に、金は、金属的価値が高く、最も貴重な金属とされて、貨幣のなかった時代には、通貨的役割を果たし、近代になっても、「金本位制」として、紙幣発行の基準となりました。通貨や電子マネーの発達した今日でも、金

の価値は高く、高値で取引されています。

(13) 鉱産物の種類 ⑦ ＜鉱産物の種類：非金属鉱物＞

　非金属鉱物とその用途では、ダイヤモンドは先端工具用（工業用）・装飾用として利用され、人工ダイヤモンドも開発されました。装飾用は、大きさ、透明度やキズ・色の有無、カットなどの加工状況で価値が大きく左右され、ダイヤモンドだからすべて価値が高いとは限りません。

　硫黄は、硫酸原料となり、火山の噴火口付近で産出する以外に、原油精製の不純物として回収されることがあります。

　チリ硝石は、硝酸原料となり、名称どおり、チリで産出します。

　リン鉱石は、リン酸肥料用で、海鳥の糞が堆積してできます。

　石灰石は、セメント・ガラス・化学肥料・製鉄用に利用され、もともとはサンゴ礁が堆積して石灰岩が形成されます。サンゴ礁地域に分布するとともに、プレートの移動によって石灰岩層が移動、プレートの境界等に線状に石灰岩層が分布することがあります。セメント用がよく知られ、建築材料として欠かせないとともに、石灰肥料は農業生産に大きく貢献しています。また、製鉄において不純物の除去に欠かせず、良質の鉄の生産には、良質の石灰石が需要な役割を果たしています。

(14) 日本の石炭

　日本での石炭採掘は、現在、北海道のみとなり、道東の釧路で釧路コールマインが坑内掘りで採掘中、最後の坑内掘り炭鉱となりました。道央の三笠市幾春別や道北の留萌でも、露天掘りで採掘中、今日では露天掘りの方が多くなりました。亜炭採掘は、宮城県・埼玉県・岐阜県で、極めて小規模ですが採掘しています。

　閉山した炭鉱は、北海道では、道北の稚内・羽幌・留萌、道央の空知地方の夕張・芦別・赤平・歌志内・砂川・美唄・三笠、道東の白糠、本州では、秋田県の太平山・奥羽、山形県の油戸、福島県・茨城県の常磐、山口県の宇部・小野田・美祢、九州では、福岡県の筑豊・三池、佐賀県の唐津・多久・大町、長崎県の松浦・崎戸・松島・池島・高島・端島（軍艦島）、熊

本県の天草、沖縄県の西表島で採掘していました。また、亜炭は、かつては岐阜県御嵩町や愛知県・山形県・群馬県でも採掘していました。

　1960年代まで、日本のエネルギー資源は石炭が中心で、自給率も高かったものの、その後は、ほとんどの炭鉱が閉山、自給率は低下しました。

　夕張炭鉱には「夕張石炭歴史の村」、常磐炭鉱には「いわき石炭・化石館」、宇部炭鉱には「宇部市石炭記念館」、筑豊炭鉱には「直方市石炭記念館」「田川市石炭・歴史館」など、炭鉱関係の施設が設置されています。

(15) 日本の石油・天然ガス

　日本の石油・天然ガス採掘は、現在、北海道の勇払、秋田県の申川・八橋・由利原・鮎川、山形県の余目、新潟県の岩船沖・新胎内・紫雲寺・東新潟・南阿賀・見附・南長岡・東柏崎で行われ、天然ガスはパイプラインで東京方面に輸送されています。これらの油田・天然ガス田を背景に、秋田市・新潟市・柏崎市などに、石油化学工業が発達しました。千葉県の成東・茂原では、天然ガスを採掘中で、地元に供給されています。

　採掘が終了した油田・天然ガス田としては、北海道の石狩・厚真、秋田県の豊川・道川・桂根・勝手・濁川・院内・桂坂、新潟県の胎内・尼瀬・東山・西山・金津・頚城、福島県の磐城沖ガス田、静岡県の相良でも採掘していました。胎内油田には「シンクルトン記念公園」、尼瀬油田があった出雲崎には「石油記念公園」、相良油田には「相良油田の里公園・相良油田資料館」、金津油田には「石油の里公園・石油の世界館」など、油田関係の施設が設置されています。炭田と比べて、油田・ガス田の採掘終了は比較的少なく、現在でも日本海沖等で探査が継続しています。

(16) 日本の鉄鉱石

　日本での鉄鉱石採掘は、かつて、岩手県の釜石鉄山で多く採掘され、鉄道で海岸の釜石製鉄所に運ばれました。すでに、釜石鉄山は鉄鉱石の産出を停止、釜石製鉄所は輸入鉱石を使用しています。また、橋野鉄鉱山は世界文化遺産に登録され、高炉跡が残っています。

　岩手県の釜石鉱山以外での鉄鉱石採掘としては、北海道には倶知安鉄山

があり、鉄道で室蘭製鉄所に運ばれました。岩手県には遠平夏畑鉄山があ<ruby>とおひら<rt>とおひら</rt></ruby>り、群馬県には、群馬鉄山があって架空索道と鉄道で長野原線（現・吾妻線）の駅へ運ばれ、中小阪鉄山もありました。長野県には諏訪鉄山があり、鉄道で中央線茅野駅へ運ばれ、岡山県には、硫化鉱の柵原鉱山があって、片上鉄道で瀬戸内海に面した片上港に運ばれました。これらの鉄山はすべて閉山し、輸送に使用された鉄道の多くは廃線となりましたが、輸送用に鉄道が開設されたことで、鉄鉱石産出の重要性がわかります。

　鉄鉱石は、現在、熊本県阿蘇鉱山で、日本リモナイトが採掘を行っています。この鉱山は、もともとは有明製鉄所用の鉄鉱石を産出していましたが、有明製鉄所の閉鎖に伴い、製鉄用以外の用途で採掘しています。

(17) 日本の金

　13世紀のマルコポーロの『東方見聞録』で、日本は黄金の国ジパングと口述され、「金」の産出で世界的に知られることとなり、西洋の人々が東洋に注目するきっかけとなったといわれています。

　近世の代表的金山とそこを支配した武将としては、佐渡金山の上杉氏、甲州金山の武田氏、伊豆金山の北条氏、薩摩金山の島津氏があります。現役の金山としては、鹿児島県の菱刈金山があり、極めて高品位（含有率高い）の金鉱石を産出、1985年に出鉱開始、わずか12年の1997年に累積産金量で数百年採掘の佐渡金山を上回り、他に、鹿児島県の春日・岩戸金山（枕崎市）、赤石鉱山（南九州市）が採掘中です。過去の採掘金山としては、北海道の鴻之舞金山と千歳金山、静岡県の持越金山・清越金山・大仁金山、鹿児島県の大口金山と山ヶ野金山がありました。また、新潟県の佐渡金山には「ゴールデン佐渡」、山梨県の湯ノ奥金山は「湯ノ奥金山資料館」、静岡県の土肥金山は「土肥マリン観光・土肥金山」、大分県の鯛生金山は「地底博物館鯛生金山」、鹿児島県の串木野金山は「ゴールドパーク串木野・金山蔵」と、それぞれ閉山後に鉱山テーマパークが開設されました。

(18) 日本の銀

　フランシスコ＝ザビエル（スペイン）の書簡で、日本はプラタレアス（銀）

の島と記され、かつては世界トップレベルの産出量を誇り、特に16世紀には世界銀流通量の実に3分の1が日本産でした。その当時の代表的銀山が島根県の石見銀山で、16世紀に毛利氏が支配、毛利氏は西国大名の代表となり、石見銀山は世界文化遺産に登録されることとなりました。

石見銀山とともに有名であったのが兵庫県の生野銀山で、織田氏・豊臣氏・徳川氏の天領としてそれぞれの財政を支え、明治期には三菱が佐渡金山とともに経営、財閥発展に貢献しました。

他に、秋田県に院内銀山があり、最盛期には県都秋田市と並ぶ盛況ぶりであったとされ、鉄道も奥羽本線が開通しています。山形県に延沢銀山があり、坑夫の湯治湯として発達した銀山温泉は、川に沿って大正期の木造旅館が並ぶ景観は、人気があります。福島県に半田銀山があり、兵庫県に多田銀山があって、多田源氏の財政を支えたといわれます。銀山はすべて閉山しましたが、石見銀山に資料館と龍源寺間歩、生野銀山に「シルバー生野・生野銀山」、多田銀山に資料館と、往時をしのぶ施設があります。

(19) 日本の銅

モリス（イギリス）が製法特許を取得した「ジャパン・カッパー」は、酸化被膜の赤銅色が美しい銅板です。17世紀末、日本は「銅」の産出量で世界一を誇りました、銅鉱石は、新期造山帯の環太平洋造山帯で産出する資源、したがって日本を代表する地下資源で、実に、戦後しばらくまでは、自給率が高い資源でもありましたが、現在は、すべて閉山しました。

足尾銅山・日立銅山・別子銅山が特に有名で、銅山で産出された銅鉱石は製錬・精錬されて、銅製品を製造、コンピューター生産へと発展しました。栃木県の足尾銅山は古河が採掘、古河電工、富士通へ、愛媛県の別子銅山は住友が採掘、住友電工、日本電気へ、茨城県の日立銅山は日立製作所へと展開したように、銅山が日本の電子産業の基礎にあります。

他の銅山としては、秋田県に尾去沢銅山・小坂銅山・花岡銅山・阿仁銅山・荒川銅山と秋田県に多く、石川県に尾小屋銅山・遊泉寺銅山、岡山県に吹屋銅山もあり、遊泉寺銅山から展開したのが、小松製作所です。

尾去沢銅山には「マインランド尾去沢」、尾小屋銅山には「尾小屋マイ

ンロード」、吹屋銅山には笹畝坑道、別子銅山には「マイントピア別子・別子銅山」と、鉱山テーマパークなどの施設があります。

(20) 日本のニッケル・クロム・マンガン・タングステン・イリジュウム

日本でのニッケル鉱石採掘は、群馬県に多野鉱山、福井県に若狭鉱山、京都府に大江鉱山があり、鉄道で輸送されましたが、すべて閉山しました。

日本でのクロム鉱採掘は、鳥取県に若松鉱山があり、架空索道で麓へ運ばれて精錬されましたが、閉山となりました。

日本でのマンガン鉱石採掘は、すべて終了、岩手県の野田玉川鉱山は、鉱山テーマパークのマインパーク野田玉川に、京都府の新大谷鉱山は丹波マンガン記念館となり、他のマンガン鉱山としては、北海道に上ノ国鉱山、そして高知県に黒滝鉱山があって、鉄道で土讃線繁藤駅へ運ばれました。

日本でのタングステン鉱石採掘は、山口県に玖珂鉱山と喜和田鉱山があり、タングステン鉱山地帯となっていましたが、玖珂鉱山はテーマパークの「美川ムーバレー」となりました。京都府に大谷鉱山もありましたが、すべて閉山となりました。

日本でのイリジュウム鉱石採掘は、北海道に豊羽鉱山があり、貴重なレアメタルであるイリジュウムを産出しましたが、閉山となりました。

以上のように、特殊鋼や合金鋼資源、レアメタルなど、貴重な資源が国内で産出したことは、日本の地下資源の多彩さを示しています。

(21) 日本の鉛・亜鉛

日本での亜鉛鉱石採掘は、かつて、岐阜県の神岡鉱山が有名で、東洋一を誇り、日本の代表的鉱山都市となりました。神岡鉱山閉山後は、輸入鉱石を使用した製錬を行っていました。輸送に活躍した神岡鉄道は廃止となり、鉱山跡は、実験観測施設の「カミオカンデ」として活用されています。

岩手県の田老鉱山は、ラサ鉱業が採掘していましたが閉山、架空索道で鉱石が宮古市へ運ばれ、宮古市が製錬・精錬都市で、ラサ鉱業の企業城下町でしたが、撤退に伴い、三陸海岸の観光都市へと変貌しました。

宮城県の細倉鉱山は、閉山後、鉱山テーマパークの細倉マインパークを

開設、東北本線石越駅から分岐した鉱山鉄道の栗原電鉄（くりはら高原鉄道）が輸送に活用されましたが、廃止となりました。

　福井県の中竜鉱山は、日本最大級の鉛鉱山でしたが閉山、鉱山テーマパークのアドベンチャーワールド中竜を開設しました。しかし、北陸本線越前花堂から分岐した越美北線終点の九頭竜湖駅からさらに山奥で不便ということもあって、閉鎖となりました。

　他に、青森県の太良鉱山や、山口県の蔵目喜鉱山などがありました。

(22)　日本の錫・水銀・硫黄

　日本での錫鉱石採掘は、かつて、兵庫県の明延・神子畑鉱山が有名で、神子畑に精錬所があり、明延～神子畑間は鉱山鉄道である明神電車（通称、一円電車）で結ばれていました。鉱山閉山後、明神電車も廃止され、跡地は、鉱山学習施設の「あけのべ自然学校」となり、坑道跡が明延鉱山探検坑道となっています。他の錫鉱山としては、大分県の傾山山系に、木浦・豊栄・見立鉱山があって、錫鉱山地帯となっていました。鹿児島県にも錫山鉱山がありましたが、すべて閉山となりました。

　日本での水銀採掘は、北海道にイトムカ鉱山、三重県に丹生鉱山、奈良県に大和鉱山、徳島県に水井鉱山がありましたが、閉山しました。

　日本での硫黄鉱石採掘は、北海道にアトサヌプリ鉱山、岩手県に松尾鉱山、福島県に沼尻鉱山、群馬県に草津鉱山・谷所鉱山・小串鉱山・吾妻鉱山・横手山鉱山、長野県に米子鉱山、鹿児島県に硫黄島鉱山など火山に鉱山がありましたが、すべて閉山となりました。多くは、山中の鉱山から架空索道で麓の鉱山鉄道駅へ運ばれました。花輪線大更駅から分岐した松尾鉱山鉄道、磐越西線川桁駅から分岐した沼尻鉄道、信越本線軽井沢駅から分岐した草軽電気鉄道などは、典型的な硫黄鉱山の鉱山鉄道でした。

(23)　日本の石灰石

　日本の石灰石採掘は、北海道から沖縄県まで、広く行われており、石灰石は自給可能で、さらに輸出も行われる、日本に豊富にある資源です。

　北海道には上磯鉱山、青森県には尻屋鉱山と八戸鉱山があり、かつては

鉱山鉄道で輸送されていました。岩手県には東山鉱山と大船渡鉱山があり、大船渡鉱山の石灰石は、現在でも岩手開発鉄道によって大船渡港へ輸送されます。福島県には田村鉱山があり、かつては架空索道で最寄り駅やセメント工場へ輸送されました。栃木県には葛生鉱山があり、やはりかつては鉱山鉄道で、埼玉県には秩父鉱山があり、ベルトコンベアーを使用してセメント工場へ、かつては西武鉄道秩父線でも、現在でも秩父鉄道によって石灰石が輸送されます。東京都には奥多摩鉱山があり、曳鉄線のトロッコで青梅線奥多摩駅へ輸送され、新潟県には青海鉱山があります。岐阜県には金生山鉱山があり、現在でも西濃鉄道によって東海道線支線駅の美濃赤坂駅を経由して輸送されます。滋賀県には伊吹山鉱山、三重県には藤原鉱山と国見鉱山があり、藤原鉱山から三岐鉄道で輸送されます。岡山県には、足立鉱山と芳井鉱山、山口県には宇部伊佐鉱山と秋吉台鉱山があり、宇部伊佐鉱山から宇部港に宇部興産専用道路で輸送され、秋吉台鉱山からはベルトコンベアーで長門三隅港へ輸送されます。高知県には土佐山鉱山と鳥形山鉱山があり、鳥形山鉱山からベルトコンベアーで須崎港に輸送されます。福岡県には平尾台鉱山と香春岳鉱山、大分県には津久見鉱山、沖縄県には本部鉱山があります。東山鉱山では、かつて宮沢賢治が働き、「石と賢治のミュージアム」が開設されました。

「まとめ」：

鉱業の立地条件には、大きく何があるか。

エネルギー資源の種類には、大きく何があるか。

鉱産物の種類には、大きく何があるか。

「考察」：

鉱業の立地条件、植民地での問題点は何か。

鉱産資源で鉄鉱石がよく使用される理由は、何か。

日本の鉱業、衰退の要因は何か。

【8】 世界の鉱業地理学と貿易地理学 ②

（1） 鉱産物の産出・輸出・輸入

　鉱産物の生産と、貿易である輸出・輸入では、生産国・輸出国・輸入国の上位国をみて、共通点を見抜くことが重要なポイントです。

　注目する点は、まず、大地形の安定陸塊・古期造山帯・新期造山帯で、大地形によって、かなり産出する資源は決まってきます。さらに、新期造山帯でも、アルプス・ヒマラヤ造山帯と環太平洋造山帯で差異があります。地形以外に、気候の影響を受ける鉱産資源もあります。ついで、先進国・発展途上国かで、工業の発達の程度も影響します。発展途上国で工業が未発達ですと、鉱産物を輸出することとなります。さらに、アジア（東・東南・南・西南）・アフリカ・ヨーロッパ・アメリカ（南北）・オーストラリアといった地域にも注目します。それぞれの地域で多く生産・輸出・輸入されている場合があります。また、社会環境として、人口が多い・国土面積が広い地域では、国内生産では足らない、国内から輸送するよりは輸入した方が便利、旧植民地の地域では、植民地時代から鉱産物を輸出、独立後も継続している、といったことがあります。特定の鉱産物でのみ登場する国々があり、特産品で、比率（％）にも注目、世界的な比率を占める国もあり、国際競争の結果ですが、リスクとなる可能性もあります。

（2） 石炭の産出・輸出・輸入 ①

　石炭の産出国（2019年）は、世界第1位中国（55％）、第2位インド、第3位インドネシア、第4位オーストラリア、第5位ロシア、第6位アメリカ合衆国、第7位南アフリカ共和国、第8位カザフスタン、第9位コロンビア、第10位ポーランドで、20年前に比べて世界全体の産出量は2倍以上に増加しています。エネルギー資源が「石炭から石油に」と指摘されるのですが、産出量、勿論、それは消費量でもあるのですが、大幅に増加しているのです。特に増加が著しいのが、インドネシアで20年前に比べて約10倍に増加、30年前と比べると、実に84倍です。ついで、コロンビアが30年間に約4倍に増加しました。反対に、30年間で、アメリカ合衆

国は約半分に、カザフスタンは５分の４に、ポーランドは５分の２に減少しました。増加したのは新期造山帯の国、減少したのは古期造山帯の国、「質よりも量」「安さ優先」が見て取れる状況です。勿論、まだ、良質の石炭を産出する古期造山帯、人口多い、資源輸出依存国の共通点はあります。

石炭の輸出国（2019年）は、世界第１位インドネシア（32％）、第２位オーストラリア（28％）、第３位ロシア、第４位アメリカ合衆国、第５位南アフリカ共和国で、大規模開発（露天掘り）・新大陸の先進国が中心です。

（3）石炭の産出・輸出・輸入 ②

石炭の輸入国（2019年）は、世界第１位中国（22％）、第２位インド、第３位日本、第４位韓国、第５位ベトナムで、アジアの人口が多い、石炭を海外に依存している工業国です。日本は、戦前に満州（50％）から、現在（2021年）はオーストラリア（65％）から輸入しています。

中国・インドは、産出量世界第１位・第２位と多いのですが、人口が多く、消費量が多いため、輸入量世界第１位・第２位と多くなります。特に、中国は世界の半分以上を産出しながら、世界の５分の１を輸入している状況です。その輸入先となっているのが、インドネシアです。

インドネシアは、10年前と比べても約２倍に増加、４分の３以上を輸出、オーストラリアを抜き、輸出量世界第１位となりました。インドネシアは国土が新期造山帯で、かつては新期造山帯で産出する石油で有名でした。しかし、今や石油産出国の上位ではなく、石炭産出・輸出国となっています。良質の石炭を産出する古期造山帯ではなく、新期造山帯の国で高品質ではないのですが、技術の進歩により、山全体をすべて崩すなど、大規模な露天掘りで、安価・大量供給を行い、アジアの国々に輸出されています。二酸化炭素の排出についても、このような状況の把握が必要です。

（4）石油（原油）の産出・輸出・輸入 ①

原油の埋蔵地域（2020年）は、アジア51％（内、中東46％）・アメリカ36％で、アジア・アメリカで約９割を占めます。

原油の産出地域（2020年）は、アジア43％（内、中東31％）・アメリカ31％で、

アジア・アメリカで約8割を占めています。

　原油の産出国（2020年）は、世界第1位アメリカ合衆国、第2位ロシア、第3位サウジアラビア、第4位イラク、第5位中国で、褶曲の背斜構造に石油が溜まる新期造山帯と中東の国、資源輸出依存国もあります。

　原油の輸出国（2020年）は、世界第1位サウジアラビア、第2位ロシア、第3位イラク、第4位カナダ、第5位アメリカ合衆国で、新期造山帯と中東の国、資源輸出依存国に、新大陸の北アメリカの国が加わります。

　原油の輸入国（2020年）は、世界第1位中国（22%）、第2位アメリカ合衆国、第3位インド、第4位日本、第5位韓国と、輸出も行うアメリカ合衆国以外は、アジアの人口が多い国、工業国です。日本は、戦前にアメリカ合衆国、現在（2021年）は中東からの輸入が多く、1970年代にオイルショックが発生、「省エネ」が進められ、40年間で消費量は1割以上減少しています。なお、世界の消費量は40年間で1.7倍に増加しています。

（5）石油（原油）の産出・輸出・輸入 ②

　アメリカ合衆国・中国は、産出量世界第1位と第5位で、産出量が多いのですが、人口が多く、消費量が多いため、輸入量世界第1位と第2位と、輸入量も多い。アメリカ合衆国は、国内のオイルシェール産出が増大、産出量が世界第1位となり、輸出国上位にも入り、輸入量は減少しています。技術進歩の影響の典型例です。それに対して、中国は、40年間で消費量が10倍に増加、輸入量は大幅に増加、自給率は約3分の1に低下しています。インドも、40年間で消費量が約8倍に増加、輸入量も大幅に増加、自給率は2割を切りました。かつて石油産出で有名であったインドネシアも、40年間で消費量が4倍に増加、輸入量が大幅に増加、自給率は約5割です。このように、アジアで人口が多い中国・インド・インドネシアの3ヵ国は、経済発展しているものの、人口が多いため、エネルギー資源で、石炭同様、石油も、大量消費・大量輸入国となり、課題が残る状況です。

　アメリカ合衆国は、戦前期に世界の約6割を産出しました。戦後、中東での産出が増加、輸出量も増加しました。ロシアは、ソ連崩壊後の1990年代以降に産出・輸出を増加させ、資源輸出に大きく依存、ベネズエラは、

戦前期から産出・輸出に依存、しかし、最近では上位でなくなっています。

（6）石油（原油）の産出・輸出・輸入 ③

　おもな国の石油の海外依存度と輸入先（2019年）を見てみましょう。

　アジアでは、中国が、約6割を海外に依存、輸入先はサウジアラビア・ロシア・イラクから、日本が、99.7％を海外に依存、サウジアラビア・アラブ首長国連邦・クウェートから、韓国が、99.1％を海外に依存、サウジアラビア・クウェート・イラクからと、多くを海外に依存、中東方面からの輸入が多い状況です。

　ヨーロッパでは、ドイツが、96.1％を海外に依存、ロシア・カザフスタン・リビアから、フランスが、98.7％を海外に依存、ナイジェリア・カザフスタン・アルジェリアから、イギリスが、約3割を海外に依存、リビア・ロシア・ナイジェリアからと、北海油田があるために国内自給率が比較的高いイギリスを除いて、多くを海外に依存、ロシア・カザフスタン・アフリカ方面からの輸入が多い状況です。

　アメリカでは、アメリカ合衆国が、約1割を海外に依存、メキシコ・サウジアラビア・イラクからと、隣国メキシコからの輸入が多い状況です。

　このように、日本・韓国・ドイツ・フランスは100％近い依存率ですが、イギリス・アメリカ合衆国は、3分の2以上を自給しています。

（7）天然ガスの産出・輸出・輸入①

　天然ガスの埋蔵地域（2020年）は、アジア58％（内、中東40％）・ヨーロッパ22％（内、ロシア20％）、旧大陸のアジア・ヨーロッパで約8割を占めます。天然ガスの産出地域（2020年）は、アジア33％（内、中東16％）・北アメリカ30％・ヨーロッパ24％（内、ロシア18％）です。

　天然ガスの産出国（2020年）は、世界第1位アメリカ合衆国（24％）、第2位ロシア、第3位イラン、第4位中国、第5位カナダ、第6位カタール、第7位オーストラリア、第8位ノルウェーで、石油産出国と異なり、先進国が多い状況です。石油産出国であるとともに、天然ガスは扱いが難しく、天然ガス処理技術で先進国ということも必要となるためです。

天然ガスの輸出国（2019年）は、世界第1位ロシア（20％）、第2位カタール、第3位アメリカ合衆国、第4位ノルウェー、第5位オーストラリアで、産出国上位5ヵ国からイラン・中国・カナダが抜け、カタール・オーストラリア・ノルウェーが入り、資源輸出依存国です。

天然ガスの輸入国（2019年）は、世界第1位中国、第2位日本、第3位ドイツ、第4位アメリカ合衆国、第5位イタリアで、先進国を中心とした工業国と輸入依存国です。

（8）天然ガスの産出・輸出・輸入 ②

日本は、現在（2021年）、液化天然ガスをオーストラリア（36％）・マレーシア・カタールから輸入しています。また、新潟県・千葉県などで天然ガスを産出、新潟県から関東方面に向けてパイプラインで輸送しています。自給率は石油より高いものの、2割程度（2020年）です。

天然ガスは、天然ガス単体で産出する以外、原油とともに産出します。しかし、高度な処理技術が必要で、石油（原油）産出国とは必ずしも一致しません。輸送には、−162°に冷却することによって体積が約600分の1となる液化天然ガス（LNG）に転換、LNG専用船を使用します。

アメリカ合衆国は国土面積が広いため、北部の工業地帯ではカナダからの輸入があり、輸出国と輸入国の両方で登場します。ロシアは、天然ガス輸出世界第1位で、石炭輸出世界第3位・石油輸出世界2位と同様、1990年代のソ連崩壊後の経済の立て直しに産出量・輸出量を増加させ、貿易はこれらのエネルギー資源の輸出に大きく依存することとなりました。それに対して、中国は、石炭・石油・天然ガスの輸入量がすべて世界第1位で、エネルギー資源を輸入に大きく依存、きわめて対照的な状況です。

（9）鉄鉱石の産出・輸出・輸入 ①

鉄鉱石の産出地域（2018年）は、オセアニア37％・アジア26％・南アメリカ21％で、オセアニア地域がトップの鉱産資源です。

鉄鉱石の産出国（2018年）は、世界第1位オーストラリア（37％）、第2位ブラジル、第3位中国、第4位インド、第5位ロシア、第6位南アフリ

カ共和国、第7位ウクライナ、第8位カナダ、第9位アメリカ合衆国、第10位イラン、第11位スウェーデンで、安定陸塊、面積が広い国、資源輸出依存国です。ＢＲＩＣＳ（ブラジル・ロシア・インド・中国・南アフリカ共和国）の国々は、鉄鉱石産出第2〜6位の国々で、工業発展は、世界的な鉄鉱石産出と大きく関わることを示しています。

鉄鉱石の輸出国（2021年）は、世界第1位オーストラリア（53%）、第2位ブラジル（22%）、第3位南アフリカ共和国、第4位カナダ、第5位ウクライナ、第6位インド、第7位スウェーデンで、すべて、国土に良質の鉄鉱石を産出する大地形の安定陸塊がある国々です。

鉄鉱石の輸入国（2021年）は、世界第1位中国（68%）、第2位日本、第3位韓国、第4位ドイツ、第5位オランダで、先進国を中心とした製鉄工業国、オランダは中継貿易により輸入量が多くなっています。

(10) 鉄鉱石の産出・輸出・輸入 ②

オーストラリアとブラジルは、両国を合わせると産出量で世界の約半分、輸出量で世界の約7割と、圧倒的な比率です。戦前期の産出は僅かでしたが、戦後期に開発が進行、30年間でオーストラリアは約8倍に増加、ブラジルは約3倍に増加しました。それに対して、アメリカ合衆国は、戦前は世界第1位の産出量でしたが、最近の30年間で産出量は約1割減少しています。スウェーデンは、戦前はヨーロッパでトップクラスの産出国、最近の30年間でも1.7倍に産出量を増加させ、輸出国で、極めて高品位の鉄鉱石を産出、ドイツなどのヨーロッパ各国へ輸出されます。

中国は、産出量世界第3位ですが、輸入量第1位で、しかも、世界の3分の2を輸入するという、極めて多い輸入量で、石炭・石油・天然ガスのエネルギー資源とともに、鉱産資源の鉄鉱石も輸入に依存しています。ロシアは、石炭・石油・天然ガスのエネルギー資源と同様、1990年代のソ連崩壊後に産出量を増加させました。インドは、戦前期にアジアのトップクラスの産出国で、最近の30年間で約4倍に産出量を増加させ、輸出国です。南アフリカ共和国は、戦前期にアフリカのトップクラスの産出国で、最近30年間で2倍以上に産出量を増加させました。

(11) 鉄鉱石の産出・輸出・輸入 ③

　おもな国の鉄鉱石の海外依存度と輸入先（2020年）を見てみましょう。

　アジアでは、中国が、約9割を海外に依存、輸入先はオーストラリア・ブラジル・南アフリカ共和国・インドから、日本が、すべてを海外に依存、オーストラリア・ブラジル・カナダ・南アフリカ共和国から、韓国が、ほぼ全量を海外に依存、オーストラリア・ブラジル・南アフリカ共和国・カナダからと、多くを海外に依存、オーストラリア・ブラジル・南アフリカ共和国と、南半球の国からの輸入が多い。なお、中国は、2000年までは海外依存率は約5割で、20年間で大きく海外依存度が高まりました。

　ヨーロッパでは、ドイツが、ほぼ全量を海外に依存、カナダ・スウェーデン・ブラジル・南アフリカ共和国から、フランスが、すべてを海外に依存、カナダ・ブラジル・モーリタニアから、イギリスが、すべてを海外に依存、カナダ・ブラジル・スウェーデンからと、多くを海外に依存、カナダ・ブラジル・スウェーデンと、輸送距離が長くなるオーストラリアからの輸入が少ない状況です。なお、1980年までの海外依存率で、フランスは約5割、イギリスは9割でしたが、その後は大きく低下しました。

　アメリカでは、アメリカ合衆国が、約1割を海外に依存、ブラジル・カナダ・スウェーデンからと、やはりオーストラリアからの輸入が少ない。

(12) レアメタルの産出・輸出・輸入 ①

　ニッケル鉱の産出地域（2017年）は、アジア40%・オセアニア20%で、アジアとオセアニアで約6割を占める鉱産資源です。

　ニッケル鉱の産出国（2017年）は、世界第1位フィリピン、第2位インドネシア、第3位ニューカレドニア（仏領）、第4位カナダ、第5位ロシア、第6位オーストラリア、第7位中国、第8位ブラジル、第9位グアテマラ、第10位キューバで、東南アジアからオセアニアが多く、特にニューカレドニアは、ニッケル鉱の島として有名です。ニューカレドニア島は南太平洋のメラネシアに位置し、南回帰線近く、オーストラリア大陸の沖合にあり、1853年仏領に、19世紀後半にニッケル鉱産出の鉱業島となりました。

　クロム鉱の産出地域（2018年）は、アフリカ51%・アジア37%で、ア

フリカが半分を占める鉱産資源です。

クロム鉱の産出（2017年）は、世界第1位南アフリカ共和国（48％）、第2位トルコ（22％）、第3位インド、第4位フィンランド、第5位アルバニア、第6位ジンバブエ、第7位ブラジル、第8位ロシア、第9位オマーン、第10位イランで、南アフリカ共和国が約5割を占め、今日の南アフリカ共和国を代表する鉱産資源となっています。

(13) レアメタルの産出・輸出・輸入 ②

タングステン鉱の産出地域（2018年）は、アジア90％で、アジアが圧倒的な比率を占め、タングステン鉱の産出（2018年）は、世界第1位中国（80％）、第2位ベトナム（6％）、第3位モンゴルと、圧倒的に中国で、中国南部からベトナムで産出します。

モリブデン鉱の産出地域（2018年）は、アジア49％・南アメリカ30％・北アメリカ21％で、アジアとアメリカでほとんどを占め、モリブデン鉱の産出（2018年）は、世界第1位中国（45％）、第2位チリ（20％）、第3位アメリカ合衆国で、中国が半分弱、上位3ヵ国で約8割を占めます。

マンガン鉱の産出地域（2017年）は、アフリカ51％・アジア21％で、アフリカとアジアで約7割を占め、マンガン鉱の産出（2017年）は、世界第1位南アフリカ共和国（31％）、第2位オーストラリア、第3位ガボンで、アフリカのガボンがマンガン鉱の産出で知られる国です。

コバルト鉱の産出地域（2017年）は、アフリカ65％で、アフリカが約3分の2を占め、コバルト鉱の産出（2017年）は、世界第1位コンゴ民主共和国（61％）、第2位ロシア、第3位オーストラリアで、コンゴ民主共和国での産出が多い資源です。

(14) 非鉄金属の生産・輸出・輸入 ①

銅鉱の産出地域（2017年）は、南アメリカ42％・アジア21％・北アメリカ13％、アメリカで55％を占める鉱産資源です。

銅鉱の産出（2017年）は、世界第1位チリ（28％）、第2位ペルー、第3位中国、第4位アメリカ合衆国、第5位コンゴ民主共和国、第6位オース

トラリア、第7位ザンビア、第8位メキシコ、第9位ロシア、第10位インドネシアで、新期造山帯の環太平洋造山帯、特に南アメリカ大陸のアンデス山脈と北アメリカ大陸のロッキー山脈での産出が多い資源です。

かつてはアメリカ合衆国が産出量世界第1位でしたが、1990年代から減少、30年間で約2割も減少しました。かわって、チリが1990年代から産出量世界第1位で、30年間で約3.5倍に増加しました。また、30年間でペルーは約7倍に、中国は約6倍に、インドネシアは約4倍に、コンゴ民主共和国も2000年代から増加、電子電気工業用の需要増大によります。

産出量の多いチリとペルーは輸出量も多く、これらの南アメリカだけでなく、カナダやアメリカ合衆国といった北アメリカ、オーストラリアといった新大陸からの輸出が多い鉱産資源です。輸入は、中国と日本が多く、アジアの電子電気工業用を中心とした銅製品生産工業国です。

(15) 非鉄金属の生産・輸出・輸入②

銅鉱床には、斑岩銅鉱床と堆積鉱染型鉱床があり、新期造山帯の環太平洋造山帯は、斑岩銅鉱床で、海洋プレートが大陸プレートに沈み込むことによって鉱床が形成されます。アンデス山脈、ロッキー山脈、日本列島、インドネシアがその代表的な鉱床分布地域です。それに対して、同じ新期造山帯でも、アルプス＝ヒマラヤ造山帯は大陸プレートどうしの衝突により形成された造山帯であるため、斑岩銅鉱床の形成なく、銅を産出しないのです。

堆積鉱染型鉱床は、安定陸塊のアフリカ大陸、特に中南部のザンビアとコンゴ民主共和国に分布、「カッパーベルト」（銅地帯）と称され、銅の産出が多い。コンゴ民主共和国での銅採掘の歴史は新しく、植民地からの独立後ですが、ザンビアはかつてイギリスの植民地で、比較的開発は古く、東ヨーロッパを除き、ヨーロッパではほとんど銅を産出しないため、イギリスはスペインから独立したチリとともに、このザンビアを重要な銅資源の入手先としました。なお、同じく安定陸塊のポーランドにもその堆積鉱染型鉱床があり、石炭とともに、ポーランドの工業化に貢献しています。

(16) 非鉄金属の生産・輸出・輸入 ③

　日本の銅鉱の輸入（2021年）は、世界第1位チリ（38％）、さらにペルー・カナダ・アメリカ合衆国・メキシコを合わせ、4分の3をアメリカ大陸から輸入、銅鉱石を輸入して銅地金を生産しています。

　銅地金の生産（2021年）は、世界第1位中国（37％）、第2位チリ、第3位日本で、日本は銅地金生産で世界のトップ3に入ります。

　銅地金の輸出（2021年）は、世界第1位チリ（29％）、第2位日本（8％）です。日本は、1990年代以降、銅鉱石をほとんど海外に依存していますが、1950年代半ばまでは、半分以上を自給していました。1960年半ばも自給率20％以上で、このように自給して銅地金の生産を行っていたため、精錬技術が高く、良質の銅地金を、国内以外、海外にも輸出しています。

　銅地金の輸入（2021年）は、世界第1位中国（41％）、第2位アメリカ合衆国、第3位イタリア、第4位ドイツで、中国は銅鉱石・銅地金ともに、輸入に大きく依存、特に良質の銅地金を輸入しています。

　銅地金の消費（2021年）は、世界第1位中国（55％）、第2位アメリカ合衆国、第3位ドイツで、中国が多く、電気・電子製品等の生産に利用されています。

(17) 非鉄金属の生産・輸出・輸入 ④

　錫鉱の産出地域（2017年）は、アジア74％・南アメリカ17％で、アジアが4分の3を占める鉱産資源です。

　錫鉱の産出（2017年）は、世界第1位中国（30％）、第2位インドネシア、第3位ミャンマー、第4位ボリビア、第5位ブラジルで、中国・ミャンマー・インドネシアで約6割を占めます。

　亜鉛鉱の産出地域（2017年）は、アジア47％・南アメリカ17％・北アメリカ15％で、アジア・アメリカで約8割を占める鉱産資源です。

　亜鉛鉱の産出（2018年）は、世界第1位中国（33％）、第2位ペルー、第3位オーストラリア、第4位アメリカ合衆国、第5位インドで、中国は、最近の30年間で約7倍に増加しました。

　鉛鉱の産出地域（2017年）は、アジア58％・北アメリカ13％で、アジ

アが半分以上を占める鉱産資源です。

　鉛鉱の産出（2017 年）は、世界第 1 位中国（46％）、第 2 位オーストラリア、第 3 位アメリカ合衆国、第 4 位ペルー、第 5 位メキシコで、中国は、最近の 30 年間で約 7 倍に増加しました。

(18) 軽金属の産出・輸出・輸入 ①

　ボーキサイトの産出地域（2018 年）は、アジア 39％・オセアニア 27％・アフリカ 19％・南アメリカ 9％で、赤道が通過する低緯度地域です。

　ボーキサイトの産出（2018 年）は、世界第 1 位オーストラリア（26％）、第 2 位中国（24％）、第 3 位ギニア、第 4 位ブラジル、第 5 位インド、第 6 位インドネシア、第 7 位ジャマイカで、ギニア・ジャマイカが有名です。

　アルミニウムの生産（2018 年）は、世界第 1 位中国（56％）、第 2 位インド、第 3 位ロシア、第 4 位カナダで、中国が半分以上を占めます。

　アルミニウムの輸出（2021 年）は、世界第 1 位ロシア、第 2 位カナダ、第 3 位オランダ、第 4 位インドで、オランダは中継貿易によります。

　アルミニウムの輸入（2021 年）は、世界第 1 位アメリカ合衆国、第 2 位中国、第 3 位日本、第 4 位オランダで、オランダは中継貿易によります。

　アルミニウム工業の立地は、原料産地立地のオーストラリア・インド・ブラジルなどと、電源立地のロシア・カナダなどがあります。

　アルミニウムの消費（2021 年）は、世界第 1 位中国（60％）、第 2 位アメリカ合衆国、第 3 位ドイツ、第 4 位日本で、アルミ製品生産国です。

(19) 軽金属の産出・輸出・輸入 ②

　ボーキサイトは、低緯度の熱帯気候地域での産出が多いという、資源の生成に気候が深くかかわる資源です。熱帯気候地域は高温多雨で風化が激しく、この資源の対風化性が高く、残留しやすいことが関係しています。

　ボーキサイトは、19 世紀に南フランスで発見され、20 世紀に工業原料として利用されるようになった、比較的利用の歴史が新しい資源です。

　日本では、アルミニウム原料として、東京都小笠原や沖縄県北大東島で産出しましたが、すでに採掘は中止しています。

アルミニウムは再利用が可能で、日本では、アルミ缶からのリサイクル率が90％以上と、再利用による利用率が極めて高く、循環型社会を代表する資源となっています。また、日本では、ペットボトルや紙パックの再利用も活発に行われ、これらは飲料用容器の主流となっています。

(20) 貴金属の産出 ①

金鉱の産出地域（2018年）は、アジア26％・アフリカ20％・北アメリカ17％・南アメリカ14％・オセアニア12％・ヨーロッパ10％で、すべてが10％以上と、産出地域が世界に極めて分散している鉱産資源です。

金鉱の産出（2018年）は、世界第1位中国、第2位オーストラリア、第3位ロシア、第4位アメリカ合衆国、第5位カナダ、第6位ペルー、第7位インドネシア、第8位ガーナ、第9位メキシコ、第10位南アフリカ共和国で、かつては南アフリカ共和国の産出が多かったのですが、現在は世界に分散しており、含有率が低い鉱石の採掘が中心となっています。

銀鉱の産出地域（2017年）は、北アメリカ30％・南アメリカ28％・アジア19％・ヨーロッパ14％で、アメリカ大陸で約6割を占め、アフリカ・オセアニアでの産出が少ない鉱産資源です。

銀鉱の産出（2017年）は、世界第1位メキシコ（22％）、第2位ペルー、第3位中国、第4位ロシア、第5位ポーランド、第6位チリ、第7位ボリビアで、新期造山帯の環太平洋造山帯、北アメリカ大陸のメキシコ高原や南アメリカ大陸のアンデス山脈での産出が多い資源です。

(21) 貴金属の産出 ②

金鉱は、かつて南アフリカ共和国での産出が多く、貴重な資源であったために、アパルトヘイト（人種差別政策）に影響しました。しかし、南アフリカ共和国での産出が急速に減少、その後は有力な地域や国はなく、世界に広く採掘地域・採掘国が分散しています。

銀鉱は、かつて旧・スペインの植民地である、中央アメリカ・南アメリカでの産出が多く、銀は貨幣（銀貨）としてよく利用され、スペインの発展に貢献しましたが、これらの国々が早期に独立したため、スペインの国

力衰退につながりました。また、かつて、銀の化合物が写真フィルム原料として大量に利用され、その枯渇が写真に影響することが懸念されました。しかし、デジタルカメラの普及と染料インクによるプリントによって、フィルム現像・焼き付けが大幅に減少、その心配がなくなりました。

　白金（プラチナ）の産出地域（2018年）は、アフリカ80％で、アフリカに集中している鉱産資源です。白金（プラチナ）の産出（2018年）は、世界第1位南アフリカ共和国（72％）、第2位ロシア、第3位ジンバブエで、南アフリカ共和国で約7割を産出します。

（22）非金属鉱物の産出

　ダイヤモンドの産出地域（2018年）は、アフリカ45％・ヨーロッパ29％・北アメリカ16％で、アフリカが半分近くを占める鉱産資源です。

　ダイヤモンドの産出（2018年）は、世界第1位ロシア（29％）、第2位ボツワナ、第3位カナダ、第4位コンゴ民主共和国、第5位オーストラリア、第6位南アフリカ共和国、第7位アンゴラ、第8位ジンバブエ、第9位ナミビア、第10位レソトで、安定陸塊で産出する資源、アフリカが約5割と産出が多い資源です。ダイヤモンド加工は、イスラエル・インドが有名で、産出国からこれらの国々に持ち込まれます。

　リン鉱石の産出地域（2017年）は、アジア62％・アフリカ17％で、両地域で約8割を占める鉱産資源です。

　リン鉱石の産出（2017年）は、世界第1位中国（53％）、第2位モロッコ、第3位アメリカ合衆国、第4位ロシア、第5位ヨルダン、第6位ブラジル、第7位エジプト、第8位サウジアラビア、第9位チュニジア、第10位イスラエルで、北アフリカのモロッコ・チュニジアが有名です。

（23）非金属鉱物の産出

　ウラン鉱の産出地域（2017年）は、アジア58％・アフリカ17％で、両地域で約8割を占める鉱産資源です。

　ウラン鉱の産出（2021年）は、世界第1位カザフスタン（45％）、第2位ナミビア、第3位カナダ、第4位オーストラリア、第5位ウズベキスタン、

第6位ロシア、第7位ニジェール、第8位中国、第9位インド、第10位ウクライナで、中央アジアや西アフリカと特色ある国が多い。

　塩の産出地域（2017年）は、アジア42％・ヨーロッパ23％・北アメリカ21％・南アメリカ7％で、アフリカ・オセアニアが少ない鉱産資源です。

　塩の産出（2017年）は、世界第1位中国（23％）、第2位アメリカ合衆国、第3位インド、第4位ドイツで、アジアの人口が多い国とともに、塩は海水から以外に内陸の岩塩鉱山からも採掘され、伝統的な採掘地域からの産出も多く、食用以外に、工業原料にも使用されます。

　硫黄は、新期造山帯の火山で天然硫黄を産出、採掘が行われるとともに、原油産出地でも産出、採取が行われます。日本は、火山が多く、かつて大量に採掘され、石灰石とともに、自給可能な鉱産資源でした。しかし、1960年代に石油精製で脱硫装置が普及、原油から硫黄分が採集され、安価な硫黄が大量に供給されて、天然硫黄を採掘していた日本国内の硫黄鉱山は閉山となりました。日本は、不純物としての硫黄分が多く含まれる中東の原油を多く輸入していたため、大量に硫黄分が採取されることも大きく影響しました。

「まとめ」：
石炭の産出・輸出が急増した国はどこで、採掘方法は何か。
鉄鉱石輸出が多い国はどこで、比率はどれくらいか。
銅鉱石を日本はどこから輸入し、どのように使用しているか。

「考察」：
アメリカ合衆国の石油産出・輸入はどのように変化し、その理由は何か。
銀鉱の産出が多い地域はどこで、かつてそれがどのように影響したか。
日本国内の硫黄鉱山が閉山した理由は、何か。

地形図7：鉱業地域　鉱業都市（亜鉛）　神岡　飛騨市（岐阜県）
2万5千分の1地形図「鹿間」平成4年修正測量
2万5千分の1地形図「船津」平成2年修正測量

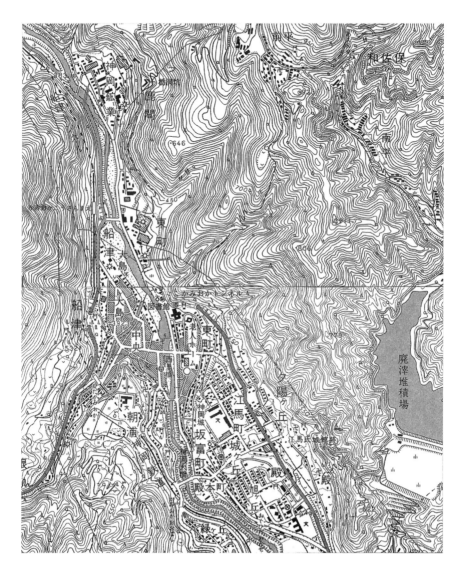

地形図8：鉱業地域　鉱業都市（石灰石）　伊佐　美祢市（山口県）
　　　　2万5千分の1地形図「於福」平成13年修正測量
　　　　2万5千分の1地形図「伊佐」平成10年部分修正測量

写真9：三笠露天坑　三笠市（北海道）

写真10：三笠露天坑　旧・坑内掘坑道　三笠市（北海道）

写真 11：美唄　炭鉱メモリアル森林公園　美唄市（北海道）

写真 12：黒川油田　胎内市（新潟県）

写真 13：院内油田　にかほ市（秋田県）

写真 14：院内銀山御幸坑　湯沢市（秋田県）

写真 15：旧・釜石鉱山事務所　釜石市（岩手県）

写真 16：茂原ガス田　茂原市（千葉県）

写真 17：大多喜　天然ガス井戸発祥の地　大多喜町（千葉県）

写真 18：市之川鉱山（アンチモン）西条市（愛媛県）

写真 19：三信鉱工（絹雲母）東栄町（愛知県）

写真 20：三信鉱工　坑内　東栄町（愛知県）

写真 21：大谷石　宇都宮市大谷（栃木県）

写真 22：秩父鉄道石灰石輸送列車　（埼玉県）

【9】 世界の工業地理学と貿易地理学 ①

（1）工業地理学とは何か

　工業地理学は、系統地理学の経済地理学の一分野です。経済学の分野に工業経済学があり、工業と経済との関係を考察します。

　工業地理学は、工業の種類、工業の立地条件、工業の生産・輸出・輸入、工業地域、これらの差異を、地形・気候・資源・水といった自然環境、産業や交通、民族や宗教、政治や経済の政策といった社会環境から考察するとともに、工業によって、自然環境や社会環境も変化するという、空間的相互関係も検討します。さらに、その影響の連鎖、過去から未来までの時間的推移も空間的に検討します。

　工業は、鉱業・建設業とともに第二次産業、モノ相手の産業で、自然相手の産業である第一次産業と、人間相手の産業である第三次産業の間にあり、自然環境の地形・気候の影響とともに、工業製品の価値・利用判断、労働力・技術・交通・市場・国際的な需給と貿易など、社会環境の影響も大きく、自然環境と社会環境を見据えた工業経営が求められます。

　工業を含む第二次産業は、歴史上、「二番目」に登場する産業であり、工業は、製造業、「モノづくり」とも称され、要因としての自然環境・社会環境も見えてくるため、農業・鉱業と共に、産業のテーマとして最適です。

（2）工業の基本的性格

　工業の特徴は、原料である一次産品の農産物や鉱産物を、加工することによって付加価値をつけ、製品となって原料価格より、飛躍的に高い価格となります。その結果、原材料費・加工賃（人件費含む）・輸送費等を差し引いても、大きな利潤を生む場合があり、その際、農業での農産物生産、鉱業での鉱産物生産と比較して、利潤が多くなることが多い状況です。

　発展途上国は、一次産品の農産物や鉱産物輸出のモノカルチャー経済が継続していることが多く、それらが相対的に低い価格のため、収入（所得）が比較的低くなることが多くなります。

　先進国は、産業革命後に蒸気機関によって工業が発達、その後も最先端

の機械を導入して生産方法を更新、大きな付加価値をつけることで、高い価格で販売、利益率が高いため、収入（所得）が比較的高い状況となります。先進国が、一人当たりの国民総所得（GNI）が高いのは、この理由で、工業の第二次産業から、さらに第三次産業化を進めています。

発展途上国は、モノカルチャー経済から工業化を行うことによって、先進国を目指こととなります。ただし、「技術」（設備を含む）・「資本」が必要で、競争も激しいことが、先進国化が進まない理由となっています。

（3）手工業の時代

工業は、まず、手工業（Handcraft）の段階から始まります。

すなわち、自宅で、原材料から製品への加工を職人の手作業による技術で生産を行うもので、職人の技術に頼り、多くは製品にばらつきがあり、短時間での大量生産が困難で、高い技術を持った職人には高い給料を支払う必要があります。原材料の入手や、製品の販売を職人自らが行います。

ついで登場するのが、問屋制家内工業です。すなわち、職人が自宅などで原材料から製品への加工を手作業による技術で生産を行うのは同様ですが、原材料の提供と製品回収・販売を問屋が行うことで、職人は、生産（加工）に集中ができ、効率化を達成することができるようになります。ただし、問屋は、原材料提供と製品回収・販売の手数料を徴収します。

さらに登場するのが、工場制手工業（Manufacture）です。職人が原材料から製品への加工を手作業による技術で生産を行うのは同様ですが、職人が工場で生産に従事します。通勤や住み込みの職人が工場で生産（加工）することで、原材料から加工と、製品生産が工場内で一貫化され、さらに効率化を達成します。勿論、工場を提供する工場主が、工場使用料、原材料提供と製品回収・販売の手数料を徴収します。

（4）近代工業の成立

近代工業は、工場制機械工業（factory System）によって成立しました。すなわち、機械の動力源が蒸気機関となる産業革命によって、工業での生産は、手工業生産から機械生産が基本となり、この生産方法の変化は、工

業のみならず、社会が大きく変貌することになりました。

　近代工業（工場制機械工業）成立の影響は、まず、資本家（工場所有者）の誕生と、資本主義の進展となりました。機械は、手工業時代の道具と比べて比較的高価なため、機械を購入・所有できる資本家と、機械を購入・所有できず、労働を提供する労働者に二分化することとなり、職人（熟練労働者）の多くは、機械操作労働者へと転換することとなりました。

　近代工業（工場制機械工業）成立の影響は、ついで、大量生産と品質均一化生産を実現、生産価格の低下となり、それにより、従来は自分で生産していたものが購入した方が安くなるために、自給経済の崩壊を招くことになりました。さらに、生産価格の低下は、輸送費を加えても安いこととなり、市場の拡大となり、国内を越えて国際貿易の発展につながりました。特に、先進資本主義工業国が発展、それにより、先進国と発展途上国という、経済による世界の二極化を招くこととなりました。

（5）工業の多様化と分類

　工業が発展すると、多様な工業が出現します。まずは、大きく3つの方法により、工業を分類してみましょう。

　まず、工業製品による分類で、よく用いられ、大きく、生産財工業と消費財工業に分類されます。生産財工業は、生産財（金属など）を生産するもので、容積のわりに重量が重いことから、重工業とも称されます。消費財工業は、消費財（食品など）を生産するもので、容積のわりに重量が軽いことから、軽工業とも称されます。

　ついで、加工手順による分類で、大きく、段階的工業と組み立て工業に分類されます。段階的工業は、各段階を経て生産されるもので、繊維・鉄鋼業がそれに該当し、組み立て工業は、一か所等で組み立てられるもので、機械工業がそれに該当します。

　さらに、加工方法による分類で、大きく、装置工業と機械工業に分類されます。装置工業は、化学反応を利用した加工で、化学工業がそれに該当します。機械工業は、物理的加工による生産で、機械工業などがそれに該当します。

なお、新しい工業の誕生により、分類も多様化する傾向にあります。

（6）工業の立地条件 ①：自然条件

　工業の立地条件には、まず、自然条件があり、気候・地形・水質・空気などで、自然災害多発地を避けることも、この自然条件となります。

　気候は、作業や製品試験に適した気候環境を求めて工場が立地するもので、例としては、繊維工業の湿気（乾燥しすぎると、糸が切れやすくなる）、造船・航空機工業の晴天（野外作業中心や試験飛行）があります。

　地形は、工場や施設設置に適した地形環境を求めて工場が立地するもので、例としては、造船での入江（ドック設置）・窯業での斜面（登窯設置）があります。鉱業の製錬所設置も、鉱石の自然落下を利用する斜面です。

　水質は、作業工程（原料以外）で必要な、適した水環境を求めて工場が立地するもので、例としては、繊維工業での洗浄水、工場での清掃用水があり、大量に使用する場合は排水も考慮、河川の河口付近となります。

　空気は、作業工程で必要となる清浄な空気環境を求めて工場が立地するもので、例としては、精密機械工業での清浄な空気を求めて、山中に立地することがあります。しかし、工場内の限られた空間であれば、人工的な空気環境整備によって補うことができ、重要性は低下しています。

（7）工業の立地条件 ②：資源条件

　工業の原料となる資源条件としては、原料（水含む）・燃料（電力含む）の産地に工場が立地することがあります。特に、原料や燃料が重量物や容積が大きい場合、また、新鮮さが要求されてすぐに加工する必要性が高い場合に、この条件が重視されました。しかし、輸送・保存技術の進歩によって、重要性は低下しています。

　原料（農産物）は、農産物の産地に加工工業が立地するもので、例としては、食品工業・繊維工業など、農産物を原料とする工業の立地です。

　原料（鉱産物）は、鉱産物の産地に精錬工業が立地するもので、例としては、金属工業・化学工業など、鉱産物を原料とする工業の立地です。

　原料（水）は、適した水の産出地に工業が立地するもので、例としては、

食品工業、酒造・飲料水製造工業で、水を原料とする工業の立地です。

　燃料は、石炭・石油・天然ガス・電力をエネルギーに使用する工業が、それらのエネルギー産出地に立地するもので、例としては、製鉄・製紙・アルミニウム工業で多量のエネルギーを使用する工業の立地です。しかし、エネルギー資源の海外輸入の増加によって、重要性は低下しています。

（8）工業の立地条件 ③：交通条件

　工業の立地条件としての交通条件は、原料・燃料や製品などの輸送費節約のため、交通の要地に工場を立地させるもので、各交通機関によって便利な場所があり、輸送の際、二酸化炭素削減の観点も重視されています。

　船舶交通は、海外からの資源輸入の増加によって、太平洋・大西洋・インド洋などの大洋に面した、港湾が重要な立地場所となりました。特に、船舶交通は、大量輸送で、輸送費が最少となるため、河川や湖の港湾も国内輸送でも重要な工場の立地場所となっています。

　航空交通は、付加価値の高い製品で、迅速性が要求される場合、国際・国内とも航空機で輸送されることがあり、空港近くに工場を立地させる臨空立地となることがあります。また、技術者を迅速に輸送するために、空港立地や空港とのアクセスが良い場所が選定されることがあります。

　自動車交通は、国内輸送でトラック輸送が中心のため、国内では高速道路のインターチェンジ付近に立地することによって、国内高速輸送が可能になるもので、高速道路網の整備が工場立地に重要となっています。

　鉄道交通は、国内輸送で、長距離の一度の大量輸送では有利な交通機関となっており、コンテナ輸送ターミナルの付近は、有利な立地です。

（9）工業の立地条件 ④：労働条件

　工業の立地条件としての労働条件は、豊富・低廉（ていれん）な労働力を求めて立地するもので、産業革命がまだ行われず、まだ手工業段階の工業や人手を大量に必要とする工業では、重要な立地条件となりました。

　労働条件が特に重要なのが、繊維工業・精密機械・電気製品工業です。これらは、多くの人手での作業、また、人の手による微妙な調整、さらに、

人件費の占める割合が比較的高いため、重要な立地条件となります。

　発展途上国では、繊維工業・電気製品工業で使用する機械が比較的安価で、発展途上国で最初に取り組まれる工業となります。また、出生率が高くて人口が増加しており、多くの若年労働力が存在するため、豊富・低廉な労働力を求めて、先進国の繊維工業・電気製品工業が、発展途上国に工場が移転することが多くなりました。ただし、競争も激しいため、より豊富・低廉を求めて、発展途上国の中で、さらなる工場移転もあります。

　先進国内でも、最低賃金等、国内で賃金差がある場合、人件費の安さを求めて工場が立地します。地方に工場を開設するのは、土地代の安さもありますが、人件費の安さも大きな理由となっています。

(10)　工業の立地条件 ⑤：市場条件

　工業の立地条件としての市場条件は、大都市が取引地・消費地であり、資金・労働力・情報も得やすいという、市場を重視して、地価や人件費が比較的高くても、大都市近郊に工場を立地させるものです。

　大都市近郊に工場を立地させると、大都市は取引地・消費地で、すぐに製品の売却ができ、製品輸送距離も短く、倉庫費用や輸送費用を節約できることとなります。また、新鮮さと即納の必要のあるビール工業などの食品工業は、典型的な大都市近郊立地工業となります。

　大都市の利点は、資金・労働力・情報にもあります。大都市には、都市銀行があり、大型投資ができる資金力があります。また、都市に大学等の労働力を輩出する教育機関が集中しており、若者が大都市に多く、労働力の確保が比較的容易です。さらに、出版（印刷含む）や衣料品製造では、流行など、大都市で得られる情報が重要となっています。

　工業の競争激化により、工業の立地条件の中でも、今日、市場条件は重要な立地条件となっています。ただし、工場開設の投資も大きいため、その判断が成否を左右することも考慮しなければいけません。

(11)　工業立地の理論と現実

　工業立地の理論としては、アルフレッド・ウェーバーに代表される工業

立地論があり、その工業立地論では、原材料費・人件費・輸送費などの費用が最も安くなる場所が、最適な立地とされます。しかし、現実には、原材料費・人件費・輸送費等の変動が大きく、工場建設には多額の投資が必要で、回収には長期間を要し、長期的・多面的な判断が必要となります。

　例えば、原材料費は、農業や鉱業の知識が必要で、技術進歩の影響もあります。人件費は、発展途上国で高騰した場合の影響が大きく、国家の賃金上昇政策も影響します。輸送費は、港湾整備（大型化）・保険料・船員費の影響も、大きな変動要因となり、現実的には、簡単ではありません。

　以上から、工業分野ごとに、その工業の盛衰も考慮しての判断が、まず必要です。それぞれの工業の過去から現在までの立地条件の変化を詳細に検討し、未来において立地条件がどのように変化するのかまでも見据える必要があります。そこで見えてくるのが、工業と地域の相互作用で、工業側のみならず、地域側の事情も必須です。そこに、地域を見る地域学が求められます。また、「絶対的」なものでなく、「相対的」な判断が、最終的には必要な場合があります。最後は、「人の知」ということでしょう。

(12) 日本の工業立地 ①：主要工業地帯・地域

　日本の主要な工業地帯・地域は、「太平洋ベルト」に、集中して立地しています。それは、工業の立地条件である、交通・労働・市場条件のいずれにおいても、比較的有利であることによります。

　京浜工業地帯（京葉は工業地域）は、重化学工業を中心に、印刷・食品も含む工業地帯で、特に東京都大田区は町工場集中地区で有名です。

　中京工業地帯は、自動車（豊田）・繊維（一宮の羊毛）・窯業（瀬戸・多治見など）が代表的工業です。

　東海工業地域は、製茶（静岡）・オートバイ・楽器（浜松）・製紙業（富士など）などです。

　阪神工業地帯は、かつて紡績業（泉州）が代表的工業でしたが、現在は重化学工業を中心に、酒造業（神戸市灘区・西宮）や大阪府東大阪市は町工場で有名です。

　瀬戸内工業地域は、繊維・造船業・製塩業に特色があります。

北九州工業地域は、製鉄業（八幡）が代表、筑豊炭田を背景に発達しました。現在は、化学工業や自動車工業（宮若）も立地しています。

(13) 日本の工業立地 ②：地方立地

日本の工業は、地方にも立地しており、その理由は、人件費が比較的安い、工場用地が比較的安い、人件費・工業用地確保の有利性にあります。

日本国内においては、工業立地に重視すべきことで、国際競争力、特に安価に製造する必要性があります。そのため、巨大工場建設と人件費の軽減のために、交通便利な地方が適していると言えます。具体的には、関東地方に隣接した東北地方や中部地方、近畿地方方面の高速道路沿線が適地で、特に、高速道路インターチェンジ付近が立地場所となります。

日本国内では、都道府県により、最低賃金に格差があり、大規模工場では大きな金額差となります。組み立てに人手が必要な電気機械工業が地方によく立地しており、代表的家電メーカーの工場立地が典型例です。

人材確保に活用されるのが、都市対抗野球など、スポーツ活用による労働力の確保で、企業がスポーツに力を入れる理由がそこにあります。静岡のサッカーや、製鉄工業のラグビー、繊維工業のバレー、電気機械工業のバスケットなどが例です。地方に工場があるため、季節波動（労働力の調整）に対応した工場への労働者派遣事業も、行われています。

(14) 主要工業 ①：金属工業 ＜鉄鋼業＞

鉄鋼業（製鉄工業）は、機械工業などの原料となる鉄鋼を生産、生産財工業です。工程は、大きく、銑鉄・製鋼・鋼材生産に分かれます。

銑鉄は、鉄鉱石から銑鉄を生産するもので、鉄鉱石をコークス（強粘結炭）で高温に熱し、「石灰石」投入で不純物を除去し、銑鉄にします。銑鉄を型に流し込んで作るのが、鋳物（鋳鉄）です。鋳物工業は、川口（埼玉県）や高岡（富山県）が有名です。良質の銑鉄生産は、不純物の除去が重要で、質の良い石灰石が大量に入手できるかが決め手となります。

製鋼は、銑鉄に、「くず鉄」と「マンガン」を投入して、強度をつけ、粗鋼の「鋼」とするものです。

　鋼材は、粗鋼に熱と圧力を加えて、鋼板等の鋼材を製造するものです。これらを一貫して生産するのが、銑鋼一貫工場で、鉄鋼業は、生産財工業の典型で、「基幹工業」です。そのため、かつては、春闘などにおいて賃金相場の基準となることもありました。

　重工業が発達した工業地域では、原料や燃料を輸入に頼ることが多いため、港湾地帯に、鉄鋼業を中心として、周囲に各種の機械工業や化学工業が立地、重化学工業地域を形成することが多い。

(15) 主要工業 ② : 金属工業 ＜アルミニウム工業＞

　アルミニウム工業は、原料のボーキサイトから、中間製品のアルミナを製造、ついで製品のアルミニウムを製造します。したがって、大きく、アルミナ工場とアルミニウム工場に、分かれます。

　アルミナ工場は、ボーキサイトに苛性（カセイ）ソーダを加えて、アルミナを製造します。ボーキサイト２トンで、アルミナ１トンと、重量が半分となります。

　アルミニウム工場は、アルミナを電気分解し、アルミニウムを製造します。アルミナ１トンで、アルミニウム１トンと、やはり重量が半分となり、最初のボーキサイトから見ると、重量が４分の１となります。

　アルミニウムの原料となるボーキサイトは、ほとんどが熱帯気候地域で産出、アルミニウム製造に多量の電力を必要とするなど、原料と加工が他の工業と異なって独特な工業であるため、その工場立地場所も独特な場所になる傾向があります。また、比較的歴史の新しい工業ですが、大量製造の有利性があるため、当初は有利な立地条件と思われた立地場所でも、競争激化によって撤退例があり、日本での製造はなくなりました。

(16) 主要工業 ③ : 機械工業 ＜生産用・電気＞

　生産用機械工業は、産業機械・工作機械・重電機械を生産するもので、例としては、工場で使用の機械製造があり、特に自動化・ロボット化によって、この分野の機械工業は、工業全体の発展に大きく関わってきます。典型的な重電メーカーとしては、三菱電機・日立製作所・富士通・日本電

気などがあり、旧・財閥系で鉱業用機械や鉱業関連から発展した企業が代表例です。勿論、重電分野だけでなく、家庭用電気製品も製造、業務用や家庭用コンピューターの製造も行っています。

電気機械工業は、主として家庭用電気製品などを生産するもので、例としては、テレビ・ラジオ・冷蔵庫・洗濯機・掃除機が代表的です。生活水準の向上に比例して生産が増大、日本では高度経済成長期に需要が増大、当時、テレビ・冷蔵庫・洗濯機が「三種の神器」と称されました。現在では、発展途上国での生産が増加しています。典型的な家電メーカーとしては、シャープ・東芝・ソニー・パナソニック（旧・ナショナル、松下電器）などがあり、勿論、家電分野だけでなく、業務用の機器やパーソナルコンピューターの製造も行っています。

(17) 主要工業 ④：機械工業 ＜輸送用＞

輸送用機械工業は、大きく、自動車・鉄道車両・造船業・航空機の製造に区分されます。

自動車は、アメリカ合衆国で早期に大きく発達、代表的自動車メーカーとしては、ＧＭ（ゼネラル・モータース）・フォード・クライスラーの３社があります。日本の代表的自動車メーカーとしては、トヨタ・日産・三菱・マツダ・ホンダ・富士重工業があり、スズキとダイハツは軽自動車メーカー、いすゞ自動車はトラックメーカーとして知られています。

鉄道車両は、日本では、日本車両・近畿車両・総合車両（旧・東急車両）・日立製作所・川崎重工・新潟トランシスがあり、国内鉄道向けだけでなく、海外鉄道向けに、輸出も行っています。

造船業は、日本では、ジャパンマリンユナイテッド・川崎重工業・三井造船・三菱重工業・常石造船・今治造船などがあり、自衛隊用艦艇・大型コンテナ船・大型クルーズ客船・大型フェリーの生産以外、軽量高速船などの特色ある船舶を建造する造船所もあります。

航空機は、アメリカ合衆国のボーイング・ロッキード、フランスのエアバス、カナダのボンバルディア、ブラジルのエンブラエルがあります。

(18) 主要工業 ⑤：化学工業 ＜石油化学・パルプ製紙・窯業＞

　化学工業には、石油化学工業、パルプ・製紙業、窯業があります。

　石油化学工業は、石油を精製し、石油化学製品を製造するもので、精油所では、原油から不純物を除去、各成分に分離します。石油系化学工場では、ナフサから、各種の化学製品を製造します。石油資源は、世界に遍在しており、輸入に頼ることも多いため、港湾に立地することが多い。

　パルプ・製紙工業は、木材からパルプ、パルプから紙を生産、パルプ工業では、木材から木材チップのパルプを製造、製紙工業では、パルプから新聞紙や各種の紙を製造します。かつては、森林地帯に隣接した河川河口立地だったのが、輸入が増加したため、港湾立地が多くなっています。

　窯業は、石灰石や陶土などから、セメント・陶磁器を製造するものです。セメント工業は、石灰石からセメントを製造するもので、かつては、石灰石産地立地だったのが、燃焼に大量の石炭を使用、燃料輸入とともに、製品輸送に便利な港湾立地が多くなっています。陶磁器工業は、陶土などから、陶磁器を製造、それが発展して、家庭の衛生状態の向上で衛生陶器（便器）製造や、電気の普及、特に高圧送電線の普及で碍子（絶縁体）製造も行われるようになっています。

(19) 主要工業 ⑥：化学工業 ＜肥料・薬品・繊維＞

　化学工業には、化学肥料・科学薬品・化学繊維の製造があります。

　化学肥料工業は、各種化学肥料を製造するもので、代表的な化学肥料としては、まず、窒素肥料の石灰窒素（石灰石と電力を使用）と硫安があり、また、リン酸肥料の過リン酸石灰や、カリ肥料の硫酸カリもあります。

　化学薬品工業（ソーダ工業）は、化学工業の基礎原料を製造するもので、代表的な化学薬品としては、ソーダ灰・苛性ソーダがあります。

　化学繊維工業は、大きく、再生繊維・半合成繊維・合成繊維の製造に分かれます。再生繊維工業は、パルプ・くず綿を原料とし、大量の水と電力を使用して、人絹（レーヨン・長繊維）・スフ（短繊維）を製造します。日本の化学繊維メーカーは、この再生繊維から出発したメーカーが多く、「テイジン」は「帝人・帝国人絹」から、「東レ」は「東洋レーヨン」から、「ク

ラレ」は「倉敷レーヨン」からで、河川流域や湖のほとりに立地しました。半合成繊維工業は、再生繊維と合成繊維を用い、アセテートが代表的な繊維です。合成繊維は、石油から合成して製造する繊維で、ビニロン・ナイロン・ポリエステル・アクリルが代表的繊維です。それまでは、靴下など、天然繊維であった衣類に、合成繊維が用いられるようになりました。

(20) 主要工業 ⑦：天然繊維工業 ＜綿・羊毛・絹＞

　天然繊維工業には、綿工業・羊毛工業・絹工業などがあります。

　綿工業は、糸を作る綿糸工業と、織物を作る綿織物工業があり、日本では、泉州（大阪府）や今治（愛媛県）が有名です。大阪東部の河内は、江戸時代においては綿花の一大産地でした。明治期以降、綿花の輸入に便利な大阪南部の泉州で、綿工業が発展しました。この大阪泉州と愛媛今治は、輸入原料の綿花を使用、綿糸の生産と、綿製品であるタオルを製造、高級品として知られています。

　羊毛工業は、糸を作る毛糸工業と、織物を作る毛織物工業があり、日本では、愛知県、特に一宮・尾西・津島が有名で、原料はオーストラリアから、三重県の四日市港に輸入されます。

　絹工業は、糸を作る生糸（製糸）工業と、織物を作る絹織物工業があり、生糸工業は、群馬県の富岡製糸場が世界遺産に登録されて有名です。絹織物工業は、日本では、京都の西陣、北関東の桐生（群馬県）や足利（栃木県）、武生・大野（福井県）が有名です。

(21) 主要工業 ⑦：食品工業

　食品工業には、製粉・醸造・製糖・製菓・製茶・缶詰などがあります。

　醸造工業は、ビール・ウィスキー・ワイン・ブランディー・日本酒・焼酎・醤油などを、発酵・蒸留で製造するものです。ビール工業は、欧米ではドイツのミユンヘン、アメリカ合衆国のミルウォーキーがあり、日本では吹田（大阪府・アサヒビール）が、湧き水とともに、市場立地の大都市近郊立地です。ウィスキーでは、山崎（大阪府島本町・サントリー蒸溜所）があり、湧き水等の自然環境が第一の立地理由です。また、余市（北海道余市町・

ニッカ蒸溜所）も、本場スコットランド（イギリス）に似た環境が立地条件
です。ワインは、勝沼（山梨県甲州市）が原料産地立地、日本酒は、灘（神
戸市東灘区・西宮市）・伏見（京都府京都市）で、湧き水と市場立地、醤油は、
野田・銚子（千葉県）・小豆島（香川県）・龍野（兵庫県）で、原料（大豆・塩）
と交通立地です。

　製糖は、北海道（甜菜原料）と鹿児島県・沖縄県（蔗糖原料）で広く行われ、
四国の香川県（讃岐）や徳島県（阿波）も古くから有名で、高級な砂糖の
和三盆で知られています。

(22) 工業生産の新展開

　バイオテクノロジーは、従来の工業が物理的・化学的な生産方法が中心
であったのに対して、生物的な生産方法を最先端の技術で生産に応用、従
来は、醸造業など少なかったのですが、近年は、大きく分野が拡大しまし
た。しかし、遺伝子組み換えなど危険性も指摘されるところです。

　新素材・レアメタルは、従来は加工や組み合わせによって生み出された
機能や性能を、特殊な性能・機能を持つ素材・材料を使用して、高度な性
能・機能を発揮させる、いわば、素材に、大きな役割を持たせる製品生産
が増加しています。その進化は急速で、さらに新たな素材の登場で、変貌
が大きく、投資・経営判断にも大きく影響しています。

　３Ｄプリンターの登場は、従来は段階を追って生産していた部品や製品
を、一気に制作するもので、製造工程での簡略化の効果があります。しか
し、長時間・多額の開発費用をかけて、製品化されたものが、簡単に模倣
されてしまう危険性も大きいと指摘されます。また、基本的技術の習得や
継承が途絶えてしまう可能性もあり、慎重な対応が求められます。

(23) 工業生産の諸問題

　技術革新の影響が、工業生産の大きな問題です。すなわち、技術革新
のスピードが早く、投資が回収できる前に、次の投資を行う必要性が生じ、
工業経営の判断が大変となりました。いわば、社会の要請と工場の技術は、
相互作用があり、社会の要請に対応できる工場・工業は、要請にしたがっ

て技術を発展させ、その一方で、技術の発展は、社会システムを変革する力を持っているわけです。したがって、社会と技術の両面を考察する必要がありますコンピューターやＡＩ（人工知能）の進歩はその代表です。

先進国工業の空洞化は、先進工業の大きな問題です。先進国の人件費高騰と従事者減少により、工場が発展途上国に移転、先進国で工場が減少することによって、技術継承、特に現場に基づく技術開発に支障が発生しています。新たな製品や技術開発を行う場合、基礎的な技術部分から見直す必要があり、その生産においては、発展途上国の工場の状況を考慮して生産体制を構築しなければなりません。開発と工場現場が離れていると、手間と時間がかかるという問題も発生します。

発展途上国のモノカルチャー化は、発展途上国工業の大きな問題です。国際競争に生き残るため特定の工業のみに集中する傾向が強く、調和のとれた、工業発展、先進国に対抗できる技術開発が困難となります。

販売方法の影響も、工業にとっては重大です。先進国はもとより、発展途上国でも、インターネット販売が増加、特に製品そのものを直接見ることなしに注文・販売が行われ、国内はもとより、世界的に価格が比較されることによって、価格競争が激化する傾向もあり、それが製品生産に大きく影響、利益の減少によって、次の開発の支障となることがあります。

「まとめ」：
工業の基本的性格とは、何か。
工業の立地条件を大きく示すと、何があるか。
主要工業を大きく示すと、何があるか。

「考察」：
近代工業の成立要因は何で、それが何をもたらしたか。
工業の立地条件で、重要性の変化には大きく何があるか。
日本の工業立地で、人件費削減のために何を行っているか。

【10】 世界の工業地理学と貿易地理学 ②

（1）工業製品の生産・輸出・輸入

　工業製品の生産と、貿易である輸出・輸入では、生産国・輸出国・輸入国の上位国をみて、共通点を見抜くことが重要なポイントです。

　注目する点は、まず、先進国・発展途上国で、工業の発達の程度も影響します。先進国では工業が発達していることが多く、工業製品を生産・輸出しています。近年では、発展途上国でも、繊維工業など特定の工業が発達して、生産・輸出する国があります。ついで、原料資源産出国、地形や気候条件が適している国、労働力が豊富な国、交通の要衝など、工業立地条件の共通点に注目します。さらに、アジア（東・東南・南・西南）・アフリカ・ヨーロッパ・アメリカ（南北）・オーストラリアといった地域にも注目します。それぞれの地域で多く生産・輸出・輸入されている場合があります。また、社会環境として、人口が多い・国土面積が広い地域では、国内生産では足らない、国内から輸送するよりは輸入した方が便利、旧植民地の地域では、植民地時代から工業製品を輸入、独立後も継続している、といったことがあります。特定の工業製品でのみ登場する国々があり、特定の工業が発達した国で、比率（％）にも注目、世界的な比率を占める国もあり、国際競争の結果ですが、リスクとなる可能性もあります。

（2）鉄鋼業の生産・輸出・輸入 ①

　粗鋼の生産（2021年）は、世界第1位中国（53％）、第2位インド、第3位日本、第4位アメリカ合衆国、第5位ロシア、第6位韓国、第7位トルコ、第8位ドイツ、第9位ブラジルで、1990年代までは日本が世界第1位でしたが、30年間で約1割減少、それに対して、30年間で、中国は約1.5倍に、インドは約8倍に、ロシアは約1.1倍に、韓国は約3倍に、トルコは約4倍に、ブラジルは約1.8倍にと、特に2000年代に入って急成長しました。「ＢＲＩＣｓ」のブラジル・ロシア・インド・中国は、鉄鉱石の産出が多いとともに、粗鋼の生産においても上位の国々で、発展途上国の工業の発展には、鉄鉱石産出とともに、鉄鋼業の発展も欠かせない。

かつては、先進資本主義工業国の日本・アメリカ合衆国・ドイツが上位を独占、しかし、中国・インド・韓国の重工業化で順位が変化しました。

　鉄鋼の輸出（2020年）は、世界第1位中国、第2位日本、第3位韓国、第4位ドイツ、第5位イタリア、第6位ベルギーです。

　鉄鋼の輸入（2020年）は、世界第1位中国、第2位アメリカ合衆国、第3位ドイツ、第4位イタリア、第5位フランス、第6位韓国です。

（3）鉄鋼業の生産・輸出・輸入 ②

　鉄鋼の輸出入の上位を見ると、輸出入両方で登場する国が、中国・韓国・ドイツ・イタリアで、これらの国は、国内生産する国ですが、例えば、安価な鉄鋼を輸出、高価な鉄鋼を輸入するといったことがあります。

　鉄鋼の輸出のみで登場するのが、日本で、注目すべきでしょう。日本は、かつては粗鋼生産・鉄鋼輸出が世界第1位で、日本の「基幹工業」とされました。高品質の鉄鋼を生産、粗鋼生産世界第3位、鉄鋼輸出世界第2位で、世界に良質の鉄鋼が輸出されています。石灰石が自給でき、輸出も可能であることが、高品位鉄鋼生産に大きく貢献しています。

　鉄鋼の輸入のみで登場するのが、アメリカ合衆国で、国内の鉄鋼業が衰退して輸入が増加、近年、政治にも影響しているといわれます。

　鉄鋼の消費（2020年）は、世界第1位中国（56％）、第2位インド、第3位アメリカ合衆国、第4位日本、第5位韓国、第6位ロシア、第7位ドイツ、第8位トルコで、かつては、消費もアメリカ合衆国・日本・ドイツが上位でしたが、中国・インド・韓国・ロシア・トルコが急増しました。このように、先進資本主義工業国と新興工業国で上位を占有しています。

（4）鉄鋼業の立地と都市 ①

　鉄鋼業（製鉄工業）の立地は、原料・燃料立地と港湾立地があり、現在は、原料・燃料輸入に便利な港湾立地が中心となっています。

　原料・燃料立地は、原料の鉄鉱石産出地、燃料の石炭産出地、それぞれに製鉄所が立地するもので、当初の立地場所として、多くみられました。

　石炭（強粘結炭）立地としては、アメリカ合衆国の石炭産地である古期

造山帯のアパラチア山脈にあるアパラチア炭田に立地した代表的製鉄工業
都市として、ピッツバーグ・ヤングスタウンがあります。ヨーロッパで
は、ドイツのルール炭田やザール炭田に立地した代表的製鉄工業都市とし
て、エッセン・ザールブリュッケンがあり、イギリスではイングランドの
ニューカッスルとウェールズのカーディフがあります。アジアでは、中国
のフーシュン炭田に立地したフーシュンがあります。

　石炭と鉄鉱石の両方の産地に立地した製鉄工業都市としては、アメリカ
合衆国のアパラチア山脈南端にあるバーミングハム、イギリスのペニン山
脈南端にあるバーミンガムがあります。アジアでは、インドのダモダル川
流域のダモダル炭田にあるラーウルケーラ・アサンソル・ジャムシェドプ
ルがあり、いずれも大地形の境界付近で、安定陸塊に鉄山があります。

（5）鉄鋼業の立地と都市 ②

　鉄鉱石立地としては、アメリカ合衆国のメサビ鉄山のダルースがスペリ
オル湖岸に、ヨーロッパでは、フランスのロレーヌ鉄山のメス・ナンシー
があり、スペインのビルバオ鉄山のビルバオ、スウェーデンのキルナ・
イェリヴァレ鉄山のルレオがボスニア湾に面しています。南アメリカ大陸
では、ブラジルのミナスジェライス州、イタビラ鉄山のイパチンガ、アジ
アでは、中国で、リャオトン半島のアンシャン・ペンシーや、黄河流域の
パオトウがあります。日本では、岩手県の釜石が当初は、釜石鉄山の鉄鉱
石立地でしたが、現在は輸入原料を使用した港湾立地、北海道の室蘭も、
当初は、倶知安鉄山の鉄鉱石を使用しましたが、現在は輸入原料です。熊
本県の阿蘇鉱山の鉄鉱石を使用した有明製鉄所が有明海に面した熊本に開
設されましたが、その後、有明製鉄所は閉鎖となりました。

　港湾立地としては、アメリカ合衆国で、五大湖沿岸のクリーブランド、
大西洋岸のボルチモアがあり、ヨーロッパでは、イギリスのニューカッス
ル、フランスのダンケルク、ドイツのブレーメン、オランダのロッテルダ
ム、イタリアのタラント、アジアでは、中国でシャンハイ、日本で、茨城
県の鹿島、千葉県の君津、神奈川県の川崎、広島県の福山などがあります。

（6）アルミニウム・金属製品工業の立地と都市

アルミニウム工業の電源立地として、アメリカ合衆国では、テネシー州のノックスヴィル・チャタヌーガがアパラチア山中に、ワシントン州のスポーケンがロッキー山中に、カナダでは、ブリティッシュコロンビア州のキティマト、ケベック州のアルヴィータがあり、ヨーロッパでは、フランスのグルノーブルがアルプス山中にあって、いずれもダムによる水力発電での豊富な電力の存在が立地要因です。日本では、かつて、静岡県の蒲原、長野県の大町、福島県の喜多方、富山県の立山が、いずれも水力発電による電源立地でしたが、電気代の高騰によって有利性がなくなり、現在は、アルミニウム生産はすべて終了しています。

アルミニウム工業の原料立地としては、オーストラリアのウェイパなどの輸出港、港湾立地としては、中国の港湾都市などがあります。

金属製品工業の立地は、いずれも、伝統的産地で、刃物では、ドイツのゾーリンゲン、兵庫県の三木（特に大工道具）、大阪府の堺、岐阜県の関が有名です。金属食器では、新潟県の燕・三条が知られています。これらの日本の産地は、海外から製品購入客が訪れることがあります。

（7）機械工業の生産・輸出・輸入 ①：生産用機械・電気機械

工作機械の生産（2016年）は、世界第1位中国（28％）、第2位ドイツ、第3位日本、第4位アメリカ合衆国、第5位イタリア、第6位韓国、第7位台湾、第8位スイス、最近20年間で、中国は約10倍に、韓国は約2.5倍に、台湾は約2倍に増加、従来の先進資本主義国が占めていた上位にアジアの国・地域が入ってきています。産業用ロボットの稼働台数（2020年）は、世界第1位中国（31％）、第2位日本、第3位韓国、第4位アメリカ合衆国、第5位ドイツ、第6位イタリア、第7位台湾、第8位フランス、最近20年間で、やはり中国・韓国・台湾が急速に増加、先進資本主義工業国とアジアの新興工業国・地域で上位を占有しています。

電気機械の輸出（2021年）は、世界第1位中国、第2位アメリカ合衆国、第3位韓国、第4位ドイツ、第5位シンガポール、第6位日本で、先進資本主義工業国とアジアの新興工業国で上位占有を独占、特に、中国は最近

の20年間の生産台数で、冷蔵庫（家庭用）が約4倍、洗濯機（家庭用）が約4倍、薄型テレビが約1.4倍と増加しています。日本の代表的電気機械工業都市としては、大阪府の守口・門真、茨城県の日立、三重県の亀山があります。

（8）機械工業の生産・輸出・輸入 ②：自動車・船舶

　自動車の生産台数（2021年）は、世界第1位中国（33%）、第2位アメリカ合衆国、第3位日本、第4位インド、第5位韓国、第6位ドイツ、第7位メキシコ、第8位ブラジル、第9位スペインで、かつては日本・アメリカ合衆国・ドイツが上位3ヵ国でしたが、最近の30年間で、中国は約58倍に、インドは約12倍に、韓国は約2.6倍に、メキシコは約3.8倍に、ブラジルは約2.5倍にと増加、これらの国は、2000年代に入って急成長しました。乗用車の輸出（2017年）は、世界第1位フランス、第2位ドイツ、第3位日本、第4位韓国、第5位アメリカ合衆国、乗用車の輸入（2017年）は、世界第1位アメリカ合衆国、第2位ドイツ、第3位イタリア、第4位中国、第5位スペインで、上位5ヵ国において、輸出・輸入の両方で登場するのがアメリカ合衆国とドイツ、輸出のみで登場するのがフランス・日本・韓国、輸入のみで登場するのが中国・イタリアです。先進資本主義工業国と、アジアの新興工業国で上位を占めています。

　船舶竣工量＜総トン＞（2020年）は、世界第1位中国（40%）、第2位韓国（31%）、第3位日本（22%）と3ヵ国で9割以上を占め、かつては日本の独壇場でしたが、2000年代に入って、中国・韓国が急成長しました。

（9）機械工業の代表的都市 ①：自動車・鉄道

　世界の自動車工業都市と企業では、アメリカ合衆国デトロイトのGM・フォード・クライスラー、ドイツのヴォルフスブルグのフォルクスワーゲン、シュツットガルトのベンツ、ミュンヘンのBMW、イタリアのトリノのフィアット、イギリスのコヴェントリのジャガー、スウェーデンのイェーテボリのボルボ、韓国の蔚山（ウルサン）の現代自動車があります。

　日本の自動車工業都市（オートバイを含む）と企業では、愛知県豊田のト

ヨタ、広島県広島府中のマツダ、群馬県太田のスバル、静岡県浜松のヤマ
ハ、三重県鈴鹿のホンダ、大阪府池田のダイハツ、福岡県宮若のトヨタな
どがあります。日本では、関東から東海道・山陽道、北九州に分布してお
り、交通立地・市場立地で、輸出に便利な場所も考慮されています。

　日本の鉄道車両工場は、鉄道沿線や港湾に立地しており、遠方の鉄道
への輸送や輸出に便利な場所となっています。場所と企業では、神奈川県
横浜の総合車両製作所、山口県下松の日立製作所、兵庫県神戸の川崎重工、
大阪府東大阪の近畿車輌、愛知県豊川の日本車輌製造、新潟県新潟の総合
車両製作所があります。鉄道車両製作は、総合車両製作所・日本車輌製
造・近畿車両など、ＪＲ東日本・ＪＲ東海・近畿日本鉄道などの系列企業
が多い状況です。

(10) 機械工業の代表的都市 ②：造船・航空・時計・半導体部品

　日本の造船工業都市は、長崎県の長崎・佐世保、山口県の下関、広島
県の呉・尾道・因島、兵庫県の相生・神戸、岡山県の玉野、香川県の坂出、
愛媛県の今治などで、瀬戸内海沿岸と長崎県が立地場所となっており、瀬
戸内気候の晴天が多いということと、リアス式海岸の入り江がドックの設
置に適していることが要因で、海軍の艦艇建造に関わった海軍工廠と関わ
る場所もあります。三菱重工・日立造船・ＩＨＩなどの大手以外、中小の
造船所も多くあり、新造以外に修理も行われています。

　世界の航空機工場所在地と企業は、アメリカ合衆国のシアトルでボー
イング社、フランスのトゥールーズでエアバス社、他にカナダのボンバル
ディアやブラジルのエンブラエルなどがあります。

　世界の時計工場所在地としては、スイスのヌーシャテルとチューリッヒ
があり、日本では長野県の諏訪で、山間部に立地しているのは、空気が清
浄な場所ということとともに、製品が小さいため、輸送の手間から山間部
での工業に適しているとの考えもあります。

　世界の半導体部品工場所在地としては、アメリカ合衆国カリフォルニア
のシリコンバレーと、台湾の新竹があります。

（11）化学工業の生産：石油化学・パルプ製紙・化学肥料薬品

　石油化学工業の生産では、ナフサの生産（2019年）は、世界第1位中国（22%）、第2位韓国、第3位ロシア、第4位インド、第5位日本です。ガソリンの生産（2019年）は世界第1位アメリカ合衆国（38%）、第2位中国、第3位ロシア、第4位インド、第5位日本です。

　パルプ・製紙工業の生産では、パルプの生産（2018年）は、世界第1位アメリカ合衆国、第2位ブラジル、第3位中国、第4位カナダ、紙・板紙の生産（2020年）は、世界第1位中国（29%）、第2位アメリカ合衆国、第3位日本、第4位ドイツ、第5位インド、新聞紙の生産（2020年）は、世界第1位カナダ、第2位日本、第3位ロシア、第4位インド、第5位中国です。

　化学肥料・薬品の生産では、窒素肥料の生産（2020年）は、世界第1位中国（26%）、第2位インド、第3位アメリカ合衆国、第4位ロシア、リン酸肥料の生産（2020年）は、世界第1位中国（30%）、第2位インド、第3位アメリカ合衆国、第4位ロシア、ソーダ灰の生産（2018年）は、世界第1位中国（48%）、第2位アメリカ合衆国（21%）、第3位ロシアです。

　先進資本主義工業国と新興工業国が、上位を占めています。

（12）繊維工業の生産・輸出・輸入：綿工業・絹工業

　綿工業では、綿糸の生産（2014年）は、世界第1位中国（72%）、第2位インド、第3位パキスタン、第4位トルコ、綿織物の生産（2014年）は、世界第1位中国（33%）、第2位インド、第3位パキスタン、第4位インドネシア、綿織物の輸出（2020年）は、世界第1位中国（49%）、第2位パキスタン、第3位インド、第4位イタリア、綿織物の輸入（2020年）は、世界第1位バングラディシュ、第2位ベトナム、第3位アメリカ合衆国、第4位イタリアです。中国・インド・パキスタンといったアジアの綿花生産地を中心に生産・輸出され、輸入では衣類生産が盛んなアジアのバングラディシュやベトナム、欧米ではイタリアやアメリカ合衆国です。

　絹工業では、繭の生産（2020年）は、世界第1位中国（60%）、第2位インド、第3位ウズベキスタン、第4位ベトナム、生糸の輸出（2020年）は、世界第1位中国（35%）、第2位ベトナム、第3位ウズベキスタン、第4

位イタリア、生糸の輸入（2020年）は、世界第1位インド（37%）、第2位ルーマニア、第3位イタリア、第4位ベトナム、絹織物の生産（2016年）は世界第1位中国、第2位ロシア、第3位ベラルーシ、第4位ベトナム、第5位イタリアです。繭・生糸はアジアでの生産が古くから多い。

（13）繊維工業の特色と伝統的都市

繊維工業は、中国・インド・パキスタン・ベトナムを中心に、アジアの発展途上国が上位で中心です。また、繭や生糸は、ウズベキスタンが上位に入ります。ヨーロッパでは、イタリアが繊維の取引が活発な国で、生糸の輸出入の両方で登場します。ルーマニアやベラルーシも生糸や絹織物を扱っています。量的に上位でなくても、高級品は先進国で生産されます。

伝統的綿工業都市としては、ヨーロッパでは、イギリスのランカシャー地方のマンチェスター、アメリカ合衆国では、マサチューセッツ州のボストン、ジョージア州のアトランタ、アジアでは、インドのムンバイ（ボンベイ）があります。

伝統的羊毛工業都市としては、ヨーロッパでは、イギリスのヨークシャー地方のリーズ、ベルギーのフランドル地方のヘントとフランスのリールがあります。

伝統的絹工業都市としては、ヨーロッパでは、フランスのリヨン、イタリアのミラノ、ドイツのクレフェルト、アメリカ合衆国のパターソンがあります。

（14）先進資本主義工業国 ①：ヨーロッパ

ヨーロッパ工業の中心は、イギリス中南部から、フランス北部・ベルギー・オランダ、ドイツ、イタリア北部へと連なります。イギリス中南部は、イングランドのランカシャー・ヨークシャー・ミッドランド・ロンドン近郊、フランス北部・ベルギーはフランドル地方、オランダはロッテルダム周辺、ドイツはライン川流域のエッセン・ケルン・フランクフルト・マンハイム、イタリア北部はトリノ・ミラノ・ジェノバです。EUのシンボルカラーはブルーで、その工業地域を囲った形はバナナ型、そこから

「ブルーバナナ」と称されます。イタリア北部以外はすべて西ヨーロッパで、ヨーロッパの中でも、西ヨーロッパが工業の中心となり、南ヨーロッパや、東ヨーロッパとでは工業の発達や賃金において格差があります。

　ヨーロッパは、古くから工業が発達しているため、伝統的な工業が各国・各地域にあります。大量生産の普及品は、発展途上国に工場を建設して、生産移転が行われている場合があり、ヨーロッパにおける生産量は少なくなっていても、ブランド力で高額で売買されるのが、ヨーロッパ工業の世界での強みになっています。ただし、企画・デザインはヨーロッパでも、実際の生産は、中国で行われ、ヨーロッパのブランドでの販売もあります。

(15) 先進資本主義工業国 ②：アメリカ合衆国

　アメリカ合衆国の東部大西洋岸と五大湖岸地域の北東部は、地元で石炭や鉄鉱石を産出、五大湖岸の工業都市からは、五大湖と運河、セントローレンス川を経て大西洋に出られ、大西洋岸の工業都市とともに、輸出入に適する交通の要衝で、ピッツバーグ・バッファロー・クリーブランドの製鉄、デトロイトの自動車、シカゴの食品、ミルウォーキーのビール、ボストンの綿工業など、各種の工業が発達、従来から工業の中心的地域です。

　北東部以外の地域の工業では、南東部メキシコ湾岸テキサスでは石油化学工業、西部太平洋側内陸カリフォルニアのシリコンバレーでは、コンピューター産業などの先端工業が発達しています。

　アメリカ合衆国の企業には、世界各国に拠点を置く多国籍企業が多く、アメリカ合衆国内の工場だけでなく、世界的規模で工場を展開、原料の入手、労働力の確保、販売先など、工業立地に最も適した場所に工場を開設、工業生産を行っています。その典型例が、隣国メキシコに工場を設置するもので、アメリカ合衆国からの部品供給や製品搬入の便がよく、人件費が安いことで工場が設置され、メキシコでの工業化が進みました。

(16) 新興工業国 ①：台湾・シンガポール・ホンコン

　アジアNIEs（Newly Industrializing Economies）は、1970年代から

1980年代に、急速な工業化と経済成長を達成したアジアの国々・地域で、特に、韓国・台湾・シンガポール・ホンコンがアジアＮＩＥｓと称されました。当初は、繊維工業や電気製品工業を中心としましたが、今日では、多様な工業が発達しています。

台湾では、特に、半導体工業が世界的規模です。世界シェアの７割、１社で５割を占める半導体工業の発展は目覚ましく、新竹（シンジュー）は、台湾のシリコンバレーと呼ばれます。また、工業製品輸送に欠かせないコンテナ物流業では、長栄海運（ちょうえい）（エバーグリーン・マリン）は世界４位、アジア１位、中国等のアジアから、ヨーロッパやアメリカへ輸送しています。

シンガポールは、コンピューター工業やコンピューターソフト制作（かつて、表計算ソフト代表のロータス１２３等）で知られました。現在は、知識集約産業（研究）やサービス・金融・観光業に移行しています。

ホンコンは、中継貿易港の地位を活用して、加工貿易港となり、繊維工業・電気工業・玩具工業が代表的で、部品を輸入して加工後に輸出していました。中国返還後は、その地位の有利性は減少しています。

(17) 新興工業国 ②：韓国

韓国は、1960年代に財閥である巨大企業集団が形成され、各工業分野で、寡占状態となりました。1970年代に、政府の保護で、繊維の軽工業から、鉄鋼・化学・造船・自動車の重工業へと移行、より一層の集中化が進みました。その原料や部品は輸入が多い状況です。1980年代に、新興経済地域の、アジアＮＩＥｓの一員になりました。1990年代に、深刻な経済危機に陥り、財閥の解体・整理が行われ、特に事業の選択と集中を実施、部門で明暗が分かれることとなりました。選択と集中は工業にとどまらず、都市でも同様で、ソウルに投資が集中、国土の２割の都市面積のソウル都市圏に、都市人口８割が集中することとなりました。反対に、地方人口２割が８割の面積に分散しています。超学歴社会の課題もよく指摘されるところで、大学受験に向けた教育が、初等中等教育で行われています。

中国との競合や工業集中化のリスクがあり、2000年代以降、中国の重工業が急速に発展、1990年代の選択と集中で優位に立ったのが、2000年

代に中国と競合することになり、中国が上回った分野も多く出現しました。また、有利と判断して選択・集中した分野が不振に陥ることや、部品の輸入依存はその輸入停滞で、大きなリスクとなってしまうこともあります。

(18) 新興工業国 ③：中国 ①

　中国は、1945 年の社会主義革命後、「自力更生」、すなわち、自国資源と技術、資本で工業化を進めましたが、工業発展は低迷、1966 ～ 1976 年まで文化大革命を継続、1977 年終結宣言の文化大革命終了まで、継続しました。そこで、1970 年代末に、市場経済へと移行、経済特区を設置、自力更生と異なり、外国の資源と技術、資本を積極的に導入、豊富で低廉な労働力から、外国企業が進出、2000 年代以降、急成長しました。特に、労働力は、海岸に設置された経済特区に向けて移動、内陸の農業地帯や鉱業地帯の労働人口、特に若者の労働人口が移動により減少、食料自給率の大幅な低下を招き、アメリカ合衆国・オーストラリアから食料を大量に輸入することとなり、また、資源自給率の低下を招き、発展途上国から大量に輸入することとなりました。当然の結果、経済発展の停滞が発生、賃金上昇で有利性が大幅に低下しました。人口増加を抑制するために、ひとりっ子政策を行いましたが、人口構成が、年齢・男女比ともにアンバランスとなり、少子高齢化の急速な進行が発生、将来は人口減少へ向かい、労働力の有利性が減少することとなります。大学を短期間で大量増設、大学進学率の急上昇、大学卒業者数の急増が若年失業率を 2 割にまで上昇させました。

(19) 新興工業国 ④：中国 ②

　中国は、「西低東高」の工業発展です。西部は、油田開発・パイプライン建設以外は、未開発が多く、労働力の流失も激しい。東部、特に海岸付近は、経済特区設置で発展しました。シュンチェン・チューハイ・スワトウ・アモイ・ハイナン島が代表的で、特に、繊維工業や電気機械工業（組み立て）が発展、製鉄工業などとともに、世界的な生産を示しています。

　資源は、東北地方（満州）で石炭・石油・鉄鉱石、華南で、タングステン・マンガン・モリブデンを産出しますが、需要が多いため、輸入も多い。

国内の経済格差は、民族問題とも関わり、東部沿海地域の経済発展で、西域との経済格差が発生、それは、東部は漢民族、西部内陸はチベットや少数民族ということと連動することにもなります。

　中国は、海外進出を進めています。一帯一路は、2014年に提唱され、中国から欧州かけて、インフラ投資（港湾・鉄道・道路）を行って海外拠点と交通路を整備、それによって貿易を促進、資金の往来を活発化するものです。ただ、相手国の利益や発展につながるか、勿論、他の進出している国々との調整も必要とされるところです。

（20）新興工業国⑤：東南アジアの国々

　中国での人件費高騰によって、新たな工場進出先として注目されているのが、ベトナム・タイ・マレーシア・インドネシア・ミャンマーの東南アジアの国々です。ベトナムは、1986年にドイモイ政策で市場経済を導入、日本・中国・韓国から企業が進出、従来からの繊維産業以外に、電子機器工業が発展、携帯電話生産台数（2015年）は、中国に次ぐ世界第2位となりました。タイは、従来からの電子・電気製品組み立て工業以外に、日本企業の自動車組み立て工業が発展、自動車の生産台数（2021年）は、世界第10位で、30年間で約5.5倍となりました。マレーシアは、1981年にルックイースト政策として、日本などに見習って工業化を推進、エレクトロニクス・石油化学と、林業資源を活用した家具製造業が発展、家具は日本国内の家具販売チェーン店に置かれています。インドネシアは、日系企業のオートバイ工場が進出、オートバイの生産（2020年）はアジアでインド・中国に次いで第3位、30年間で約20倍に増加しました。ミャンマーは、特に低廉・豊富な労働力を求めて、日系企業の縫製工場が進出、日本国内の衣類販売チェーン店に置かれています。

（21）新興工業国⑥：インド

　インドは、ＢＲＩＣｓ（ブラジル・ロシア・インド・中国）の一員で、2000年代に急成長しました。かつては、国内産業や国内資本の保護を重視、従来は、輸入額や品目、外国資本比率の制限を行っていました。1991年に

輸入や外国資本の制限を撤廃、工業原料や部品の輸入が増加、外国資本の進出も急増、地元で産出する資源や輸入原料を活用した工業で、2000年代に工業生産が大きく増加しました。従来の綿花・ジュート産出を活用した繊維産業や、茶などの農産物加工の食品工業といった軽工業に加えて、鉄鋼・機械や化学などの重化学工業も発達、アジアでは、中国に次ぐ工業生産を上げる分野もあります。自動車工業では、日本のスズキが早くに進出しました。工業の特色では、イギリスの植民地であったことから英語が準公用語で、伝統的に数学の学習が盛ん、ヒンドゥー教のカースト制度の影響があって、職業選択の制約がある中、ＩＴ産業はその影響を受けないといった要因から、ＩＴ産業が急速に発達しました。

　工業の課題としては、2023年に人口が世界第1位になったとされ、人口急増による教育施設充実の必要性が指摘され、また、インフラ整備（交通・通信）の遅れが大きな問題となっています。

(22) 新興工業国 ⑦：ブラジル

　ブラジルは、ＢＲＩＣｓ（ブラジル・ロシア・インド・中国）の一員で、2000年代に急成長しました。従来は、コーヒー豆やサトウキビ栽培の農業国でしたが、国内での鉄鉱石産出から鉄鋼業、自動車工業、航空機工業（エンブラエル）へと、工業を発展させました。しかし、まだ、大豆や肉類などの農畜産物や鉄鉱石など資源輸出が多く、工業の発展は特定分野に偏っています。また、バイオエタノール製造のためのサトウキビ栽培増大のために熱帯林を大規模に伐採、それによって干ばつが頻発するなどの環境破壊が深刻で、それに伴う農業の衰退があり、その結果、国内格差増大と、様々な課題を抱えこととなりました。

　ラテンアメリカの国で、早い工業化の推進により、新興工業国から、早期に先進国化が期待されたわけですが、先進工業国としての工業の発展には、立地条件の整備は勿論、教育の充実による人材育成、貧富の格差是正など、一部の工業化にとどまらない、全般的な先進国化の必要性を示唆している典型例となっています。

　最大の貿易相手国は中国ですが、ほぼ地球の裏側で輸送距離が長く、時

間を要します。地理的位置を考慮した、地政学的戦略が必要でしょう。

(23) 新興工業国 ⑧：ロシア

　ロシアは、ＢＲＩＣｓ（ブラジル・ロシア・インド・中国）の一員で、2000年代に急成長しました。旧・ソビエト連邦時代に、地元産出資源を使用したコンビナート（工業地域）を形成、工業化を進めましたが、必ずしも効率的な組み合わせによる生産ではなく、国土面積が広いために、輸入や輸送の不利性もありました。その結果、先進資本主義工業国との格差は大きく拡大、その影響もあって、1991年にソビエト連邦が崩壊、ウクライナやカザフスタンなどの、有力な農産物や鉱産資源産出地がロシアではなくなりました。世界の工業のトップクラスから大きく後退したため、ロシアは地下資源を積極的に採掘して輸出、その資金で鉄鋼・アルミニウム・化学・繊維工業の地位向上を図ることとしました。工業製品は国内向けが中心、輸出の中心は農産物や地下資源で、貿易は、農産物・地下資源輸出、工業製品輸入という、典型的な発展途上国型を示しています。

　国内での工業製品の生産が進まないために、中古の家電や自動車の輸入も多く、国土が冷帯と寒帯気候地域のために、農産物の生産や資源採掘に制約があり、輸出先も発展途上国が中心で、販売価格も比較的高くできないという点も指摘され、勿論、資源枯渇のリスクもあるわけです。

「まとめ」：
鉄鋼の輸出・輸入国で、両方に登場、一方に登場はどこの国か。
繊維工業の生産・輸出・輸入国の上位は、どのような国か。
ブラジルの工業の特色と課題は、何か。

「考察」：
鉄鋼業の立地はどう変化し、その要因は何か。
日本の工業で順位低下の工業分野は何で、その要因は何か。
新興工業国で、中国・インドの発展の要因は何か。

地形図9：工業地域　工業都市（製鉄）　八幡　北九州市（福岡県）
　　　　2万5千分の1地形図「八幡市」昭和11年第二回修正測圖

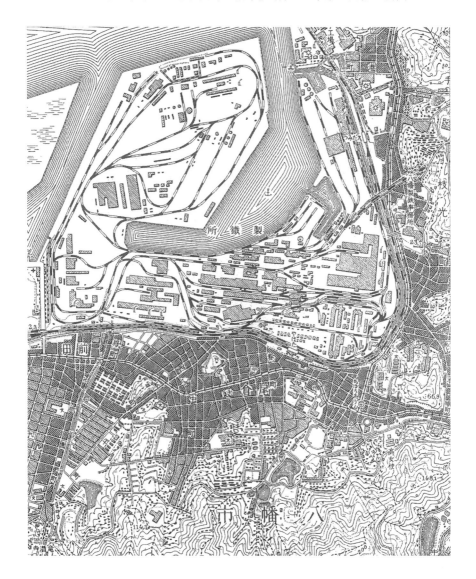

地形図 10：工業地域　工業都市（製鉄）　釜石　釜石市（岩手県）
　　　　　2万5千分の1地形図「釜石」平成11年部分修正測量

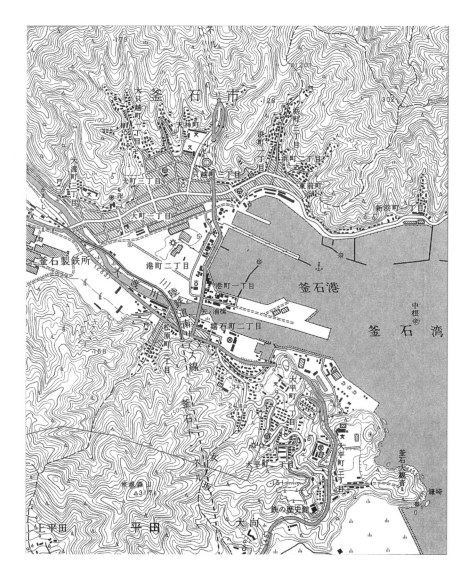

地形図 11：工業地域　工業都市（自動車）　擧母　豊田市（愛知県）
5万分の1地形図「擧母」昭和26年資料修正

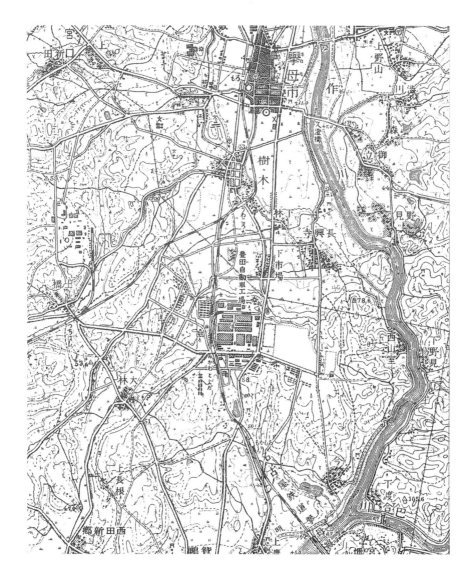

地形図 12：工業地域　工業都市（鉄道車両）　笠戸　下松市（山口県）
２万５千分の１地形図「笠戸島」「光」平成 13 年修正測量

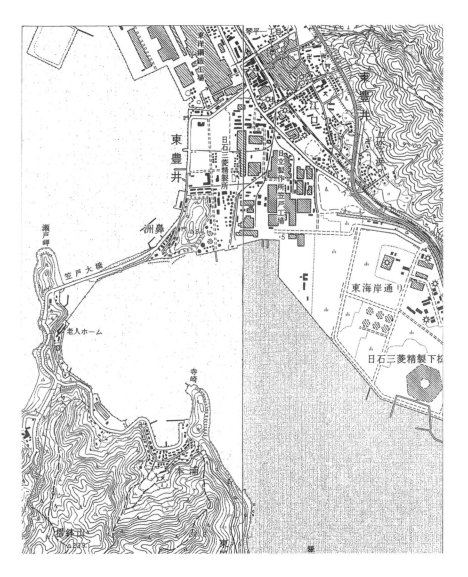

地形図 13：工業地域　工業都市（造船）　相生　相生市（兵庫県）
2万5千分の1地形図「相生」昭和 46 年修正測量

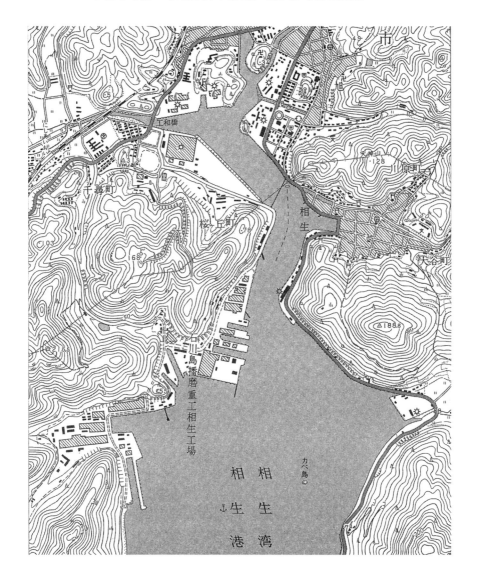

地形図14：工業地域　工業都市（窯業）　瀬戸　瀬戸市（愛知県）
2万5千分の1地形図「瀬戸」大正9年測圖

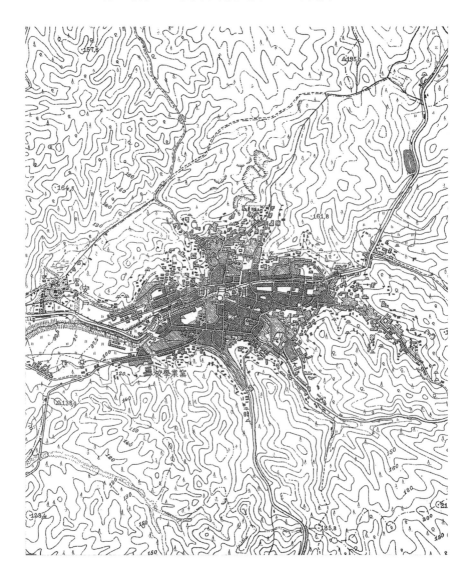

地形図15：工業地域　工業都市（繊維）　桐生　桐生市（群馬県）
　　　　2万5千分の1地形図「桐生」昭和63年修正測量

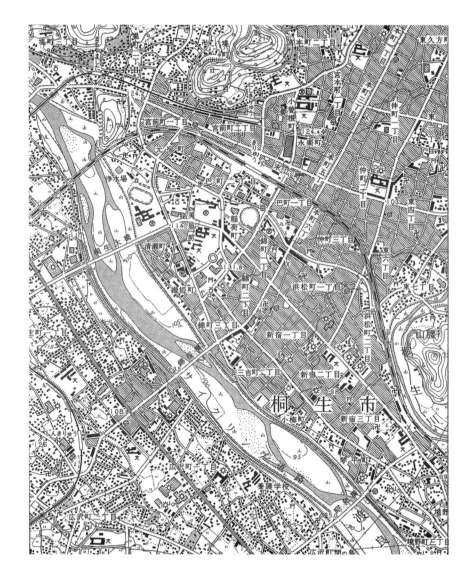

写真23：契島　全島精錬所の島　大崎上島町（広島県）

写真24：契島　全島精錬所の島　東邦亜鉛　大崎上島町（広島県）

写真 25：香春岳　香春町（福岡県）

写真 26：伊佐セメント工場　美祢市（山口県）

写真 27：釜石製鉄所　釜石市（岩手県）

写真 28：宇部興産　宇部市（山口県）

【11】世界の村落地理学と都市地理学（日本含む）

（1）村落の立地 ①：自然条件 ＜水・地形＞

　村落の立地条件として、まず、自然条件の水と地形があります。

　水に関しての立地条件としては、水が得やすくて、高燥地ということです。すなわち、多くの河川が流れる低平地や、水が溜まりやすい盆地の湖近く、海に近くて海抜高度が低いところなどは、低湿地と称される過水地域で、河川が作った自然の高まりである自然堤防などの微高地に村落が立地、少しでも乾燥したところを求めるわけです。その事例の代表例としては、愛知県と岐阜県、そして三重県の県境となり、木曽川・長良川・揖斐川の三河川が合流する濃尾平野の輪中地帯の輪中集落があります。反対に、台地上などで地下水面が低く、水の入手が難しい乏水地域では、人工的に造られた用水路に沿って、新田集落が立地、その事例の代表例としては、東京都の武蔵野台地の玉川上水に沿って立地した集落があります。

　地形に関しての立地条件としては、地形の変換線付近の平地で、山麓は水が湧き、山地と平地の物資入手が便利な場所で、集落が立地します。また、山間部では、東西方向の谷では、日当たりのよい日向斜面、南北方向の谷では、風を避けることができる風下斜面に集落が立地します。

（2）村落の立地 ②：社会条件 ＜交通・産業＞

　村落の立地条件として、ついで、社会条件の交通と産業があります。

　交通に関しては、交通の分岐点・合流点・交差点等が交通便利で立地場所となり、地名に残っており、例えば、道路の分岐点は追分、道路の交差点は十文字や辻の地名がある集落です。河川では、山地と平地の境目で、河川が山地から平地に出た谷口に集落があり、谷口の地名が、山間部で河川が合流する場所に落合集落があり、落合・河合の地名が、河川を渡る場所に立地した集落に渡津集落があり、津・渡、イギリスではフォード、ドイツではフルトの地名が、河川を渡る場所に架けられた橋のたもとに立地した集落に橋畔集落があり、橋、イギリスではブリッジ、ドイツではブリュッケン・ブルックの地名が付けられています。河川を真ん中に、向か

い合って立地した集落に対向集落があり、静岡県大井川下流の島田と金谷が代表事例、集落の規模がほぼ同じ場合は双子集落と呼ばれ、アメリカ合衆国のセントポールとミネアポリスが代表例です。

産業に関しては、村落は、第一次産業が中心で、農業・林業では、作業に便利な耕地・林地の中心に集落が立地、漁業では、港周辺に立地しますが、網漁村は地引網を引くのに便利な砂浜に立地することがあります。

（3）村落の発達 ①：日本 ＜古代・中世＞

村落の発達を、日本の時代ごとに見てみましょう。

古代の村落には条里集落があり、645 年の大化の改新後、班田収授法による班田制が実施、口分田を分け与えて税を納めることとなり、この時に土地が整然と区画されてできた集落です。今日まで、その条里区画遺構と集落や地名が残っている場所が多く、当時の支配地域と耕地がわかります。

中世の村落には荘園集落があり、班田制の崩壊により登場しました。名田百姓村は、伝統的な地元の有力者である名主を中心とした集落で、太郎丸・五郎丸・福富丸・公文名などの、名主の名前等が集落名につけられました。寺百姓村は、寺院中心で、寺領耕作農民の集落、例としては、大阪府の富田林・貝塚、三重県の一身田があります。古新田村は、室町時代よりの開拓村で、別府・別所・本庄・新庄・給田・京田などの地名が残っています。豪族屋敷村は、腕ずくで土地を獲得して支配した豪族の屋敷を中心とした集落で、堀内・根古屋・寄居・土居・館などの地名が残り、奪い返されないように、防御のための堀や土塁などで集落の周囲を囲むこともありました。まさしく戦乱の時代を象徴する集落でもあります。

（4）村落の発達 ②：日本 ＜中世・近世・近代＞

中世の村落には、隠田百姓村があり、落武者が山間部に移住した集落と伝えられ、戦乱の時代を象徴する集落、平家の落人伝説が残る場合があります。例としては、熊本県の五家荘、宮崎県の米良荘・椎葉、徳島県の祖谷、岐阜県の白川郷、富山県の五箇山、新潟県の三面、福島県の檜枝岐、栃木県の湯西川などがあり、今日では、有名観光地となった場所もありますが、

山間部で交通が不便なため、過疎化が著しいところも多い。

　近世の村落には、新田集落があり、江戸時代に耕地の拡大で発達しました。江戸時代は、世の中が安定したために人口が増加、新たな耕地が必要とされました。従来は、水田にできない場所である、洪積台地・扇状地・砂地や干拓地に水田を設けるもので、ため池や用水路を整備、新田・新村・開・出・納屋、有明海の干拓地では籠こもり・搦からみなどの地名が付けられました。

　近代の村落には、屯田兵村があり、北海道の開拓・防衛のための集落で、19世紀にアメリカ合衆国の中央平原で実施されたタウンシップ制にならって、土地を整然と区画して分け与えたもので、北海道のほとんどの集落の起源です。例としては、札幌の琴似、旭川・江別・士別、北見の野付牛などがあり、その屯田兵村区画は今日までもよく残っています。

（5）村落の形態 ①：集村

　村落の形態としては、集村と散村があり、集村の方が多く、村落形態の中心です。その形態となる理由は、立地条件の良い場所が限られることや、集落が同族集団で集まって住むことによって、防衛や集団作業の便が良いことがあげられます。大きく、塊村・列状村・環村（円村）に分かれ、列状村は、列村・路村・街村に分かれます。

　塊村は、不定形な集村形態で、自然発生的な集落に多くあります。

　列状村は、家屋が列をなす集村形態で、列村は、山地の麓に沿った場所や、山が迫った海岸線に沿った細長い平地など、地形との関係で列をなす集村形態で、例としては、新潟県の出雲崎があります。路村は、道路を中心に列をなす集村形態です。街村は、道路を中心として密集、商業機能を持つ集村形態です。

　環村（円村）は、集落の中央に広場があり、広場を囲むように、環状に建物が並ぶ集村形態です。東ヨーロッパのスラブ民族の村落に多く、昼間は集落の周囲で家畜を飼育しますが、夜間には集落内の広場に家畜を集めるという、家畜保護と関係するとともに、外敵予防の意味もあります。

（6）村落の形態 ②：散村

　村落の形態に散村があり、その形態となる理由は、水がどこでも広く求めることができるなど、立地条件の良い場所が限られることがないために集村にする必要性がないこと、火災の類焼を防ぐために家屋を密集させた集村にしない方がよいこと、藩政時代に農民の団結を防ぐために藩主の意向で分散させられたこと、営農本位に耕地の中心に家を建てたことなどがあります。

　孤立荘宅は、典型的な散村で、一戸一戸独立分散したものです。例としては、富山県の砺波平野の庄川扇状地や黒部川扇状地の散村が最も代表的です。また、岩手県の北上川中流域の胆沢扇状地、静岡県の大井川扇状地、島根県の出雲平野、香川県の讃岐平野などにもあります。疎村（小村）は、数戸ずつかたまって、それが分散している散村形態です。

　長崎県の壱岐島には、海岸に立地、浦と呼ばれ地名の末尾に浦が付く集村の漁業集落と、内陸に立地、在と呼ばれ地名の末尾に触が付く散村の農村が立地しています。佐賀県の馬渡島や長崎県の黒島も、内陸の台地上にキリスト教徒の散村が立地しています。

（7）村落の機能：農村・漁村・山村・離島

　村落の機能としては、村落が従来は第一次産業が機能の中心であるところから、農業が中心の農村、水産業が中心の漁村、林業が中心の山村、農業・漁業など多様な産業がある離島に区分されます。しかし、高齢化・観光地化・都市化・都市郊外化などにより、第三次産業が、機能の中心となった村落もあります。

　農村は、農牧業を中心とした村落で、農牧業の中心が耕種農業・牧畜かで、家屋や耕地・牧草地の配置に特色が出ます。都市の郊外の場合は、都市への通勤者が多くなった農村も見られます。

　漁村は、水産業を中心とした村落で、海岸・湖岸・川沿いに立地します。砂浜海岸では網漁、岩礁海岸では釣漁となることが、過去には多くありました。養殖が中心となったところや、観光化によって、民宿や釣り船経営に乗り出した漁村もあり、その差異は大きくなっています。

　山村は、林業を中心とした村落、山間部立地、樹木伐採以外、狩猟・キノコ栽培・養蜂業も行われますが、過疎化が最も著しい村落です。
　離島は、環海性・狭小性・辺境性から特色ある産業も立地、山村と比べると、無人島化といった、消滅集落は比較的少ない状況です。

（8）日本の町村：最多・最少

　人口最少の村は、東京都の伊豆諸島の青ヶ島村で、人口は153人（2023年）です。なお、福島県を除きます。島嶼部除く人口最少の村は、奈良県の野迫川村で、人口は334人（2023年）、紀伊半島の紀伊山地、十津川流域で和歌山県境に位置します。人口最多の村は、沖縄県の読谷村で、人口は41,592人（2023年）、沖縄本島中部に位置します。高所得の村（一世帯当たり）は、北海道最北の村の猿払村で、人口は2,670人（2023年）、その所得は約600万（2019年）で札幌市の倍、1970年代にホタテ養殖で急成長しました。財政力指数が高い村は、愛知県の飛島村で、2.21（2020年）と支出の倍以上の収入があり、伊勢湾に面する村は干拓地と埋立地に位置するために、1959年の伊勢湾台風で大被害を受けましたが、1970年代に埋立地が臨海工業地帯となり、税収入が急増しました。
　人口最少の町は、山梨県の早川町で、人口986人（2023年）、身延山地の山間部に位置します。人口最多の町は、広島県の府中町で、人口51,923人（2023年）、マツダ本社・工場所在地、町は広島市にすべて囲まれています。人口最少の市は、北海道の空知にある歌志内市で、人口は2,735人（2023年）、旧炭鉱の市で、空知の市は炭鉱閉山で人口が激減しました。

（9）都市の立地 ①：自然条件 ＜河川流域＞

　都市の立地で、自然条件としては、河川流域の河岸に立地することが多くみられます。その理由は、水を生活・工業・交通・防御用水に利用するため、水量豊富な河川に沿った立地となるわけです。
　アジアでは、中国の長江（揚子江）流域に、シャンハイ・ナンキン・ウーハン・チョンチンなどが、メコン川流域に、カンボジアのプノンペン、ラオスのビエンチャンなどが、ガンジス川流域に、バングラディシュのダッ

カ、インドのコルカタ・バラナシ・アラハバード・デリー・ニューデリーなどが立地しています。ヨーロッパでは、ドナウ川流域に、セルビアのベオグラード、オーストラリアのウィーンなどが、ハンガリーのブダペストは、ドナウ川を挟んで、ブダとペストの街があり、ライン川流域に、オランダのロッテルダム、ドイツのジュイスブルグ・ケルン・マインツなどが立地しています。アメリカ大陸では、ミシシッピ川流域に、アメリカ合衆国のニューオーリンズ・メンフィス・セントルイスなどが、ラプラタ川流域に、ウルグアイのモンテビデオ、パラグアイのアスンシオン、アルゼンチンのブエノスアイレスなどが、アマゾン川流域に、ブラジルのベレン・マナオス、ペルーのイキトスなどが立地しています。

(10) 都市の立地 ②：自然条件 ＜地形・気候＞

　都市の立地で、自然条件としては、地形と気候があります。

　地形では、平地や緩傾斜地は、比較的平坦なため、都市を建設しやすいという利点があり、地形の変換点では、山地と平地の境の谷口集落が典型例で、山地の物資と平地の物資の交易の場所として便利で、商業都市がよく立地しました。例としては、関東平野の山間部との境目で、東京都の五日市・青梅、埼玉県の飯能・寄居、群馬県の渋川・桐生、栃木県の佐野があり、大阪府では池田などがあって、物資輸送のために鉄道も早期に開通しています。台地上は山手と称されて住宅地となり、低地は下町と称されて商工業地と、地形によって、機能が分かれることも多いのです。

　気候は、熱帯での高地や、気候の境界の影響を受けて立地するものです。熱帯では高地に都市が立地することが多く、理由は海抜高度の上昇によって気温が低下、居住に適温となるためで、中南アメリカの高山都市、例としては、ベネズエラのカラカス、コロンビアのボゴタ、エクアドルのキト、ボリビアのラパスなどがあります。乾燥地域（遊牧）と湿潤地域（農耕）の接触地域に、両地域の物資の交易都市が立地することがあり、例としては、中国のハイラルやウズベキスタンのサマルカンドなどがあります。

（11）都市の立地 ③：社会条件 ＜運河・海峡＞

　都市の立地で、社会条件としては、基本的条件の人口密度と経済力があり、密度の高さや経済力があることで、都市ができやすくなります。また、交通条件も重要で、水路・道路・鉄道・航空路の集中点・分岐点に都市が立地、特に、運河の海との出入り口、海峡に面した両岸が代表例です。

　運河の都市では、インド洋・アラビア海と地中海を結ぶ、エジプトのスエズ運河の、スエズ湾・紅海側にスエズ、地中海側にポートサイドが立地、太平洋と大西洋を結ぶ、パナマのパナマ運河の、太平洋側にパナマシティ、カリブ海・大西洋側にコロンが立地しています。

　海峡の都市では、マレー半島とスマトラ島の間のマラッカ海峡の、シンガポールとマレーシアのマラッカがマレー半島側に、黒海とマルマラ海を経てエーゲ海・地中海へとつながるボスポラス海峡には、トルコのイスタンブールが、バルト海から北海に抜けるカテガット海峡には、デンマークのコペンハーゲンとスウェーデンのマルメが、ヨーロッパ大陸とグレートブリテン島の間のドーバー海峡には、イギリスのドーバーとフランスのカレーが立地、現在は海底トンネルで結ばれ、ニュージーランドのクック海峡には、北島側に首都ウェリントンが、南島側にピクトンがあります。

（12）都市の立地 ④：社会条件 ＜外港＞

　都市の立地で、社会条件としての交通条件で、首都などの大都市の外港機能を持つ都市が、海に面して立地しました。首都などの大都市が、内陸の平坦地や気温が適した場所に立地、海外との交易などで、港の機能として海に面した外港が必要となり、別途、都市が立地するものです。

　アジアでは、中国のペキン（北京）の外港がテンチン（天津）、但し、河港です。ベトナムのハノイの外港がハイフォンです。

　ヨーロッパでは、フランスのパリの外港がルアーブル、ロシアのモスクワの外港がサンクトペテルブルグ（旧・レニングラード）です。

　アフリカでは、エジプトのカイロの外港がアレキサンドリアです。

　中南アメリカでは、ブラジルのサンパウロの外港がサントスで、コーヒー豆の積出港で有名です。チリのサンチアゴの外港がバルパライソ・サ

ンアントニオ、ペルーのリマの外港がカヤオ、エクアドルのキトの外港が
グアヤキル、ベネズエラのカラカスの外港がラグアイラで、これらは、麓
が熱帯で気温が高いため、高原に首都が立地、海岸部に外港ができました。
　日本では、奈良（平城京）と京都（平安京）の外港が、当初の大坂、札幌
の外港が小樽、秋田の土崎湊、富山の岩瀬浜などの例があります。

(13) 都市の発達 ① : 日本 ＜古代・中世＞

　都市の発達を、日本の時代ごとに見てみましょう。

　古代の都市には条坊制都市があり、都市内の道路を碁盤目状道路で区分
した区画制度で、中国にならって風水思想を取り入れ、畿内（近畿）に都
を建設、奈良県の藤原京や平城京、京都府の平安京などがあります。

　中世の都市には、港町・門前町・鳥居前町・市場町があり、商業が発
達して、人と物資の交流が活発になり、寺社参詣も行われました。港町は、
国内航路のみならず、海外交易としての港町も発達、大阪府の堺、福岡県
の博多、山口県の赤間関（下関）などが代表例です。門前町は、千葉県の
成田山新勝寺、長野県の善光寺、山梨県の身延山久遠寺、香川県の善通
寺、福井県の永平寺、東京都の浅草寺・帝釈天（葛飾柴又）などの門前が
代表例です。鳥居前町は、三重県の伊勢神宮、奈良県の橿原神宮、島根県
の出雲大社、香川県の琴平宮、愛知県の熱田神宮と豊川稲荷、大阪府の住
吉大社、和歌山県の熊野大社、滋賀県の多賀大社などの鳥居前が代表例で
す。市場町は、定期的に市が開催される町で、福岡県の二日市、三重県の
四日市、東京都と広島県の五日市、島根県の六日市、滋賀県の八日市、新
潟県の十日町など、開催される日に因んで町の名前が付くことがあります。

(14) 都市の発達 ② : 日本 ＜近世＞

　近世の都市には、城下町・宿場町・港町があり、国内統治のための都市
や、国内の交通発達による都市が立地しました。

　城下町は、藩主が藩内統治のために建設、現在でも、地域の中心となっ
ている場合が多い。特に、県庁所在地の例としては、盛岡・仙台・福島・
秋田・山形・水戸・宇都宮・前橋・甲府・富山・金沢・福井・名古屋・静

岡・津・和歌山・鳥取・松江・岡山・広島・山口・高松・徳島・松山・高知・福岡・大分・佐賀・熊本・鹿児島と、多くあります。ちなみに、青森・新潟・横浜・神戸・長崎は港町、長野は門前町です。

　宿場町は、五街道（東海道・中山道・甲州街道・奥州街道・日光街道）の整備に伴い、街道沿いに立地しました。参勤交代や寺社参詣、商業の活発化で栄えましたが、明治期の鉄道開通で衰退したところもあります。

　港町は、蝦夷地から日本海・瀬戸内海を経由して大坂までの西廻り航路、東北から太平洋側を経由して江戸までの東回り航路といった沿岸航路が開発され、国内航路の発達により、その寄港地が栄えました。山形県の酒田、新潟県の新潟、福井県の敦賀と小浜、山口県の下関が代表例です。なお、長崎県の平戸・長崎は、海外との交易港で知られています。

(15) 都市の発達 ③：外国 ＜古代・中世＞

　都市の発達を、世界の時代ごとに見てみます。

　古代の都市には、古代文明発祥の地、ギリシャ文明、ローマ帝国の都市があります。古代文明発祥の地の都市としては、エジプトのナイル川流域に、メンフィス・テーベが、イラクのチグリス・ユーフラテス川流域には、バビロン・ニネベが、パキスタンのインダス川流域には、モヘンジョ＝ダロ・ハラッパーが、中国の黄河流域には、チャンアン（長安・現在は西安）・ルオヤン（洛陽）があります。ギリシャ文明の都市としては、ギリシャのアテネ・スパルタなどのポリス（都市国家）、フランスのマッサリア（マルセイユ）などの植民都市が、ローマ帝国の都市としては、イタリアのローマ・ポンペイ、欧州諸都市では、城壁で囲まれた囲郭都市があり、ローマ帝国時代が起源と伝わる都市とされることがあります。

　中世の都市には、商業都市があり、この時代、地中海方面で商業活動が活発となって、地中海各地に商業・交易都市が発達しました。イタリア半島には、イタリアのベネチア（ベニス）・フィレンツェ・ジェノバ、中近東には、レバノンのベイルート、シリアのダマスカスなどがあります。

(16) 都市の発達 ④：外国 ＜中世・近代＞

　中世の都市には、商業都市があり、この時代、バルト海方面でも商業活動が活発となって、バルト海沿岸に都市が発達しました。バルト海沿岸の自由（自治）商業都市同盟のハンザ同盟都市が代表例で、ポーランドのダンチヒ、ドイツのハンブルクなどの諸都市がそれに該当します。

　近代の都市には、世界貿易都市・工業都市があり、大都市も出現しました。ヨーロッパの国々が、地理上の発見の時代、大航海時代を経て、世界各地に植民地を獲得、各地の植民地から物資が宗主国の港町に集まり、世界貿易の中心地となりました。イギリスのロンドン、ポルトガルのリスボン、オランダのアムステルダム、スペインのバルセロナが代表例です。

　また、ヨーロッパ人が外地（植民地）に建設した都市も多くあります。ポルトガル人が建設した、中国のマカオ、インドのゴア、ブラジルのサンパウロなどの諸都市、スペイン人が建設した、アメリカ合衆国のサンフランシスコ、メキシコなどの中南アメリカ諸都市、フランス人が建設した、カナダのケベック州のケベック・モントリオール、オランダ人が建設した、インドネシアのバンドンなどの諸都市、アメリカ合衆国のニューアムステルダム（現・ニューヨーク）などがあります。

(17) 都市の機能 ①：生産都市 ＜工業・鉱業・水産業・林業＞

　都市の機能には、まず生産都市があり、その産業から、工業都市・鉱業都市・水産業都市・林業都市に分かれます。

　工業都市は、第二次産業の工業が中心で、イギリスのマンチェスター・バーミンガム、アメリカ合衆国のピッツバーグ・デトロイト、日本では、福岡県の北九州、神奈川県の川崎、兵庫県の尼崎などがあります。

　鉱業都市は、第二次産業の鉱業が中心で、スウェーデンのキルナ、チリのチュキカマタ、ボリビアのポトシ、カナダのサドバリー、ベネズエラのマラカイボなどで、かつての日本では、北海道の夕張・歌志内・芦別・赤平・三笠、秋田県の小坂、岐阜県の神岡、福岡県の大牟田などがあります。

　水産業都市は、水産物が水揚げされる港を中心とした都市で、ノルウェーのベルゲン、カナダのセントジョンズ、日本では、北海道の稚内、

青森県の八戸、宮城県の石巻・気仙沼、神奈川県の三浦、静岡県の焼津、鳥取県の境港、鹿児島県の枕崎などがあります。

　林業都市は、木材などの林産物が集まる都市で、アメリカ合衆国のロングビー・シトカ、日本では、秋田県の能代、静岡県の天竜（現・浜松市）、和歌山県の新宮、大分県の日田などがあります。

(18) 都市の機能 ②：交易都市 ＜商業・貿易・交通＞

　都市の機能には、交易都市があり、その機能の中心から、商業都市・貿易都市・交通都市に分かれます。

　商業都市は、第三次産業の商業が中心で、ドイツのフランクフルト・ハンブルク、アメリカ合衆国のニューヨーク・シカゴ、カナダのモントリオール、日本では、福岡県の福岡、大阪府の大阪、北海道の札幌などがあります。

　貿易都市は、海外との貿易が活発で、中国のホンコン、シンガポールのシンガポール、オランダのロッテルダム、オーストラリアのメルボルン、フランスのマルセイユ、日本では、神奈川県の横浜、兵庫県の神戸などがあります。

　交通都市は、空港や鉄道駅を中心とした都市です。空港では、北極海航路のアメリカ合衆国アラスカ州アンカレッジ（現在は衰退）、アフリカ大陸西端のセネガルのダカール、中東のハブ空港のアラブ首長国連邦ドバイ、ニュージーランドのオークランドなど、日本では、北海道の千歳、千葉県の成田、愛知県の常滑などです。鉄道駅では、滋賀県では米原、佐賀県の鳥栖、埼玉県の大宮などがあります。

(19) 都市の機能 ③：消費都市 ＜政治・軍事・住宅・文化＞

　都市の機能には、消費都市があり、その機能から、政治都市・軍事都市・住宅都市・文化都市に分かれます。

　政治都市は、首都機能が中心の都市で、新大陸では、アメリカ合衆国のワシントン、カナダのオタワ、ブラジルのブラジリア、オーストラリアのキャンベラ、旧大陸では、インドのニューデリー、パキスタンのイスラマバード、スイスのベルン、トルコのアンカラなどがあります。

軍事都市は、軍港などの軍事施設設置の都市で、イギリスのポーツマス、イギリス領ジブラルタル、アメリカ合衆国のサンディエゴ、ロシアのウラジオストク、フランスのツーロン、ドイツのキールなど、日本では、戦前の神奈川県の横須賀、広島県の呉、長崎県の佐世保などがあります。

　住宅都市は、イギリスのレッチワース、東京都の多摩・武蔵野、千葉県の松戸、愛知県の春日井、大阪府の豊中・吹田、兵庫県の芦屋・西宮などがあります。

　文化都市（学術研究都市）は、ドイツのハイデルベルグ、イギリスのオックスフォード・ケンブリッジ、東京都の国立、茨城県のつくば、奈良県の生駒（京阪奈学研都市）などがあります。

(20) 都市の機能 ④：消費都市 ＜宗教・観光・保養＞

　都市の機能には、消費都市があり、その機能から、宗教都市・観光都市・保養都市に分かれます。

　宗教都市は、寺社などの宗教施設が中心で、イタリアのローマ市内に位置するバチカン、イギリスのカンタベリー、イスラエルのエルサレム、サウジアラビアのメッカ、インドのバラナシ・ブッダガヤ、中国チベットのラサなど、日本では、山梨県の身延、奈良県の天理、三重県の伊勢、和歌山県の高野、島根県の出雲、香川県の善通寺・琴平などがあります。

　観光都市は、観光客の来訪が多い都市で、スイスのインターラーケン・ルツェルン・ジュネーブ、イタリアのローマ、ギリシャのアテネ、フランスのパリ、アメリカ合衆国のラスベガス、日本では、栃木県の日光、京都府の京都、奈良県の奈良、神奈川県の鎌倉などがあります。

　保養都市は、温泉や避寒地・避暑地で、温泉では、ドイツのバーデンバーデン、日本では、北海道の登別、静岡県の熱海・伊東・伊豆、神奈川県の箱根、大分県の別府・湯布院、和歌山県の白浜、鹿児島県の指宿など、避寒地では、フランスのニース・カンヌ、モナコのモナコなど、避暑地では、インドネシアのバンドン、日本では長野県の軽井沢などがあります。

（21）都市の形態：街路形態

都市の形態を、街路網形態から区分して、その事例を示します。

直交路型街路網（格子型街路網・碁盤目型街路網）は、直角に交わる直行路の道路があるもので、例として、長安（西安）や北京、台湾では台北・台中・台南・高雄、アメリカ合衆国では、ニューヨーク・シカゴなどの諸都市、日本では、奈良県の奈良、京都府の京都、北海道の札幌などがあり、古代の都から、新大陸や日本の新しい都市でも見られます。

放射環状路型街路網は、中心から放射状に延びる道路と環状路があるもので、例として、ロシアのモスクワ、フランスのパリ、ドイツのカールスルーエ、インドのニューデリー、オーストラリアのキャンベラ、日本では、東京都の田園調布、神奈川県の日吉などがあります。古い街並みを改造して道路を開設した都市や、最初から計画的に道路が配置された都市です。

放射直交路型街路網は、中心から放射状に延びる道路と直角に交わる道路があるもので、道路の交差点が複雑となります。例としては、アメリカ合衆国のワシントン、ブラジルのベロオリゾンテ、日本では、北海道の旭川・帯広、東京都の国立・立川などがあります。最初から計画的に道路が配置された新しい都市に見られます。

（22）都市化と都市圏の拡大 ＜連接都市・巨大都市・巨帯都市＞

都市化は、人口増加によって、従来の村落が都市となるものです。若者を中心に、都市移住が増加することによって、都市の人口が増加、都市周辺の村落が都市化することが多くみられます。

都市圏の拡大は、都市化とともに、大都市を中心とした中心都市の影響が及ぶ範囲である都市圏が広がる現象で、交通発達の影響が大きい。

連接都市（コナベーション）は、都市が拡大すると、隣接する都市相互がつながり、都市の境界が不明確となる現象をさします。

巨大都市（メトロポリス）は、都市が大都市となり、さらに、巨大都市となったもので、百万都市から千万都市になることもあります。例としては、ニューヨーク・東京・シャンハイがあげられます。

巨帯都市（メガロポリス）は、都市が連続して帯状に連なる状況となっ

た都市群を指し、例としては、アメリカ合衆国のアメリカ＝メガロポリスであるボストンからニューヨーク・フィラデルフィア・ボルチモアを経てワシントンに至る都市群、日本では、東海道メガロポリスである、東京から名古屋を経て京阪神に至る都市群などがあります。

(23) 都市の地域構造と諸問題 ＜昼間人口・ドーナツ化・スプロール＞

　都心地域は、都市の中心的地域で、業務中心地区（C. B. D = Central Business District）と称されることがあり、日本では、東京の大手町、名古屋の栄、大阪の本町、福岡の天神が代表例です。

　昼間人口は、職住分離により、職場となる都心は、昼間に「人口」は多いのですが、夜間になると少なくなります。通常、人口数は、居住地人口で、都市を見る場合は、居住者が少なくても、昼間人口にも注目する必要があります。

　ドーナツ化現象は、職住分離により、中心地の居住人口が減少して周囲が増加するという人口数だけでなく、旧来の中心地が衰退して周辺地域が発展することがあり、ドーナツの形で表現されます。

　スプロール現象は、都市が拡大する場合に、計画的でないと無秩序に、虫食い的に都市が拡大することがあり、このように表現されるとともに、道路や公共施設の整備が伴わないなどの問題がおきやすいとされます。

　「まとめ」：
　日本の村落は、いつの時代に、どのような村落が登場したか。
　日本の都市は、いつの時代に、どのような都市が登場したか。
　都市の機能には、大きくどのような機能があるか。

　「考察」：
　村落は、大きく、どのようなところに立地するか。
　都市は、大きく、どのようなところに立地するか。
　都市化が進むと、何がおき、どのような問題が発生するか。

地形図16：輪中集落　長良川と木曾川の旧・合流地点（岐阜県・愛知県）

5万分の1地形図「津島」昭和24年応急修正

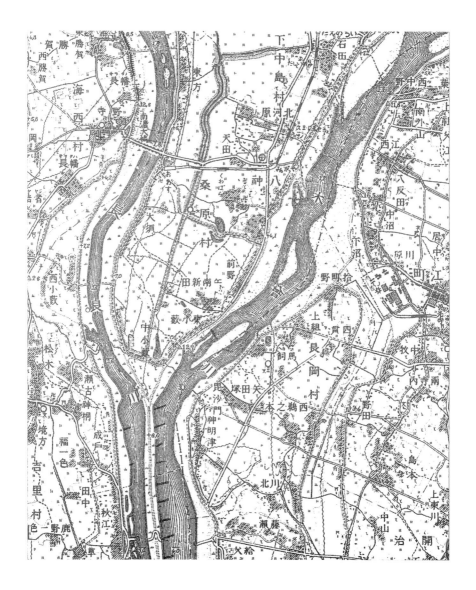

地形図 17：道路交差点集落　十文字町　横手市（秋田県）
５万分の１地形図「横手」昭和 28 年応急修正

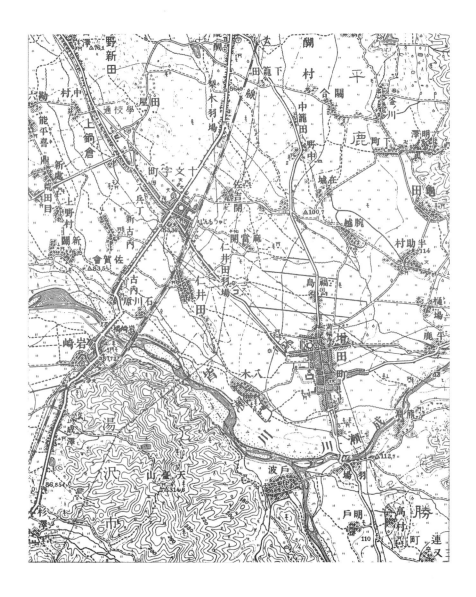

地形図18：河川落合集落　備後落合　西城川と小鳥原川が合流
　　　　　芸備線備後落合駅は木次線分岐駅　庄原市（広島県）
　　　　　２万５千分の１地形図「道後山」昭和50年測量
　　　　　２万５千分の１地形図「小奴可」昭和48年修正測量

地形図 19：河川対向集落　金谷と島田　大井川　島田市（静岡県）
　　　　５万分の１地形図「家山」明治 29 年修正
　　　　５万分の１地形図「掛川」明治 28 年修正

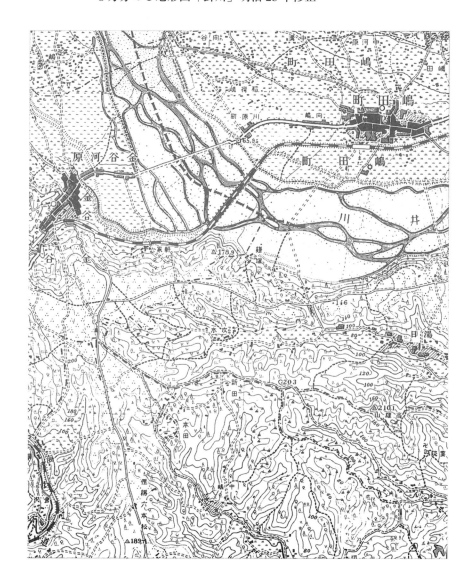

地形図 20：条里集落　奈良盆地　大和郡山市（奈良県）

2 万 5 千分の 1 地形図「郡山」大正 11 年測圖

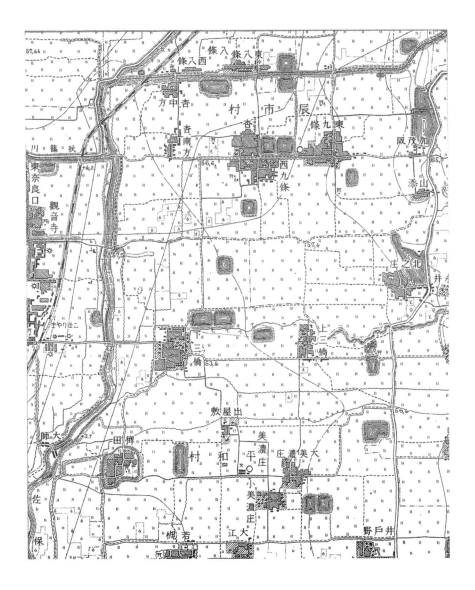

地形図 21：寺百姓村　一身田　津市（三重県）
2万5千分の1地形図「白子」昭和12年第二回修正測圖
2万5千分の1地形図「椋本」昭和12年第二回修正測圖

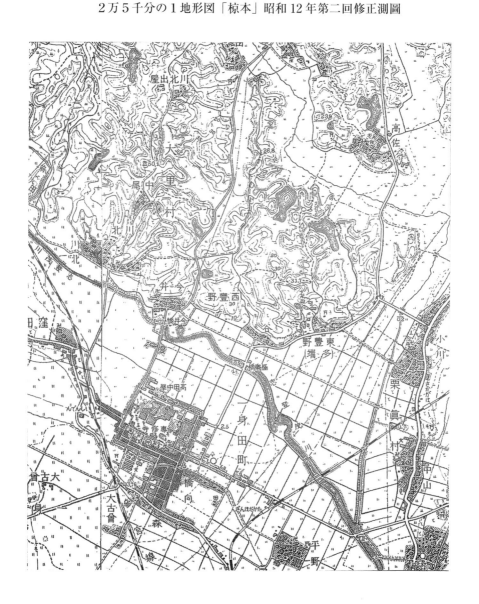

地形図22：隠田百姓村　五箇山　南砺市（富山県）
　　　　2万5千分の1地形図「上梨」平成18年更新

地形図 23：新田集落　三富新田　三芳町（埼玉県）

2万5千分の1地形図「所沢」平成17年更新

地形図 24：新田集落　児島湾干拓地　岡山市（岡山県）
　　　　5 万分の 1 地形図「岡山南部」昭和 37 年資料修正

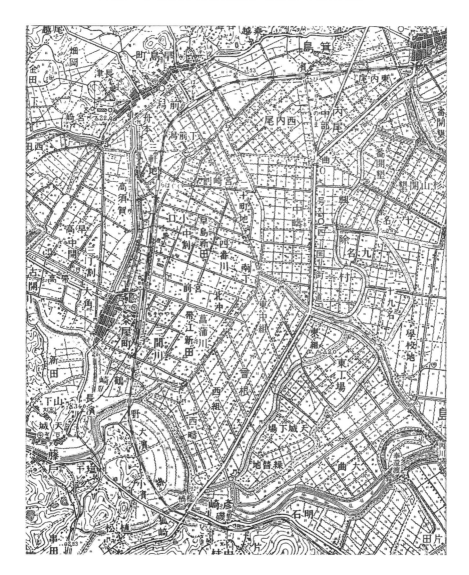

地形図 25：新田集落　有明海干拓地　佐賀市・小城市・白石町（佐賀県）
5万分の1地形図「武雄」昭和47年編集

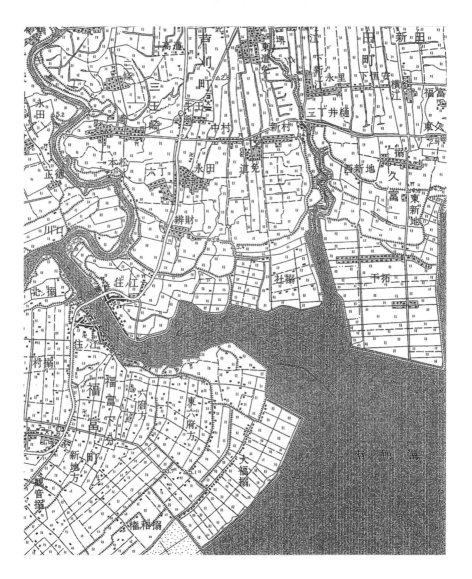

地形図26：屯田兵村　旭川　旭川市（北海道）
　　　　　2万5千分の1地形図「永山」昭和25年修正測量

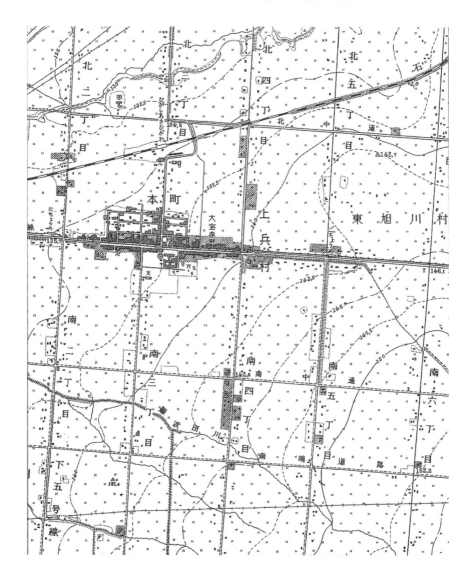

地形図 27：屯田兵村　野付牛　北見市（北海道）
2万5千分の1地形図「北見」昭和33年測量
2万5千分の1地形図「相内」昭和34年測量

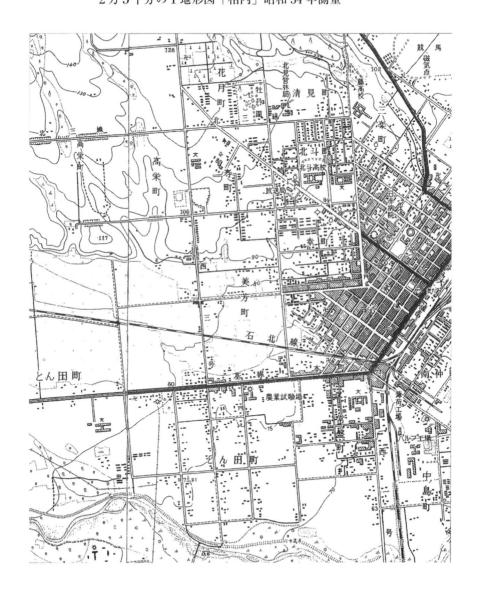

地形図 28：集村　列村　出雲崎　出雲崎町（新潟県）
　　　　　2万5千分の1地形図「出雲崎」平成5年修正測量

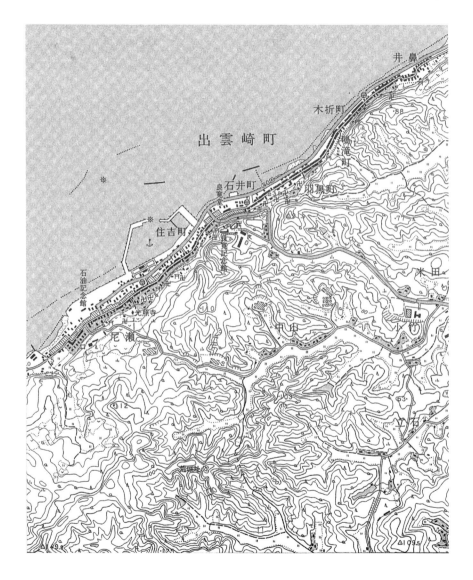

地形図 29：散村　砺波平野　庄川扇状地　砺波市・小矢部市（富山県）
2万5千分の1地形図「出町」昭和5年測圖

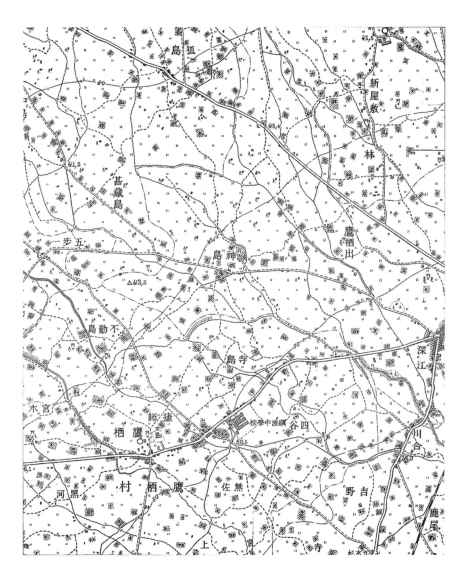

地形図 30：散村　馬渡島　台地上の散村集落　唐津市（佐賀県）
2万5千分の1地形図「名護屋村」昭和10年修正測図

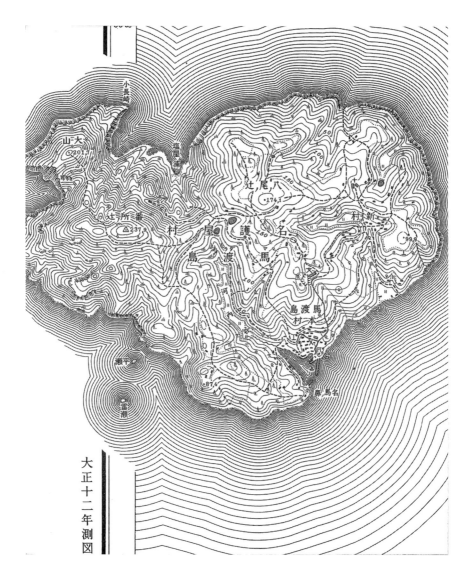

地形図 31：漁業集落　浦安　浦安市（千葉県）
1万分の1地形図「浦安」昭和 12 年測圖

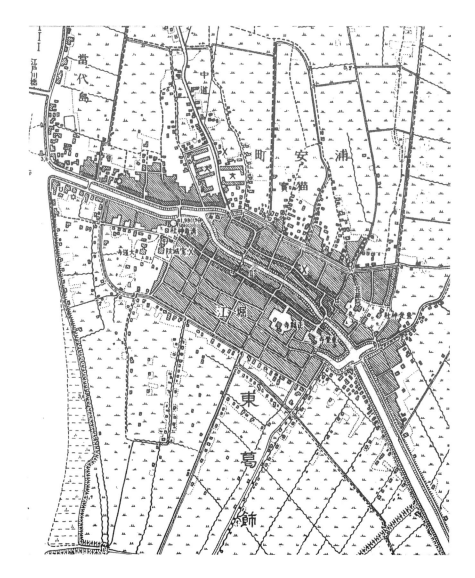

地形図32：人口最少の村　青ヶ島　青ヶ島村（東京都）
　　　　2万5千分の1地形図「八丈青ヶ島」昭和51年測量

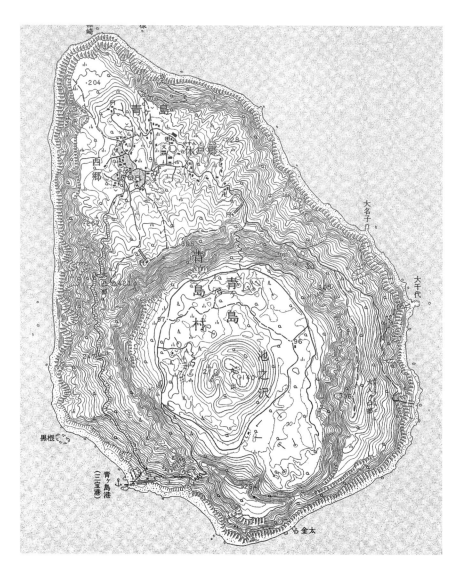

地形図 33：人口最少の村（島嶼部除く）　野迫川村（奈良県）
5万分の1地形図「伯母子岳」平成13年修正

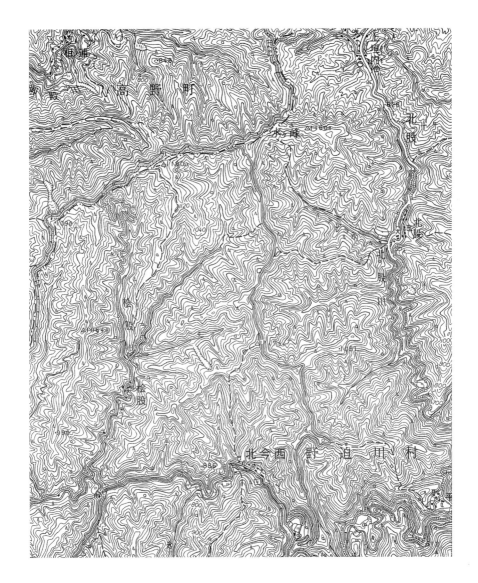

地形図 34：人口最多の村　読谷村（沖縄県）
　　　　5 万分の 1 地形図「沖縄市北部」平成 19 年修正

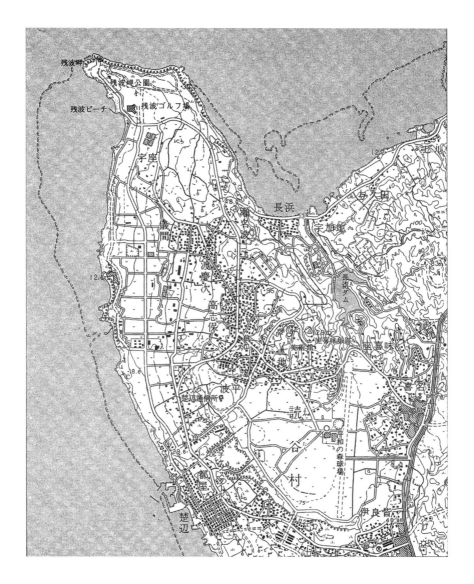

地形図35：高所得の村　猿払村（北海道）
5万分の1地形図「鬼志別」平成9年第2回編集

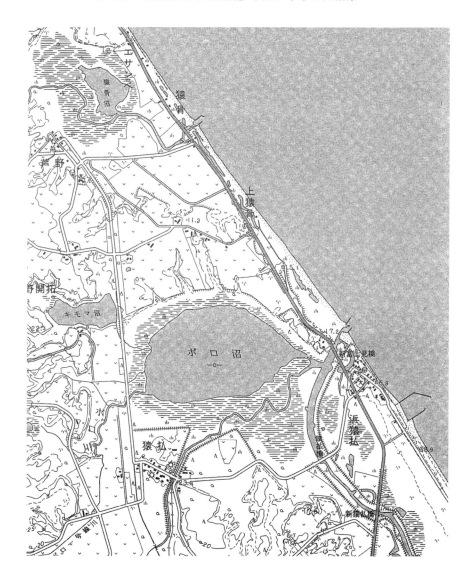

地形図 36：財政力指数高　飛島村（愛知県）
5万分の1地形図「名古屋南部」平成12年要部修正

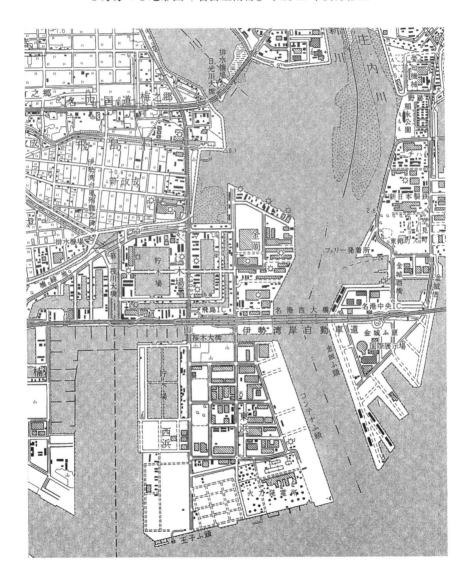

地形図37：人口最少の町　早川町（山梨県）
5万分の1地形図「身延」平成9年修正

地形図 38：人口最多の町　府中町（広島県）

　　　　　5万分の1地形図「海田市」平成5年修正

　　　　　5万分の1地形図「広島」平成19年修正

地形図39：人口最少の市　歌志内市（北海道）
５万分の１地形図「赤平」「上芦別」平成８年修正

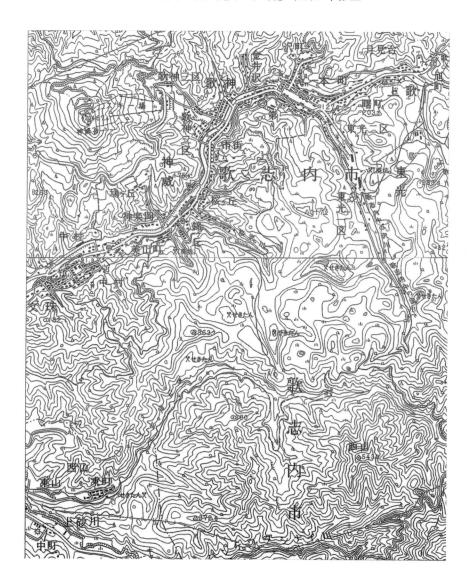

地形図 40：谷口集落　名栗川・入間川　飯能　飯能市（埼玉県）

2 万 5 千分の 1 地形図「飯能」大正 12 年測図

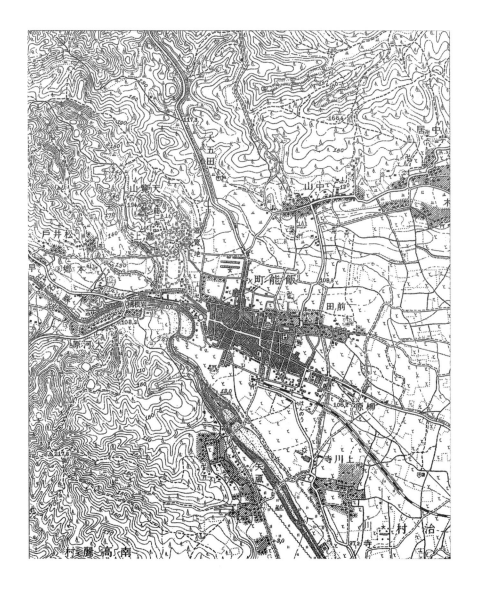

地形図 41：門前町　久遠寺　身延　身延町（山梨県）
2万5千分の1地形図「身延」昭和46年改測

地形図42：門前町　善通寺　善通寺市（香川県）
　　　　2万5千分の1地形図「善通寺」平成4年部分修正

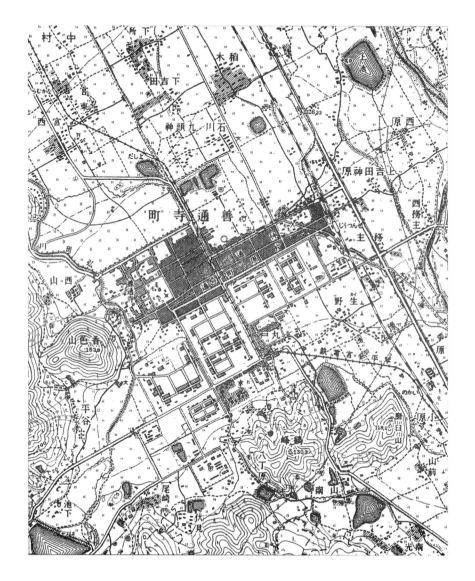

地形図 43：鳥居前町　伊勢神宮　伊勢市（三重県）
　　　２万分５千分の１地形図「宇治山田」昭和 12 年第二回修正測圖

地形図44：鳥居前町　金毘羅宮　琴平町（香川県）
　　　　　2万5千分の1地形図「善通寺」平成4年部分修正

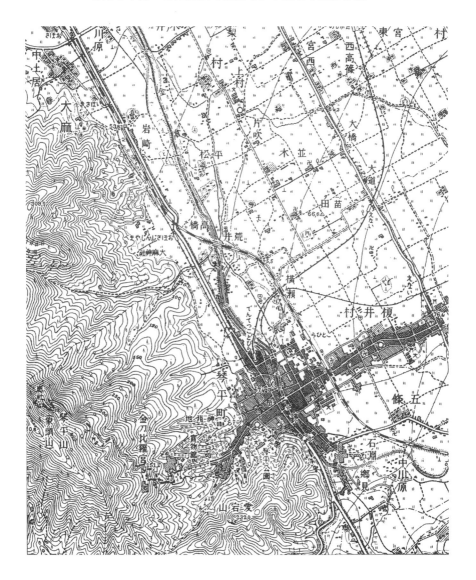

地形図45：市場町　六日市　吉賀町（島根県）
2万5千分の1地形図「六日市」昭和43年測量

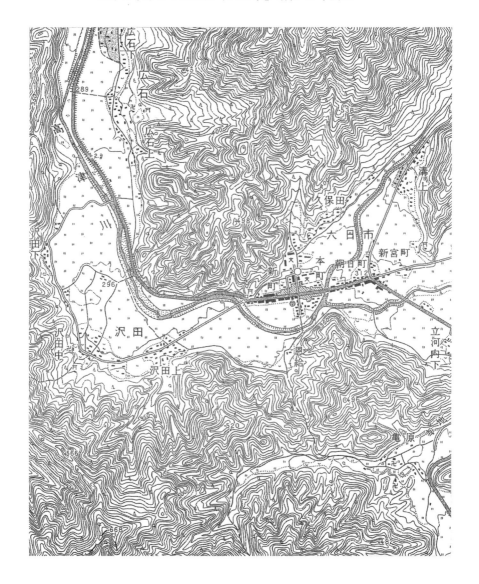

地形図 46：城下町　彦根　彦根市（滋賀県）

　　　　2万5千分の1地形図「彦根東部」昭和29年修正測量

　　　　2万5千分の1地形図「彦根西部」昭和29年修正測量

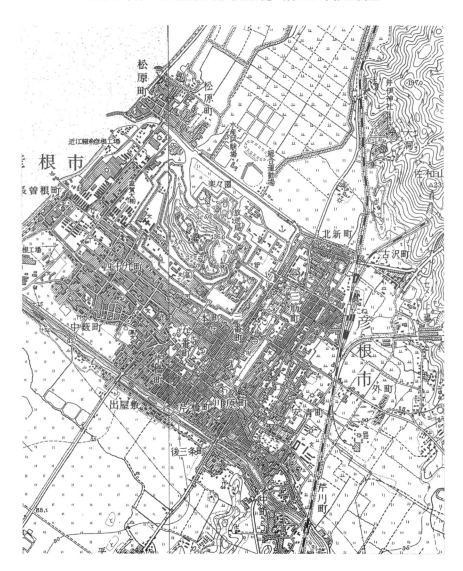

地形図 47：城下町　篠山　丹波篠山市（兵庫県）

2 万 5 千分の 1 地形図「篠山」昭和 22 年資料修正

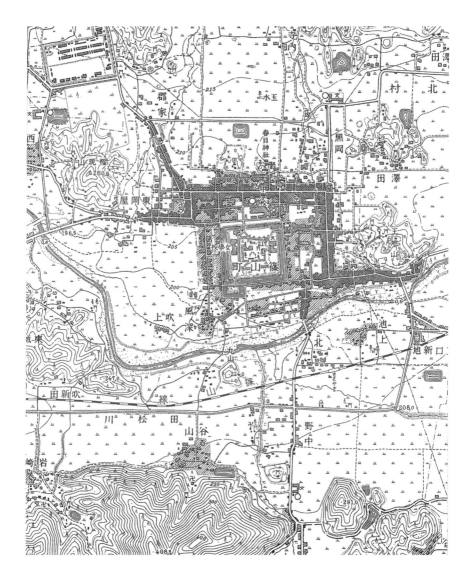

地形図 48：宿場町　大内宿　下郷町（福島県）

　　　　2万5千分の1地形図「林中」昭和46年測量

　　　　2万5千分の1地形図「東尾岐」昭和49年測量

地形図 49：北前船　西廻り航路　港町　酒田　酒田市（山形県）
　　　　 2 万 5 千分の 1 地形図「酒田北部」「酒田南部」昭和 49 年測量

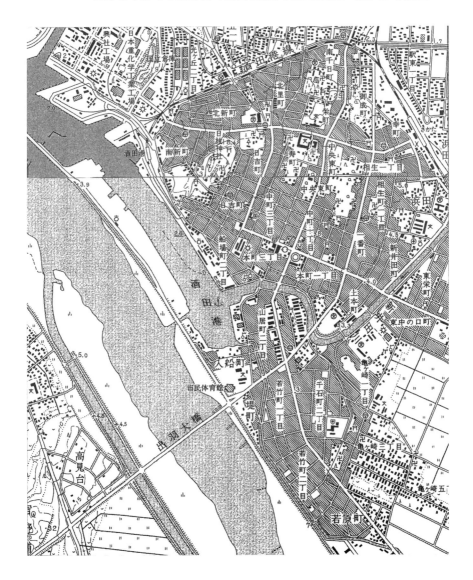

地形図 50：海外交易　港町　平戸　平戸市（長崎県）

2万5千分の1地形図「平戸」昭和46年改測

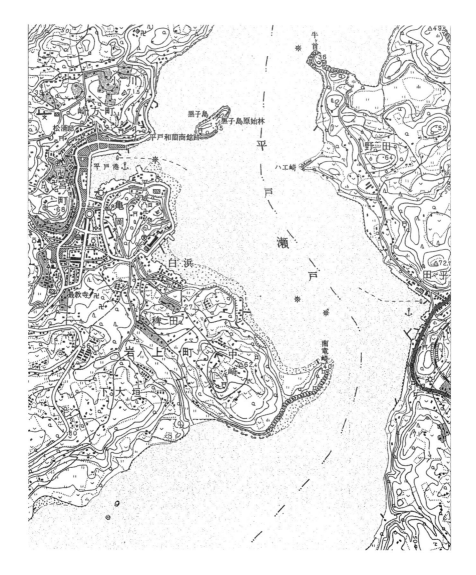

地形図51：文化都市（学術研究都市）　生駒市（奈良県）・精華町（京都府）
　　　　　５万分の１地形図「大阪東北部」平成20年修正
　　　　　５万分の１地形図「奈良」平成21年修正

地形図 52：宗教都市　天理　天理市（奈良県）
　　2万5千分の1地形図「大和郡山」平成 18 年更新

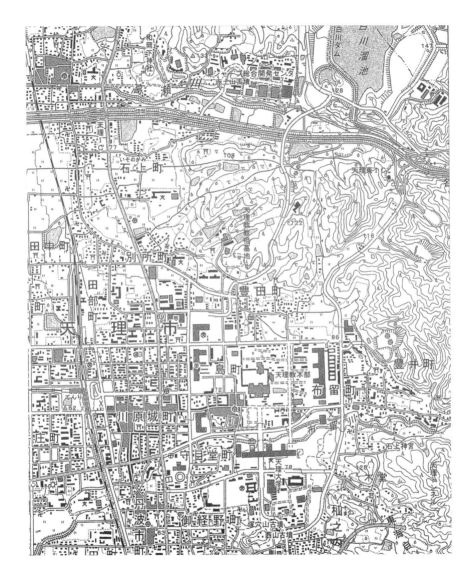

地形図53：宗教都市　高野山　高野町（和歌山県）
　　　　2万5千分の1地形図「高野山」昭和52年修正測量

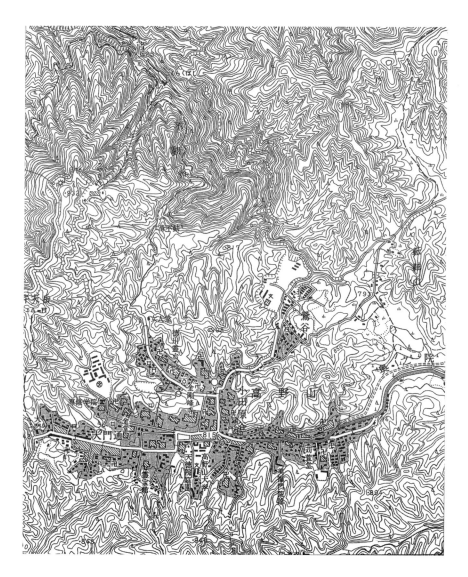

地形図 54：保養都市（温泉）　指宿　指宿市（鹿児島県）
　　　　　2万5千分の1地形図「指宿」平成5年修正測量

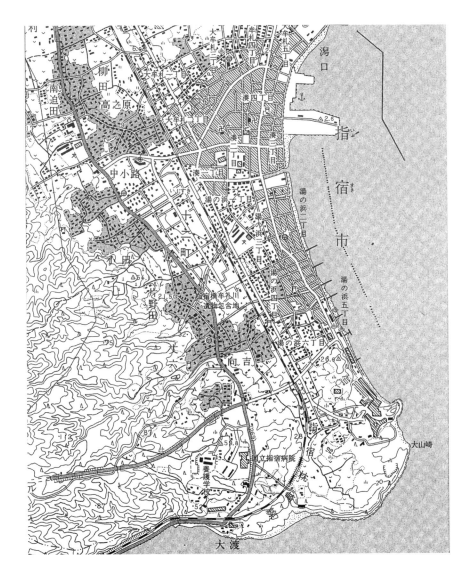

地形図55：保養都市（避暑地）　軽井沢　軽井沢町（長野県）

5万分の1地形図「軽井沢」大正5年鐵道補入

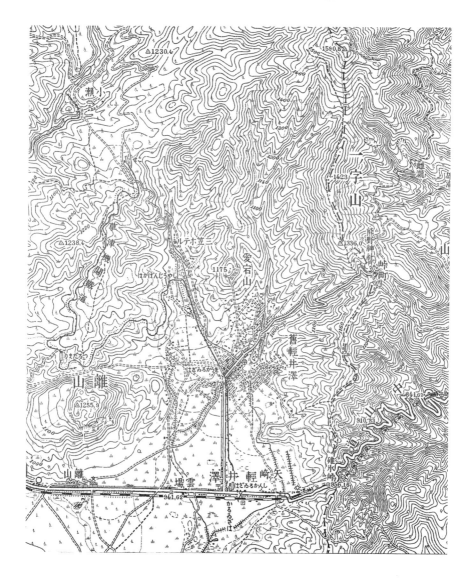

地形図 56：放射環状路型街路網　田園調布　世田谷区（東京都）
　　　　　1万分の1地形図「田園調布」昭和30年第2回修正測量

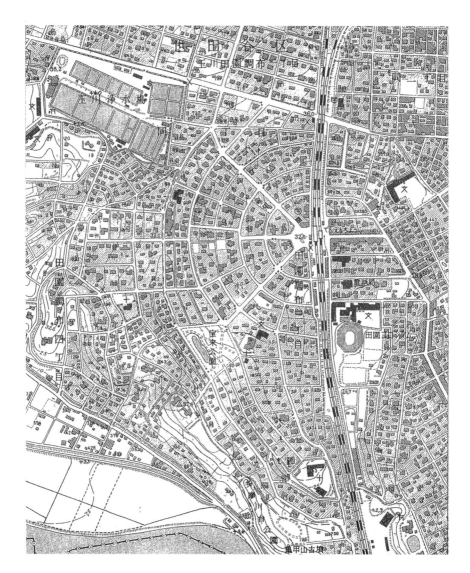

地形図 57：放射直行路型街路網　国立　国立市（東京都）
2万5千分の1地形図「立川」昭和41年改測

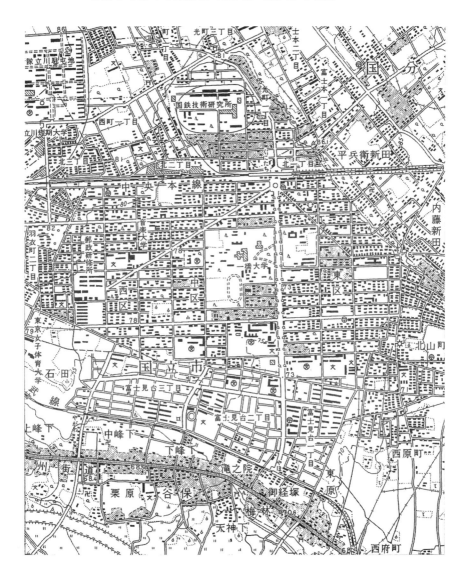

地形図 58：業務中心地区（C．B．D）　名古屋市栄・丸の内（愛知県）

　　　　2万5千分の1地形図「名古屋北部」昭和43年改測

　　　　2万5千分の1地形図「名古屋南部」昭和43年改測

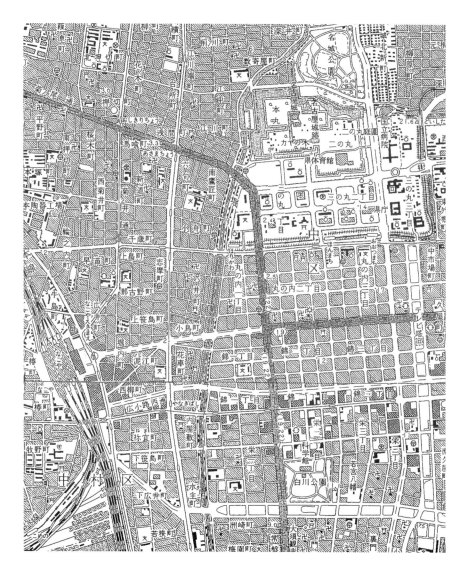

写真 29：輪中集落　海津町（岐阜県）

写真 30：散居集落　砺波の散村　砺波市（富山県）

写真 31：五箇山菅沼集落　南砺市（富山県）

写真 32：五箇山菅沼集落　南砺市（富山県）

写真33：湯西川　平家の里　日光市（栃木県）

写真34：大宰府　太宰府天満宮　太宰府町（福岡県）

写真 35：帝釈天　葛飾区柴又　（東京都）

写真 36：帝釈天参道　葛飾区柴又　（東京都）

写真 37：鳳来寺山　新城市（愛知県）

写真 38：鳳来寺山門前町　新城市（愛知県）

写真39：善光寺門前町　長野市（長野県）

写真40：旧・長野駅舎　長野市（長野県）

写真 41：豊川稲荷　豊川市（愛知県）

写真 42：豊川稲荷　参道　豊川市（愛知県）

写真 43：出雲大社　出雲市（島根県）

写真 44：旧・大社駅前　出雲市（島根県）

写真 45：多賀大社　多賀町　（滋賀県）

写真 46：多賀大社前　多賀町　（滋賀県）

写真47：越中八尾　おわら早乙女姿の里　富山市（富山県）

写真48：宇和島城　宇和島市（愛媛県）

写真 49：大内宿　下郷町　（福島県）

写真 50：大内宿　下郷町　（福島県）

写真 51：日和山公園　千石船・北前船（二分の一）酒田市（山形県）

写真 52：旧・長崎駅舎　長崎市（長崎県）

写真 53：長崎　出島　長崎市（長崎県）

写真 54：敦賀　敦賀港驛舎　敦賀市（福井県）

写真 55：小樽運河　小樽市（北海道）

写真 56：湯布院　駅前通り　由布市（大分県）

写真 57：札幌大通り　札幌市（北海道）

写真 58：旧・田園調布駅舎　大田区田園調布　（東京都）

【12】世界の民族地理学と宗教地理学

（1）民族地理学 ①：人種とは

　人種は、皮膚の色、骨格、身長、遺伝的な身体の特徴区分により、人類を区分する方法です。しかしながら、その代表的な区分方法である皮膚の色は、長い年月、土地の気候適応による結果で、白色人種とされていても皮膚の色が濃い人々も存在します。この人種による区分が登場した背景は、近代以降、欧州の白人は世界の政治・経済で優位に立ち、白人支配の正当化、優劣を宣伝するために利用した人種差別的偏見によるものです。また、今日、長い年月による混血化の進行もあり、形式的な区分となっています。

　一応、過去に区分された区分方法を示しておきます。

　コーカソイドが白色人種で、ヨーロッパ人（さらに、ゲルマン・ラテン・スラブ族に区分）、アラブ人（さらにセム・ハム族に区分）、インド人に区分されます。ネグロイドが黒色人種で、さらに、スーダンネグロ・バンツーネグロに区分されます。モンゴロイドが黄色人種で、東アジア・東南アジア・北アジアの諸民族、ネイティブアメリカンとイヌイットに区分されます。オーストラロイドは、アボリジニーの人々で、オーストラリアに居住しています。

（2）民族地理学 ②：民族とは

　民族は、言語・宗教など、文化指標や帰属意識で分類したものです。

　言語は、最も身近な、民族分類に使用されます。言語は、長い年月によって、作られ、変化し、受け継がれていきます。幼少期に身についた言語は、簡単に失われることがなく、また、人間の考え方にも大きな影響を及ぼします。すなわち、言語体系や言語の特色が、民族の特色に、大きく反映されます。

　言語とともに、文字も大きな影響を及ぼします。幼少期から青年期にいかなる言語と文字を使うか、思考の一貫性に関わり、ひいては学術研究に影響を及ぼします。繊細な言語・文字でもって、一貫した思考力を養うとともに、複数の言語・文字を習得することによって、多様で多彩な視点か

らの思考が可能となり、それを意識することが語学学習に必要です。

　植民地では、植民地を支配した宗主国の言語と宗教が、植民地時代のみならず、植民地独立後も、宗主国の言語と宗教が継続することが多い。例としては、イギリスの植民地での英語とキリスト教のプロテスタント、スペインの植民地でのスペイン語とキリスト教のカトリックがあります。また、華人のように、移民によっても、言語と宗教が受け継がれます。

（3）民族地理学 ③：言語と文字

　言語と文字に関しては、言語には、「話し言葉」と「書き言葉」の区別が存在する場合が多く、区別を明確にし、使用にも注意が必要です。特に、語学学習では、書物に書かれた文章と、会話の文章が異なる場合があり、さらに方言が加わると、言葉が複雑となります。

　文字では、「表音文字」と「表意文字」があり、文字の伝播が関わります。特に、外来語表記は、言語の幅を広げ、文字・文章に取り入れるかが、言語と文字の発展に関係します。日本語は、「漢字」使用が4〜5世紀に伝播（ヤマト政権時代）、「万葉仮名」は7世紀に成立、音に当てはめました。「ひらがな」と「カタカナ」は、平安時代初期の9世紀に使用が確立しました。明治時代に、「ひらがな」と「カタカナ」は現在につながる48文字となり、第二次世界大戦前は、文章は、縦書き、横書きの場合は右横書きが主流で、外来語は「カタカナ」表記が使用されました。第二次世界大戦後、横書きの場合に左横書きが主流となり、これによって、アルファベットも文章中に挿入可能で、交じり文として表現の幅が広がりました。このように、「漢字」「ひらがな」「カタカナ」「アルファベット」と多様な文字を使用した、多彩な文章表現が可能な文字使用の日本語となりました。

（4）民族地理学 ④：主要な民族

　主要な民族とは、人口が多い民族、分布範囲が広い民族で、それに対する少数民族は、人口が少ない民族、分布範囲が狭い民族です。

　主要な民族は、アジア大陸では、東アジアの漢民族、東南アジアのマレー系民族が分布、中央ユーラシアでは、トルコ系民族、モンゴル系民族が分

布しています。西アジアから北アフリカでは、アラブ系民族が分布、中・南アフリカでは、スーダン系民族、バンツー系民族が分布しています。

　ヨーロッパ・イラン高原・インド北部には、インド＝ヨーロッパ語族が分布しています。ヨーロッパでは、ゲルマン系民族が北西ヨーロッパに分布、言語は英語・ドイツ語・スウェーデン語などです。ラテン系民族が南ヨーロッパに分布、言語はフランス語・イタリア語・スペイン語・ポルトガル語などです。スラブ系民族は、東ヨーロッパに分布、言語はロシア語・ポーランド語などです。ゲルマン民族やラテン民族は、植民地の拡大によって、16世紀ごろから世界各地に移住、分布範囲が広がり、特に、ゲルマン民族のアングロサクソン人は北アメリカ方面に移住して、その地はアングロアメリカと称され、ラテン民族は中南アメリカに移住して、その地はラテンアメリカと称されます。

（5）民族地理学 ⑤：民族の国際化

　世界の民族は、かつては特定地域にかたまって居住することが多くみられました。しかし、4世紀のゲルマン民族の大移動に代表されるように、他民族の圧迫や、自主的な要因で、移動が活発となり、特定地域に特定民族だけが居住する「単民族」国家が激減、継続した移民の増加によって、一つの国の中に、複数の民族の存在が増加するようになりました。

　民族自決の原則は、民族は、自分たちの国家を持ち、自分たちの意思決定で政治を行うこと、主権を持つことで、第一次世界大戦によって、民族が自分たちの国家を樹立することがあり、その結果、この原則を促す効果も、もたらしました。そして、第二次世界大戦後、植民地の独立が続くこととなります。世界的な戦争によって、国力が衰えた宗主国が、植民地の独立を促す効果もあったと言えます。

　民族の国際化は、経済活動の活発化、移動の自由、情報化によって、仕事や留学、旅行先での定住、世界各国の情勢が世界に伝えられることによって関心が高まり、移住・移民が増加するものです。その結果、一つの国の中に多数の民族が居住する多民族国家が、今日では、世界の中心的な国家形態となっています。

（6）民族地理学 ⑥：民族の分布が複雑な地域

　民族の分布が複雑な地域と、その要因を考察してみましょう。

　まず、他の民族と隣り合う境界地域で、ヨーロッパでは、移動が繰り返され、周辺境界地域では帰属をめぐって紛争が発生することで、国境線が過去に変化することがあり、現在の国境線では、民族の分布が明確に区分されない状況となっている場合があります。

　また、過去の民族移動の通路となった地域で、東ヨーロッパ、特にバルカン半島は繰り返し移動の通路となり、本来の目的地ではなく、移動の途中の場所にとどまることも多く、その結果、民族が複雑になることがあります。現在でも、中東方面から西ヨーロッパを目指す人々の通路に、東ヨーロッパの国々はなっています。

　さらに、新天地を求めて集まった地域で、南北アメリカ大陸やオーストラリアは、先住民の地に、ヨーロッパ（ゲルマン民族・ラテン民族）やアフリカからの移住があり、さらにアジアからの移住によって、民族が複雑となったわけです。アジア人では、特に、中国人・インド人の移動が、過去から活発でした。

（7）民族地理学 ⑦：旧・ユーゴスラビア

　東ヨーロッパのバルカン半島は、「ヨーロッパの火薬庫」と称され、民族が特に複雑な地域として知られています。そのバルカン半島にあったのが、旧・ユーゴスラビアです。

　1914年に、サライェヴォ事件が発生、第一次世界大戦の勃発につながり、第一次世界大戦後の1918年にスロベニア人＝クロアチア人＝セルビア人王国が成立、第二次世界大戦後の1945年にユーゴスラビア社会主義連邦共和国が成立、チトーが指導、七つの国境、六つの共和国、五つの民族、四つの言語、三つの宗教、二つの文字、一つの国家のスローガンを示して、社会主義国家でまとまることとなりました。しかし、1980年にチトーは死去、1991年にユーゴスラビア紛争でユーゴスラビア社会主義連邦共和国は解体、東欧革命の影響がこのユーゴスラビアにも及びました。1992〜95年にボスニア・ヘルツェゴビナ紛争が発生、長らく戦乱が続き、

2006 年に、スロベニア、クロアチア、ボスニア・ヘルツェゴビナ、セルビア、モンテネグロ、北マケドニアの 6 ヵ国に分裂、各国の政治・経済的基盤が弱体化しました。この弱体化した状況をついて、中東から西ヨーロッパ方面への移民を目指す人々の通路となっています。

（8）民族地理学 ⑧：多民族国家インド

　インドは、典型的な多民族国家で、憲法に記載された言語だけでも 22 の言語があり、他に 1 万人以上が使用する言語だけでも 100 以上あるとされます。連邦公用語のヒンディー語は約 4 割、その結果、英植民地由来の英語が準公用語であり、「共通語」の役割をはたしています。

　インド・ヨーロッパ語族は、主として北部に分布、言語はヒンディー語・ウルドゥー語など、ドラヴィダ語族は、主として南部に分布、言語はテルグ語・タミル語など、シナ・チベット語族は、主として北東インド山岳部に分布、オーストロアジア語は、インド東部の部族民の言語です。

　インドがこのように複雑な民族構成となった背景には、北西に大インド砂漠、北と東にヒマラヤ山脈、南西・南東ともインド洋、唯一の入口で豊かな地パンジャーブから、様々な民族が逆三角形型の国土に流入、インド＝アーリア人が紀元前 1500 年ごろにインドに進出するなど、古くより次々と様々な民族が流入したことによります。

　複雑な民族構成、人口が多く、人口密度が高く、限られた国土で、仕事を取り合うなどの争いを避ける必要があったことが、伝統的に数学を学び、ヒンドゥー教を信仰することと、深く関わることになりました。

（9）民族地理学 ⑨：アメリカ合衆国の人種問題

　アメリカ合衆国の人種問題で、黒人差別問題は、長い歴史的背景があります。18 世紀末以降に、南部の綿花農園での黒人の奴隷労働が始まり、1780 年の 70 万人から、1860 年の 400 万人と急増しました。1822 年にアメリカ植民協会がリベリアに解放奴隷を送り、再移住区を建設、1847 年にリベリアが独立しました。

　1861 年に南北戦争が勃発、商工業中心の北部と農業中心の南部との間

の内戦で、戦死者は 62 万人、実に第二次世界大戦の 32 万人より多い数です。1863 年に奴隷解放宣言、1865 年にリンカーン大統領が暗殺されました。

　第二次世界大戦後においても、南部の州に黒人差別が存在するとされ、1960 年代、公民権法で、法的差別はなくなることとなりましたが、意識の中での差別は完全になくならない状況とされます。

　このように、アメリカ合衆国においては、黒人差別問題があるとともに、アジア系の移民も第二次世界大戦前から多く、今日でも、世界から様々な民族が集まる地で、典型的な多民族国家であるとともに、その多民族性がアメリカ合衆国発展の原動力となっている側面があります。

(10) 民族地理学 ⑩：アメリカ合衆国の民族問題

　アメリカ合衆国の民族問題では、急増するヒスパニック問題があります。ヒスパニックとは、スペイン語系アメリカ人のことです。アメリカ合衆国南東部でアフリカ系黒人が比較的多いのに対し、アメリカ合衆国南西部、すなわち、メキシコ国境隣接のカルフォルニア・アリゾナ・ニューメキシコ・テキサスの各州で、ヒスパニックと呼ばれる中南アメリカからの移民が 1980 年代から急増、これは、アメリカ合衆国の好景気が影響しています。さらに、アメリカ合衆国北東部のニューヨーク州やイリノイ州（シカゴがある）、南東部のフロリダ州といった大都会・工業・観光分野でも多くの就労者が見られるようになりました。宗教はキリスト教のカトリックが多く、出生率が高く、人口が急増しています。

　2005 年には、ヒスパニックの人口がアフリカ系の人々の人口を上回り、2050 年には、白人の人口 5 割に対して、ヒスパニックの人口が 4 分の 1 を占めると予想されています。その背景としては、中南アメリカの国々における経済発展の停滞があり、アメリカンドリームを求めてのアメリカ合衆国志向があるとともに、アメリカ合衆国への労働力供給源となっている側面もあります。

(11) 民族地理学 ⑪：南アフリカ共和国

　南アフリカ共和国は、1652 年ケープ植民地を開いたオランダ系入植者

が中心の白人が14％で、黒人は74％、アジア系と混血が12％で構成されています。1948年オランダ系アフリカーナが政権を握り、人種差別政策（アパルトヘイト）を法制化、これは少数の白人が多数の黒人の人々などを支配する政策で、当然、世界の国々から非難されました。1991年にすべての差別法が廃止されて、政治的には、平等が実現しました。しかし、経済的には、約1割の白人が、約4割の富を占め、しかも年々拡大傾向にあります。その一方で、富に応じて税負担が求められ、白人側の不満も大きい状況もあります。

　人種差別政策が続いた要因としては、南アフリカ共和国が、アフリカ大陸で唯一、古期造山帯が分布、石炭資源が豊富で、エネルギー資源を確保できたことがあります。世界から非難され、経済制裁、特にエネルギー資源の制約を受けても、対応できることとなりました。また、安定陸塊も分布、金・ダイヤモンド資源に恵まれ、気候は地中海性気候が分布するために農業も盛んです。この豊かな地下資源と農業生産が、政策の維持につながった側面があります。

（12）民族地理学⑫：ベルギー・カナダ

　ベルギーは、ヨーロッパのかなめに位置し、北大西洋条約機構（ＮＡＴＯ）とヨーロッパ連合（ＥＵ）の本部が首都ブリュッセルに置かれています。オランダ・フランス・ドイツと国境を接し、それぞれの言語の境界線が国内にあります。特に、大きく北部と南部で言語が異なり、北部のオランダ語圏はフラマン地域で人口は6割を占め、南部のフランス語圏はワロン地域で人口は4割を占めます。北部のフランドル地方は伝統的な毛織物工業を背景に商業が活発で、経済的には、北部のフラマン地域が優勢な状況にあり、ワロン人とフラマン人との言語的な対立があるとされます。

　カナダは、多数民族の移民国家で、英語とフランス語が公用語です。18世紀にイギリスの支配となり、19世紀にカナダ自治領になりました。イギリス・フランス系を中心としたヨーロッパ系以外、アジアからの移民のアジア系も1割以上を占めています。カナダ全体では、ヨーロッパ系でプロテスタントのゲルマン系が6割を占め、フランス系は約2割弱ですが、

東部のケベック州だけはカトリックのフランス系が８割以上で、そのため、ケベック州の分離独立運動があります。

(13) 民族地理学 ⑬：スイス

　スイスは、４つの言語が公用語の連邦国家です。中・北部はドイツ系言語で代表的な都市はルツェルンやチューリッヒなど、西部はフランス系言語で代表的な都市はジュネーブやローザンヌなど、南部はイタリア系言語で代表的な都市はルガーノやベリンツォーナなど、東南部はロマンシュ系言語で代表的な都市はサンモリッツなどです。

　1815 年にウィーン会議（ウィーン体制）で永世中立が認められました。以後、第一次世界大戦・第二次世界大戦でも永世中立を維持しました。長年にわたって、永世中立を可能としているのは、政治では直接民主制を導入、これは多言語国家ですが団結を重視する効果がある政策であり、いざという時には国民皆兵で、そのため家庭に武器が保管されています。また、銀行が有名で、世界のお金持ちが財産を預ける先となっています。もし、スイスを攻めようという国があれば、「世界のお金持ちを敵に回す」ということとなるわけです。特許、特に交通・化学等の多数を取得しており、重要なカギを握っていることとなります。観光も有名で、観光は平和産業の代表、生活は質素で、多くの物資が輸入で物価は高いためでもあります。このように、永世中立維持のために、多くの対策・対応をしています。

(14) 宗教地理学 ①：世界の宗教

　世界の宗教の中で、三大宗教は、民族をこえて信仰され、信者が広範囲に分布している、キリスト教・イスラーム・仏教を指します。

　キリスト教は、ヨーロッパとその植民地であったアメリカ大陸やオーストラリア大陸、アフリカ大陸、アジアなどで信仰されています。キリスト教は、大きく、カトリック・プロテスタント・東方正教に分かれ、カトリックは、信者数 11.5 億人で、南ヨーロッパ・中南アメリカ・フィリピンなど、プロテスタントは、信者数 4.2 億人で、西ヨーロッパ・北ヨーロッパ・北アメリカ・オーストラリア・南アフリカ共和国など、東方正教は、東ヨー

ロッパ・ロシア・ギリシャなどで、それぞれ信仰されています。

イスラームは、乾燥帯気候地域を中心に、アジア熱帯地方においても信仰され、信者数 15.5 億人、スンナ派（多数派）とシーア派に分かれます。

仏教は、アジアの熱帯気候地域と温帯気候地域において信仰され、上座仏教は東南アジアが、大乗仏教は東アジアが中心となっています。

民族宗教は、特定の民族で信仰、信者の範囲が限られ、ユダヤ教はイスラエルと世界各地のユダヤ民族で、ヒンドゥー教はインド中心で信者数 9.4 億人、三大宗教である仏教徒より多い信者数です。

(15) 宗教地理学 ②：宗教成立時期

宗教の成立時期を、順番に見てみましょう。

ユダヤ教は、紀元前 1280 年に成立したとされます。バラモン教は、紀元前 13 世紀に成立とされ、両者が成立時期で、最古クラスとされます。

ゾロアスター教は、紀元前 7 ～ 6 世紀に成立、ヒンドゥー教は、紀元前 5 世紀に、バラモン教から成立したとされます。仏教は、紀元前 5 世紀に成立、これらが紀元前に成立した宗教とされ、仏教は、紀元 0 年頃に、上座仏教と大乗仏教に分かれました。

キリスト教は、紀元 0 年後に成立したとされ、古代ローマ帝国と共に発展、しかしローマ帝国の分裂・滅亡とともに、11 世紀にキリスト教会が東西の教会に分裂、すなわち、カトリックと正教会に分かれました。さらに、16 世紀の宗教改革でカトリックからプロテスタントが成立しました。

イスラームは、7 世紀に成立、以前の宗教が紀元前や紀元 0 年前後の成立に対し、極めて新しく、当然、すでに他の宗教の地であった地域に伝わり、主要な宗教が代わることとなった場所がでました。東南アジアのマレーシアやインドネシアはヒンドゥー教の地でしたが、イスラームの地となりました。多数派のスンナ派と少数派のシーア派に分離しました。

(16) 宗教地理学 ③：ユダヤ教

ユダヤ教は、「出エジプト」において、シナイ山で神ヤハウェから「十戒」を受け、バビロン捕囚後、イェルサレム帰国、ユダヤ教が確立したと

されます。ユダヤ教は、一神教で、神に選ばれた民という選民思想があり、救世主（メシア）を待望しています。イェルサレムの「嘆きの壁」（神殿城壁）はユダヤ教の聖地です。ユダヤ教の聖典「タナハ」は、キリスト教の「旧約聖書」でもあります。ユダヤ教の食べ物の戒律としては、ヒレやウロコのない、エビやタコなどは食べてはいけないとされます。教育熱心で、安息日や食事の時など、家庭内の会話を重視しています。

　ユダヤ教を信仰するユダヤ人は、古代ローマ帝国時代のユダヤ戦争で敗れ、世界各地へ離散、それとともに、ユダヤ教信者も世界各地へ離散することとなりました。第二次世界大戦後に、中東のパレスチナの地に、イスラエルを建国、世界に離散したユダヤ人が集まることとなりました。しかし、それは、パレスチナ紛争を招くこととともなり、その後の数次にわたる中東戦争を経て、現在にも続いています。

(17) 宗教地理学 ④：バラモン教・ゾロアスター教

　バラモン教は、中央アジアからインドに入ったアーリア人が信仰、自然神を崇拝、「ヴェーダ」を聖典としています。ヴァルナ制は、カースト制の起源で、バラモン階級が司祭者となり、クシャトリア・ヴァイシャ・シュードラの階級が設けられています。その後、ウパニシャッド哲学と民間信仰を吸収して、ヒンドゥー教となりました。

　ゾロアスター教（拝火教）は、イラン高原のアーリア人が信仰していた宗教をもとに、紀元前6世紀、ペルシャ人のゾロアスターが創始しました。神の啓示を受けたという点で、世界で最初の「啓示宗教」とされます。全知全能の神とされるアフラ＝マズダを崇拝、教典は「アヴェスター」で、アケメネス朝ペルシャで、王の保護を受け発展、ササン朝ペルシャで国教化され、中国で祆教（けんきょう）になりましたが、7世紀にイスラームがペルシャに進出して、衰退しました。インドにも伝わり、インドではパールスィーと言われ、タタ財閥を創出したことで知られています。現在、イランとインド（ムンバイ付近）に信者が多く、自動車会社の「ＭＡＺＤＡ」は、「アフラ＝マズダ」の「マズダ」に由来します。

(18) 宗教地理学 ⑤：ヒンドゥー教 ①

　人口地理学でも示しましたが、熱帯気候地域・温帯気候地域の農業地域である、東アジア・東南アジア・南アジアの肥沃な農業地域は、その豊かさから早くに人口が急増、人口密度も高くなりました。そこで、作物栽培に集中して人口増加に対応することとし、家畜でも特に飼料の消費量が多い牛について、それを食用とする牛肉食を禁ずることとしたわけです。

　カースト制は、ジャーティ（出自）により固定された世襲的職業を受け継ぐというものです。インドは、逆三角形で海に囲まれ、ヒマラヤ山脈と砂漠があり、陸上では北西のカシミールが僅かな流入路です。古くから、多数の民族が流入、多様な民族で構成され、人口密度が極めて高くなりました。その結果、早くにワークシェアが必要となり、一村に 10 ～ 30 のジャーティが形成され、固定された世襲的職業を受け次ぐこととなりました。

　アジアの熱帯気候地域であるインドネシアは、かつてはヒンドゥー教の地でしたが、15 世紀にイスラームとなりました。しかし、バリ島はイスラーム化せず、ヒンドゥー教のままで、その独特の文化から、有名観光地となりました。シーク教のカールサー派の男性は、ターバンを着用することで知られています。

(19) 宗教地理学 ⑥：ヒンドゥー教 ②

　ジャーティは、生まれながらに属する職業ごとの集団で、特定の職業に従事、地域社会で分業を行っています。ヴァルナは、上下の身分関係で、バラモン（僧侶）・クシャトリア（王侯・武士）・ヴァイシャ（商業）・シュードラ（鍛冶・理髪）・ダリット（皮革・清掃）に分かれるとされますが、現在、カーストによる身分差別はインドの憲法で禁止されています。

　当然ながら、新たに登場した職業は、カーストの規定にはなく、制約はないこととなります。人口増加が著しく、極めて多い若者は、飛躍を求めて、この新たな職業に従事することを目指します。その代表が、ＩＴ産業などで、カーストにとらわれない職業が増加しています。インドは、かつてイギリスの植民地で、英語が準公用語、極めて多い人口と高い人口密

度、それをまかなうことができる食糧生産が限られ、その状況においては、必然的に厳密な数学的対応が求められ、数学が実用的で役立つ学問として、大勢の中から飛躍を目指す人々もいます。このように、英語・数学・カースト制が、インドのＩＴ産業の発展に大きく関わっているわけです。

(20) 宗教地理学 ⑦：仏教

　人口地理学でも示しましたが、熱帯気候地域・温帯気候地域の農業地域である、東アジア・東南アジア・南アジアの肥沃な農業地域は、その豊かさから早くに人口が急増、人口密度も高くなりました。家畜飼育、特に牛は大量の飼料が必要であるところから、作物栽培に集中して人口増加に対応することとし、家畜でも特に飼料の消費量が多い牛を中心として、肉食を禁ずる、すなわち殺生を禁ずることとしました。しかし、仏教が広範囲に伝播するとともに、伝播先の国における経済発展に伴い、東アジアでは肉食が行われ、特に繁殖力が高く、人口支持力が高い豚や、飼育が比較的容易で家庭でも飼育でき、卵も利用できる鶏も広がりました。

　上座仏教は、東南アジアのタイ・カンボジア・ミャンマー・ラオスと、南アジアのスリランカで、多く信仰されています。大乗仏教は、東アジアの中国・日本と、東南アジアのベトナムで、多く信仰されています。チベット仏教（ラマ教）は、内陸アジアのチベット・モンゴルで、多く信仰されています。なお、東アジアでは、中国・台湾で道教も、日本で神道も、多く信仰されています。

(21) 宗教地理学 ⑧：キリスト教 ①

　キリスト教は、乾燥帯気候地域が発祥の地ですが、やがて温帯気候地域へ広がりました。すなわち、古代ローマ帝国の南ヨーロッパの地中海性気候地域、中世の西ヨーロッパの西岸海洋性気候地域です。

　さらに、ヨーロッパ人の植民地獲得によって、熱帯気候地域のアジア・アフリカ・中南アメリカへ、冷帯気候地域のカナダへ、南半球の熱帯気候地域・乾燥帯気候地域・温帯気候地域のオセアニアへと、実に多様な気候地域に信仰地域が広がり、その結果、教義内容にも各気候に対応して、多

様な内容となる傾向があります。このように、宗主国の言語が植民地の言語となるとともに、宗主国の宗教が植民地の宗教になるというのが、キリスト教であるとともに、極めて多様性があるのも特色となっています。

　カトリックは、ローマカトリック教会を中心として、ヨーロッパ大陸のイタリア・フランス・スペイン・ポルトガル、アメリカ大陸の中南アメリカの国とカナダのケベック州、アジアではスペインの植民地だったのが起源のフィリピンで多く信仰されています。東方正教は、ロシア正教・ギリシャ正教・セルビア正教に分かれ、ロシア・ギリシャとセルビアなどの東欧のスラブ民族で多く信仰されています。

(22) 宗教地理学 ⑨：キリスト教 ②

　キリスト教のプロテスタントは、ルターやカルヴァンによる宗教改革で誕生、時代的背景では、当時、職業が農業中心から商工業が大きく発展、産業が大きく変貌、それに対応した教えが求められました。プロテスタントの教えの代表が、「天職」の考え方です。すなわち、「天職」とは神（天）が命じた職業であり、信仰とは職業に励むこと、これによりプロテスタント諸国で、商工業が発達、産業の中心が世界でいち早く第二次産業や第三次産業が発達、先進国となりました。先進国の誕生には、キリスト教のプロテスタントが大きく関わっています。人生の目的は、社会に奉仕（サービス）する、そのために練達（マスター）を行うということです。

　ヨーロッパでは、西ヨーロッパのドイツ・オランダ・イギリス、北ヨーロッパのスウェーデン・ノルウェー・フィンランド、北アメリカのアメリカ合衆国・カナダ、アフリカ大陸の南アフリカ共和国、オセアニアのオーストラリア・ニュージーランドなどで多く信仰されています。プロテスタント諸国の地形・気候、産出資源・農業や、日本でも都市と地方では、カトリック・プロテスタントのいずれが多いか、キリスト教系大学でも、カトリック・プロテスタントのいずれかにも注目してみましょう。

(23) 宗教地理学 ⑩：イスラーム

　イスラームは、乾燥帯気候地域を中心として、信仰されています。こ

れは、砂漠地域での、交易や移動式牧畜に従事していることと、大きく関わっています。すなわち、砂漠の中を移動する場合、自分の位置、移動日数をしっかりと確認する必要があります。そこで、毎日、メッカの方角に向かって礼拝して自分の位置を確認、コーランは30部で構成され、1日1部読誦することによって、日数を確認することができます。飼料を求めて行う移動式の牧畜で移動に適さない家畜何かを考える必要があります。

　乾燥帯気候地域は、年中高温少雨で、豊かな農業地域は限られ、厳しい自然環境、人口支持力は相対的に低い地域です。そこで生き抜くために、ユダヤ教・キリスト教・イスラームと多くの宗教が誕生しました。宗教の誕生に自然環境が大きく関わり、その影響を認識する必要があります。

　イスラームは、中東から西南アジア全域、中央アジア、北アフリカの乾燥帯気候地域へ、南アジアのパキスタン・バングラディシュから、東南アジアのマレーシア・インドネシアの熱帯気候地域で多く信仰されています。乾燥帯気候地域では、イスラーム比率が高く、気候と関係深いのですが、熱帯気候地域の人口が多いため、インドネシアが最多信者数となります。

「まとめ」：
　民族分布が複雑な地域はどこで、その理由は何か。
　世界の宗教の種類には、大きく何があるか。
　プロテスタントに大きな影響を与えた教義は何で、どのような職業の人々に影響を与えたか。

「考察」：
　イスラームの教義の要因は、何か。
　インドにおけるカースト制が、現在ではどのように影響しているか。
　仏教の教義の要因は、何か。

【13】 東・東南・南アジアの民族文化

（1） 東・東南・南アジアの衣食住 ①：衣

　東アジア・東南アジア・南アジアの気候や風土と「衣」の関係を見てみましょう。

　東アジア・東南アジア・南アジアの気候は、温帯気候地域と熱帯気候地域が中心であるため、寒さ対策の必要性が低く、暑さに対してすごしやすい綿織物が中心となりました。勿論、綿織物の原料となる綿花栽培が、幅広い地域で可能であったことも大きく関わっています。それに対して、毛織物が少なく、そのために羊の飼育が比較的少なく、羊の飼育は内陸部や高原が中心となっています。

　アジアでも、東アジアを中心とした地域は、蚕（かいこ）の飼育に適しています。蚕の繭（まゆ）から生糸を生産し、絹織物を生産、伝統的衣類や高級衣類に用いられます。絹織物は、肌触りがよく、ヨーロッパやアメリカ合衆国では靴下（ストッキング）で人気が高く、東アジアからヨーロッパやアメリカ合衆国に輸出されていました。しかし、化学繊維の登場で、絹製品は大きな影響を受けました。

　以上のように、この地域では、綿と絹が「衣」の中心をなしています。

（2） 東・東南・南アジアの衣食住 ②：食

　東アジア・東南アジア・南アジアの気候や風土と「食」の関係を見てみましょう。

　東アジア・東南アジア・南アジアの気候は、温帯気候地域と熱帯気候地域が中心で、高温多雨の地域が多く、そのために水量豊かな河川が多いことにより、沖積平野が多くなります。このように、気候と地形で米作に向き、米の栽培が十分に可能なことから、主食は米が中心となり、世界の稲作農業の中心となっています。勿論、小麦・イモ類も栽培されています。米は、同じ面積で作物を栽培した場合、多くの人口を養うことができるという、人口支持力が有る作物で、その結果、人口が増加、それが宗教に影響しました。すなわち、東アジア・東南アジア・南アジアでは、仏教やヒ

ンドゥー教が多く信仰され、その影響で牛肉の消費量が少ないこととなります。仏教圏では、中国を中心として豚肉消費が多く、中国の人口を支えています。熱帯気候地域で、ヒンドゥー教からイスラームとなったイスラーム圏である、東南アジアのマレーシア・インドネシアでは、豚の飼育と豚肉の消費が信仰からできないため、かわりに鶏肉の消費が多く、特にインドネシアはアジア第3位の人口数で、その人口を支えています。

（3）東・東南・南アジアの衣食住 ③：住

東アジア・東南アジア・南アジアの気候と風土と「住」の関係を見てみましょう。

東アジア・東南アジア・南アジアの気候は、温帯気候地域と熱帯気候地域が中心で、高温多雨の地域が多く、樹木気候で木々がよく生育するため、住居材料として、木材の使用が十分に可能で、全般的に木材がよく使用されます。木材は、柱のみならず、屋根材・床材・壁材と多様に使用でき、湿気を吸収して、快適な住環境も生み出すことができます。勿論、木材は建築材としての利用のみならず、燃料としても多く利用されます。

熱帯気候地域では、洪水と湿気対策である、風通しを良くするために、高床式の住居がみられます。

亜熱帯気候地域では、強い日差しを受けて温度が上昇するため、石材を用いて窓を少なくし、室温上昇を防ぐ工夫も行われます。

温帯気候地域では、湿気を吸収する土壁が、多く用いられたりします。

以上のように、住居材料と建物形式には、地域の状況によって、詳細な点では多様性があります。

（4）東アジアの民族・言語

中国は、民族では漢族が91.1%で、チョワン族など55の少数民族から構成されます。言語は、北京語が標準語で、他に上海語・広東語など、対外的には中国語とされますが、中国の人々の間では、地域ごとに区別して捉えられています。

香港は、民族では中国系が92%、他はイギリス系1%などです。言語は、

広東語が大部分で、英語も公用語ですが、3％ほどです。

　マカオは、民族では中国系が89％、他はポルトガル系1％などです。言語は、広東語が大部分で、ポルトガル語も公用語ですが、僅かです。

　台湾は、民族では漢族が98％、内、戦前から台湾に居住していた本省人は84％、戦後から台湾に居住するようになった外省人が14％です。古くに南方から移住してきた先住少数民族は2％、アミ族など14の民族に分かれます。言語は、漢族が北京語と台湾語、先住少数民族は、先住少数民族言語も用いられます。戦前期は日本の植民地であったため、日本語教育を受けた人々で、流ちょうに日本語をしゃべる人々もいます。

　韓国は、民族では朝鮮民族、言語は韓国語で、文字は、1443年に李氏朝鮮第4代国王世宗が交付したハングルを用いています。

（5）香港の歴史と民族・言語・経済

　香港は、1840〜42年に第一次アヘン戦争が発生、1842年の南京条約で、香港島は、イギリス領となりました。1856〜60年に第二次アヘン戦争（アロー戦争）発生、1860年の北京条約で、中国大陸の九竜半島は、イギリス領となりました。1898年に、香港島周辺の離島及び中国大陸の新界は、イギリスが租借しました。これらの土地は、約100年にわたってイギリスの植民地でしたが、1997年に、中国に返還されました。

　イギリスの植民地時代は、東アジアにおけるイギリスの拠点で、特に中継貿易が活発に行われました。例えば、ヨーロッパからの高級品や中国大陸で生産された物資が、一旦、香港に持ち込まれ、そこからアジア各地へ再度輸出されました。また、アジア各地で生産された繊維や部品が香港に持ち込まれ、加工や組み立てなどによって製品となり、再度、アジア各地へ輸出されました。このように、1970年代から1980年代に、急速な工業化と経済成長を達成、アジアNIEsと称される一員となりました。中国とイギリスの文化が交錯し、買い物の魅力もあって、観光地としても人気でした。中国返還後の現在は、金融・不動産・観光などのサービス業がGDPの9割以上と、経済の中心を占めています。

（6）マカオの歴史と民族・言語・経済

　マカオは、1513年にポルトガル人が到達、1557年にポルトガル人が居住権を獲得、1845年にポルトガルはマカオを自由港とし、1887年にポルトガルに割譲されました。以後、約100年にわたって、ポルトガルの植民地で、また、ポルトガルの東アジアの拠点でした。1951年にポルトガルの海外県となり、1979年にポルトガルと中国が外交関係を樹立、1999年に中国に返還されました。

　ポルトガルの植民地時代は、香港と同様、中継貿易が行われるとともに、中国とポルトガルの文化が交錯し、香港からも高速船によって短時間で結ばれ、香港とセットで訪れる観光地としても人気でした。マカオグランプリと称される自動車レースも人気です。特に、アジア有数のカジノが有名で、「東洋のラスベガス」と称され、アジアのお金持ちがカジノのみを目的に来ることが多いとされました。1995年にはマカオ国際空港が開港、香港や中国を経由することなく、直接海外から来訪することが可能となりました。中国大陸部と島嶼部は相互に橋で結ばれ、2005年には、世界文化遺産に登録、香港との間も2018年に橋で結ばれました。経済は、観光業とカジノ業がＧＤＰの5割を占めています。

（7）中国の民族問題

　中国の民族問題に、チベット・ウイグル・少数民族問題があります。

　チベットは、ヒマラヤ山脈の北側のチベット高原に位置し、古都ラサの海抜高度は3,700ｍで、空気が比較的薄く、外来者にとっては高山病の心配があります。1949年に中華人民共和国が成立、翌年の1950年に中国人民解放軍がチベットを制圧、1956年にチベット動乱発生、1965年にチベット自治区が成立、1989年にラサで暴動が発生、厳戒令が敷かれました。チベット自治区は、チベット族が91％、漢族が8％でしたが、移住政策により漢族が急増、近年は拮抗するまでに至ったとされます。1986年に対外開放され、2006年に青蔵鉄道がラサまで開通、観光地化が進行しています。

　ウイグルは、テンシャン・クンルン・アルチン山脈に囲まれたタリム盆

地のタクラマカン砂漠を中心とした石油・天然ガス資源に恵まれた地です。18 世紀に清朝が征服、1884 年新疆省となり、1949 年に中国人民解放軍が進駐、1955 年に新疆ウイグル自治区が成立、移住政策により漢族が急増、ウイグル族 46％・漢族 41％で、拮抗しています。

　少数民族の地には、貴州省の漢族 64％・他はミャオ族などの少数民族、雲南省の漢族 67％・他はイ族などの少数民族、これらの省があります。

（8）台湾の歴史と民族

　台湾は、中国大陸の沖合に位置しますが、先住民族は、古くに南方から移り住んだ人々です。1624 年にオランダ東インド会社が制圧、オランダ統治となりました。台南のゼーランディア城を拠点とし、今日でも、その城跡が残っています。1662 年に漢民族の軍がオランダを駆逐、1683 年に清朝が支配、漢民族が台湾へ移住しました。日清戦争の結果、1885 年に日本へ割譲され、日本の学校教育制度を導入、日本語教育を実施、この時代に日本語教育を受けた年配層は、現在も日本語が流暢です。環太平洋造山帯で地震多発地帯ですが、復興時に都市は亭仔脚（道路に面した建物の1 階を公共通路として提供する）を伴う整然とした街並みに整備されました。漢民族の台湾移住により、先住民は山地に居住するようになり、平地民との間に、隔離政策が実施されることとなりました。ただし、阿里山だけは、観光地として開放され、今日まで続く有名観光地です。

　1949 年に蒋介石総統率いる国民党政権が、南京から台北に移転、その後は、戦後に中国大陸から移住してきた外省人の総統が続きました。1970 年代から 1980 年代に、急速な工業化と経済成長を達成、アジアＮＩＥＳと称される一員となり、1988 年に台湾本省人の李登輝氏が総統に就任、特に半導体を中心とした先端工業が発達しました。

（9）韓国の歴史と経済

　韓国は、1392 年に李氏朝鮮となり、1876 年に江華島条約により開国、1910 年に日本による韓国併合が行われました。日本統治時代に、鉄道・港湾・飛行場等や都市などのインフラ整備や鉱山開発が行われ、また、日

本の満州進出に伴い、日本から満州への通路としての役割も担いました。1945年に独立、米ソ両軍が分割進駐、1948年に大韓民国が成立、1950～1953年に朝鮮戦争が勃発しました。朝鮮戦争は休戦協定が結ばれましたが、休戦状態が継続しています。第二次世界大戦で、ドイツやベトナムが、東西や南北に分断された時代がありましたが、その後、統一、朝鮮半島のみが分断されたままの状態が継続しています。

　韓国では、経済において、「選択と集中」が行われ、第二次産業の製造業に集中することとなり、米・小麦などの穀物自給率は23％と低い状態です。また都市、特に首都に集中することとなり、都市人口率82％、ソウルに2割が居住する状況です。ちなみに、日本は東京に7％（特別区）が居住しています。1970年代から1980年代に、急速な工業化と経済成長を達成、アジアNIEsと称される一員となりましたが、1990年代に、深刻な経済危機に陥り、財閥の解体・整理が行われました。

(10) 東アジア・東南アジアの宗教

　東アジア・東南アジアの宗教では、仏教・道教・神道・ヒンドゥー教・イスラーム・キリスト教が信仰されています。古くは、仏教とヒンドゥー教が圧倒的に多かったのですが、その後、多様化しました。

　仏教では、上座仏教がタイ・カンボジア・ミャンマー・ラオスで、大乗仏教が中国・日本・ベトナムで、チベット仏教（ラマ教）がチベット・モンゴルで、道教が中国・台湾で、神道が日本で信仰されています。

　ヒンドゥー教は、インドネシアのバリ島で信仰され、バリ島は狭小な島で、人口密度が高い島です。周辺の島々はイスラームに改宗しました。

　イスラームは、かつてヒンドゥー教であったマレーシア・インドネシアにおいて、改宗により広がりました。マレーシアのイスラームは約6割、華人が多いために仏教は約2割、キリスト教は約1割、ヒンドゥー教徒は6％です。インドネシアのイスラームは約9割、キリスト教は約1割、ヒンドゥー教徒は約2％です。

　キリスト教は、フィリピンにカトリックが多く、約8割で、イスラームが5％です。韓国は、キリスト教徒が約3割とされています。

(11) 東南アジア（大陸部）の民族・言語

　東南アジアの大陸部の民族と言語は、国単位に中心的な民族と言語で占められますが、国境付近や山岳部で多様性が見られたりします。

　ベトナムの民族は、ベトナム人86％で、他は少数民族、言語はベトナム語が公用語で、他に英語・フランス語・中国語と、かつてフランスの植民地であったことや隣接国等の理由から他の言語も用いられています。

　ラオスの民族は、ラオ人が多く、低地で67％、丘陵地で17％、山頂で7％、言語はラオス語が公用語で、他にフランス語・英語と、かつてフランスの植民地であったこと等の理由から他の言語も用いられています。

　カンボジアの民族は、クメール人85％・中国系6％・ベトナム系3％、言語はカンボジア語（クメール語）が公用語です。

　タイの民族は、タイ人（シャム・ラオ）99％、他は中国系などで、言語はタイ語が公用語、他にラオ語・中国語・マレー語と、隣接国等の理由から他の言語も用いられています。

　ミャンマーの民族は、ミャンマー人68％、他はシャン人などで、言語はミャンマー語が公用語、他にシャン語・カレン語などです。

　上記の国々で、社会主義の国では、その影響がみられることもあります。

(12) 東南アジア（半島・島嶼部）の民族・言語

　東南アジアの半島・島嶼部の民族と言語は、大陸部の国々と比べて、同じ国内で、より多様性が見られ、大陸と半島・島嶼の差異が明確です。

　フィリピンの民族は、マレー系民族・中国系民族・スペイン系民族・少数民族と、多様性があり、言語はフィリピノ語と英語が公用語、他にタガログ語・セブアノ語・イロカノ語と、やはり多様性があります。かつてスペインやアメリカ合衆国の植民地であったこと、中国からの移民もあったことなどもあり、島嶼国であることも関係しています。

　マレーシアの民族は、ブミプトラ（マレー系と先住民族）62％、中国系23％、インド系7％、言語はマレー語が公用語で、他に英語・中国語・タミル語と、植民地関係や移民関係の影響を受けています。

　ブルネイの民族は、マレー人66％、中国系10％、先住民族、言語はマ

レー語が公用語、他に英語・中国語などです。

　インドネシアの民族は、ジャワ人42％、他は350以上の民族、言語はインドネシア語が公用語、他は700以上の言語と、多島国に特色があります。

　東ティモールの民族は、メラネシア系民族、言語はテトゥン語・ポルトガル語で、植民地関係と共に、オセアニアの影響もあります。

(13) フィリピンの歴史と民族・宗教

　フィリピンは、狩猟採集民のネグリトが先住民で、紀元前から13世紀にマレー系民族が東南アジアの大陸部から移住してきました。14世紀後半にイスラームが、特に南部の島々を中心に広まり、1571年にスペイン植民地となって、宗主国の宗教であるキリスト教のカトリックが広まりました。1901年に米西戦争の結果、アメリカ合衆国の統治下におかれ、第二次世界大戦後の1946年に独立しました。

　このように、島嶼国で、スペインとアメリカ合衆国の植民地・統治と、アジアの国では他と異なる歴史があり、それは太平洋に位置して、東南アジアと東アジアの接点という、地政学上の重要地点となり、第二次世界大戦の戦況にも影響、特に、キリスト教とイスラームの宗教も大きく影響しています。すなわち、ミンダナオ島独立を目指し、イスラームのモロ＝イスラーム解放戦線が武装闘争を展開しましたが、2014年に、政府はモロ＝イスラーム解放戦線と包括和平合意書に調印しました。宗教は、キリスト教93％（内カトリック81％）、イスラーム5％です。

　基本的には、農業と共に工業等の産業振興、島々との間の交通整備等、多様な課題の解決が求められるところです。

(14) ベトナムの歴史とコーヒー文化

　ベトナムは、紀元前より、中国王朝の支配が約1,000年間継続、939年に最初の民族王朝が誕生、1407～1427年に中国（明）の統治となり、1428年に民族王朝の統治となり、1884年にフランスの保護国となりました。

　1887年にフランスがコーヒーを導入、ベトナムにコーヒー文化が広まりました。第二次世界大戦後にフランスからの独立戦争が発生、1949年

に南ベトナムと北ベトナムとなって事実上の分離独立、1962 年にアメリカ合衆国がベトナムに介入して、ベトナム戦争発生、1975 年にベトナム戦争は終結しました。しかし、1979 年に中国軍が北部国境に侵攻、中越戦争が勃発しました。このように、ベトナムでは第二次世界大戦後から、長期間に渡って戦争状態が継続しました。

1986 年にドイモイ（刷新）政策が行われ、繊維産業が発達、ちなみに、この当時、ベトナムのコーヒー豆生産は世界第 40 位前後でした。しかし、2000 年代に大手コーヒーメーカーの「ネスレ」が、農家に栽培技術を指導、急速にコーヒー農園が拡大し、現在では生産量が世界第 2 位に、ロブスタ種では世界第 1 位となりました。基礎的条件としては、気候条件が適すると共に、コーヒー文化が根付いていたことも大きな発展要因です。

(15) タイの歴史と政治・経済

タイでは、1767 年にアユタヤ王朝が滅亡、1782 年にチャクリー王朝が成立しました。19 世紀、東南アジアに欧米列強が進出、フランスがインドシナ（現在のベトナム・ラオス・カンボジア）までを、イギリスがビルマ（現在のミャンマー）・マレー半島までを植民地にしました。タイは、フランスとイギリスの植民地の間にあり、両国が直接、境界を接すること避けるために、タイを緩衝国としました。

タイでは、第二次世界大戦後から、クーデターが頻繁に発生、その理由は、経済の地域格差で、特に都市と農村や、南部と北部の経済格差が大きいことが基本的要因です。また、緩衝国であったために欧米の植民地ではなく、植民地から独立した経緯がないことも影響しています。

すなわち、植民地ではなかったために、宗主国の投資がなく、プランテーション農業等の企業的農業が導入されず、地下資源開発や初期の工業化も遅れることとなり、貿易の拠点ともならず、言語も欧州の言語が普及しませんでした。農業は、伝統的な稲作農業が中心ですが、土地生産性は低い状況です。豊富で低廉な労働力による電気機械工業が行われていますが、農業の近代化、インフラ整備が求められるところです。

(16) マレーシアの歴史と民族・宗教問題

　マレーシアは、国土の気候が熱帯気候地域の熱帯雨林気候地域で、13世紀イスラームが伝来、15世紀マラッカ王朝が成立、16世紀ポルトガルが、17世紀オランダが、18世紀イギリスが進出、19世紀イギリスの植民地となりました。インド洋から東シナ海に抜ける交通の要衝で、特に、ペナン・マラッカ・シンガポールはマラッカ海峡に面した、重要な貿易の拠点です。1948年イギリス保護領マラヤ連邦となり、1957年マラヤ連邦は独立、1963年シンガポールとカリマンタン島のサラワク・サバを含めた連邦国家としてマレーシアが独立、1965年シンガポールが分離独立しました。

　マレー半島とカリマンタン島などの島々からなる多民族複合国家で、マレー系のブミプトラとイスラームが約6割で半分以上ですが、他のイスラームの国と比べれば比率は低く、中国系とインド系、仏教・儒教・道教・ヒンドゥー教、いずれも合わせれば約3割を占めます。中国系・インド系との経済格差の是正のために、マレー系優遇のプミプトラ政策を実施しているため、その政策をめぐって、各民族間に緊張状態があります。中国系が経済の中心を占め、1980年代に輸出志向の工業化を推進しました。

(17) シンガポールの発展

　シンガポールは、熱帯気候地域の熱帯雨林気候の代表的な都市です。19世紀に、イギリスが商館を建設、イギリスの植民地となり、19世紀後半にはイギリスのアジア貿易の拠点となりました。民族は、中国系移民が多く、華人が約75％、言語は、中国語・英語・マレー語・タミル語が公用語です。宗教は、中国系が多いため、仏教と道教で4割以上を占め、キリスト教も約2割、イスラームは約1割です。マレーシアがマレー系優遇政策を採用したため、シンガポールは、1965年にマレーシアから独立しました。

　シンガポールは、国土面積が狭く、産業が限られるため、教育を重視、小学校段階からテストで選抜、最後まで合格した人が、最高峰のシンガポール大学へ進学できます。シンガポール大学は、世界で、トップクラスの大学として有名です。1970年代から1980年代に、急速な工業化と経済成長を達成、アジアNIEsと称される一員となり、かつては、コンピュー

ターソフト制作も行われ、観光も重視し、シンガポール航空は有名です。また、優遇税制政策による外資系企業の誘致を推進、海外の金融機関や投資家がシンガポールに移転・居住するといったこともあり、中国に返還された香港にかわって、アジアの金融センターになりつつあります。

(18) インドネシアの歴史と民族・宗教

インドネシアは、スマトラ島・カリマンタン島・スラウェシを赤道が通過、国土はほとんどが熱帯気候地域の熱帯雨林気候地域です。7世紀にスマトラ島で仏教王国が成立、8～9世紀にジャワ島で大乗仏教のボロブドゥール寺院が建立、ヒンドゥー教王朝が興亡、15世紀にイスラームが広まりました。1602年にオランダの東インド会社が設立されて、オランダが植民地化、1949年にオランダが独立を承認しました。

インドネシアは熱帯気候地域のために、乾燥帯気候地域と異なるため、世界最多のイスラーム人口を擁する国です。宗教は、イスラーム87%・キリスト教10%（内プロテスタント7%・カトリック3%）・ヒンドゥー教2%・仏教1%、多民族複合国家で、民族・宗教問題が各地であります。新期造山帯のアルプス・ヒマラヤ造山帯と環太平洋造山帯が接続する世界で唯一の場所で、地震・津波が頻繁に発生、2004年にスマトラ沖地震・津波に被害で、民族紛争のアチュ紛争は和平に至りました。この地震・津波被害は、十数ヵ国で死者・不明者22万人以上の大惨事となりました。ジャワ島は世界一人口が多い島で、人口に対応したインフラ整備、熱帯雨林の環境保護、島嶼間の交通整備が求められます。

(19) 東アジア・東南アジアの観光

韓国の観光は、首都のソウルの都市観光以外、火山島の済州島の景観とグルメ、キョンジュ（慶州）などの古都の歴史観光が代表的です。

ホンコンの観光は、夜景とショッピングが従来から有名ですが、香港ディズニーランドが開園して、新たな観光地となりました。

マカオの観光は、ポルトガル統治時代の城や教会、カジノが有名です。中国大陸や香港から橋でつながり、国際空港も開港、便利です。

台湾の観光は、阿里山・太魯閣（タロコ）渓谷・台南オランダ統治遺跡が
あり、映画で有名となった九份、野柳の景観も人気です。

　フィリピンの観光は、セブ島とボホル島、ベトナムの観光は、ハロン湾
や古都フエ、タイの観光は、プーケット島、古都アユタヤ、スコータイ遺跡、
カンボジアの観光は、アンコールワット遺跡、ミャンマーの観光は、バガ
ン遺跡やゴールデンロック、シンガポールの観光は、マーライオンやセン
トーサ島、インドネシアの観光は、バリ島・ジャワ島ボロブドゥール遺跡
などがあります。様々な宗教を代表する古代遺跡が熱帯の景観の中に展開、
リゾート地となった島々も多く、人気の観光地となっています。

(20) 南アジアの国々の宗主国と宗教

　南アジアへの欧州からの進出は、1498年のヴァスコ・ダ・ガマのカリ
カット（コーリコード）に到達に始まり、1510年以降にポルトガルはゴア
を拠点にしましたが、1580年にポルトガルはスペインに併合され、国力
は弱まりました。1600年にイギリスは東インド会社を設立、イギリスが
植民地化、直接統治を行い、英語を普及させました。

　南アジアは、第二次世界大戦後の1947年にヒンドゥー教徒が比較的多
いインドと、イスラームが比較的多いパキスタンに分離独立、仏教徒が比
較的多いスリランカ（旧・セイロン）が1948年に独立と、主たる宗教の違
いに別の国々となりました。パキスタンは東西に国土が分かれ、代表的な
飛び地国家でしたが、1971年に東パキスタンがバングラディシュとして
分離独立しました。インドの宗教は、ヒンドゥー教が約8割、イスラーム
が約1割、他はキリスト教・シーク教・仏教・ジャイナ教です。パキス
タンの宗教は、イスラームが96％、他はキリスト教・ヒンドゥー教です。
バングラディシュの宗教は、イスラームが約9割、他はヒンドゥー教・仏
教・キリスト教です。スリランカの宗教は、仏教が約3割、キリスト教が
約2割、他はイスラーム・道教・ヒンドゥー教です。

(21) インド・パキスタンの民族・言語

　インドは、紀元前1500年にインド＝アーリア人が進出、バラモン教・

仏教・ヒンドゥー教が誕生しました。国家は、統一・分裂を繰り返して、1526〜1858年にムガル王朝の時代に、イギリスが植民地化、第二次世界大戦後の1947年に独立しました。インド経済は、1991年に外貨危機により、規制が緩和され、経済自由化政策で急成長、ＢＲＩＣＳの一角を占めるまでになりました。民族は、インド＝アーリア系が72％、ドラヴィダ系25％、言語は、ヒンディー語のほか多数の言語があり、英語が準公用語です。

　パキスタンは、イギリスの植民地から1947年に独立、西パキスタンは乾燥帯気候地域で、古代文明の発祥の地であるインダス川流域とスライマン山脈などの山岳地帯、東パキスタンは熱帯気候地域で、ガンジス川流域の低湿地帯と、主たる宗教はイスラームと共通していても、気候と地形が大きく異なりました。パキスタン（西パキスタン）の民族は、パンジャーブ人53％、他はパシュトゥン人・シンド人・ウルドゥ人・バローチ人などです。言語は、ウルドゥ語が国語、英語が公用語、他はパンジャービ語・パシュトゥー語・シンド語・サライキ語と、多民族・多言語国家です。

(22) バングラディシュ・スリランカ・ネパール・ブータンの民族・言語

　バングラディシュの民族は、先住民・モンゴル・ドラヴィダ・アーリア人の混血であるベンガル人が98％で、言語は、ベンガル語が公用語で、他は英語など、パキスタン（西パキスタン）と民族・言語が異なりました。

　スリランカは、熱帯気候の島国です。16世紀にポルトガル領、17世紀にオランダ領、19世紀にイギリス領、1948年にセイロンとして独立しました。民族は、シンハラ人82％、他はタミル人・ムーア人・マレー人など、言語は、シンハラ語とタミル語が公用語で、他は英語などです。

　ネパールは、高山気候地域のヒマラヤ山脈を中心に、温帯気候地域のヒンドスタン平原も国土の一部です。19世紀にイギリスへと割譲され、1951年にインドの支援で王制が復活しました。宗教は、ヒンドゥー教約8割、仏教約1割、民族は、チュトリ人17％・ブラーマン人13％など、言語は、ネパール語が公用語、他に多くの言語があり、多民族・多言語国家です。

ブータンは、山岳地帯と低地地帯があり、19世紀にイギリスへと割譲され、1952年に国王が即位、宗教は、チベット仏教約7割、ヒンドゥー教約3割、民族は、チベット系50％、ネパール系35％、言語は、ゾンカ語が公用語、他はブムタン語・ネパール語などです。

(23) 南アジアの観光

　インドの観光には、仏教・ヒンドゥー教の誕生の地であり、聖地ブッダガヤや、ガンジス川流域に聖地ベナレスがあります。ムガル帝国のアグラ、お墓ですがタージ・マハルは、インド観光の象徴となっています。ヒマラヤ山中のダージリンは避暑地であるとともに、紅茶の産地で知られ、山岳登山鉄道のダージリン・ヒマラヤン鉄道も有名です。

　ネパールの観光は、ヒマラヤ登山が代表的ですが、山頂登山までは至らずとも、ヒマラヤ遠望も人気です。

　ブータンは、長らく鎖国を行い、アジアの「秘境」でしたが、現在は解放され、国民の幸福度が高い、世界一幸福な国として知られています。

　パキスタンの観光は、古代インダス文明のモヘンジョダロ・ハラッパーの遺跡が有名です。

　スリランカの観光は、古代都市シギリヤなどが知られています。

　以上のように、宗教聖地や古代遺跡、歴史遺跡以外に、ヒマラヤ山脈の自然景観と避暑地などがあります。

「まとめ」：
東アジアの民族・宗教には、大きく何があるか。
東南アジアの民族・宗教には、大きく何があるか。
南アジアの民族・宗教には、大きく何があるか。

「考察」：
東・東南・南アジアの食の特色は何で、それはどのように影響したか。
ベトナムとコーヒーが関係深い理由は、何か。
シンガポール発展の理由は、何か。

【14】 中央・西アジアとアフリカの民族文化

（1） 中央・西アジアと北アフリカの衣食住

　中央・西アジアと北アフリカの気候や風土と「衣食住」の関係を見てみましょう。

　中央・西アジアと北アフリカの気候は、乾燥帯気候地域が中心であるため、気温の日較差が大きく、綿織物とともに毛織物も必要となります。直射日光が強く、砂ぼこりが多いため、頭を覆い、長袖で、肌の露出を減少させる必要があります。乾燥帯気候地域のステップ気候地域では綿花を栽培して、綿織物を生産しています。また、中央・西アジアと北アフリカの遊牧地域では、羊を飼育、羊毛を利用するとともに、他の飼育している動物の皮も衣類用として利用しています。

　中央・西アジアと北アフリカの遊牧地域では、主食は羊肉やラクダの乳、乳製品、オアシスや外来河川流域で栽培するナツメヤシの実が中心ですが、人口支持力は低く、人口密度は低くなり、移動が活発になります。

　住居材料は、木や石の入手がむずかしいため、伝統的な住居は土を使用、日干しレンガを使用した住居、またテント式の移動住居となり、モンゴルではゲル、中国の内モンゴルではパオ、キルギスではユルトと称されます。

　以上のように、この地域では、気候の影響を強く受けています。

（2） 中央アジアの民族・言語

　中央アジアの国々は、旧・ソビエト連邦から、独立国家共同体の一員となって主要な民族ごとに独立しましたが、民族ではロシア人、言語ではロシア語も残り、さらに隣接した国の民族も居住しています。

　カザフスタンの民族は、カザフ人63％・ロシア人24％、言語はカザフ語とロシア語が公用語です。

　キルギスの民族は、キルギス人71％、言語はキルギス語とロシア語が公用語です。

　ウズベキスタンの民族は、ウズベク人78％、言語はウズベク語が公用語です。

タジキスタンの民族は、タジク人80%、言語はタジク語が公用語です。

　トルクメニスタンの民族は、トルクメン人85%、言語はトルクメン語が公用語です。

　アゼルバイジャンの民族は、アゼルバイジャン人92%、言語はアゼルバイジャン語が公用語です。

　アルメニアの民族は、アルメニア人98%、言語はアルメニア語が公用語です。

（3）西アジアの民族・言語

　西アジアは、国内での民族が複雑な国があり、言語も多様です。

　トルコの民族は、トルコ人65%・クルド人19%、言語はトルコ語（アルタイ語系）が公用語です。

　イランの民族は、ペルシャ人35%・アゼルバイジャン人16%・クルド人13%、言語はペルシャ語（インド・ヨーロッパ語系）が公用語です。

　イラクの民族は、アラブ人65%・クルド人23%、言語はアラビア語が公用語、クルド人地域ではクルド語が公用語です。

　サウジアラビアの民族は、アラブ人90%、言語はアラビア語が公用語です。

　アラブ首長国連邦の民族は、アラブ人48%・南アジア系36%、言語はアラビア語が公用語です。

　イエメンの民族は、アラブ人93%、言語はアラビア語が公用語です。

　イスラエルの民族は、ユダヤ人76%・アラブ人20%、ヘブライ語とアラビア語が公用語です。

　アフガニスタンの民族は、パシュトゥー人42%・タジク人27%、ダリ語（ペルシャ語とほぼ同じ）とパシュトゥー語が公用語です。

（4）西アジアの民族問題

　西アジアの民族問題に、クルド人問題とパレスチナ問題があります。

　クルド人は、国家をもたない最大の民族で、人口約2,500万人、トルコ・イラン・イラクに、分かれて居住しています。

　パレスチナの地は、19世紀末にユダヤ人のパレスチナ帰還運動（シオニズム）が起き、オスマン帝国のパレスチナへの入植がはじまった。第一次世界大戦後に、イギリスの委任統治領となり、第二次世界大戦後の1948年にイスラエルがパレスチナの地で独立宣言、同時に第一次中東戦争が発生、1949年停戦、1956年第二次中東戦争発生、1967年第三次中東戦争が発生し、各戦争でイスラエルは占領地を拡大、第三次中東戦争ではシナイ半島を占領しました。1973年の第四次中東戦争では、アラブ産油国が原油価格を大幅値上げして対抗、その結果、物価が急上昇して「狂乱物価」と称されるまでとなり、1974年にインフレーション抑制のために公定歩合が引き上げられて企業の設備投資を抑制、戦後初めてのマイナス成長となって高度経済成長期は終焉、これらがオイルショックで、企業の業績が急激に悪化、新規採用を中止、日本でも戦後最大の就職難となりました。その一方で、省エネ・節電製品の開発、石油依存の脱却が行われました。

（5）中央アジアの宗教

　中央アジアは、イスラームの信者が多い地域ですが、国によって、スンナ派とシーア派の比率が異なります。また、旧・ソビエト連邦から、独立国家共同体の一員となりましたが、旧・ソビエト連邦の影響で、キリスト教のロシア正教の信者も残っています。

　アゼルバイジャンは、イスラーム87％、イラン（シーア派が多い）に隣接しているため、シーア派が53％と多く、他の国ではスンナ派が多い中で異なる傾向を示しています。

　タジキスタンは、イスラーム84％、アフガニスタン（スンナ派が多い）に隣接しているため、スンナ派が78％と多い。

　カザフスタンは、イスラーム70％（スンナ派）・ロシア正教24％と、ロシア正教が比較的多く、これは比較的ロシア人が多いことによります。

　キルギスは、イスラーム61％（スンナ派）・ロシア正教8％です。

　トルクメニスタンは、イスラーム87％（スンナ派）・ロシア正教2％、ウズベキスタンは、イスラーム76％（スンナ派）・ロシア正教1％です。

　アルメニアは、キリスト教78％（アルメニア正教73％・カトリック4％）・

イスラーム2％で、他の国と異なってアルメニア正教の存在が大きい。

（6）西アジアの宗教

　西アジアの宗教は、ほとんどの国が、イスラームの比率が高く、スンナ派が多数派、シーア派が少数派、しかし、国によって、その比率には差異があります。

　サウジアラビアは、イスラーム94％で、スンナ派84％・シーア派10％、トルコは、イスラーム98％で、スンナ派83％・シーア派15％、アフガニスタンは、イスラーム99％で、スンナ派82％・シーア派17％で、これらの国が、イスラームが多く、スンナ派が多い国です。

　イエメンは、イスラーム100％で、スンナ派58％・シーア派42％で、イスラームですが、スンナ派とシーア派がかなり拮抗しています。

　イランは、イスラーム98％で、シーア派86％・スンナ派10％、イラクは、イスラーム96％で、シーア派62％・スンナ派34％で、これらの国が、イスラームが多く、シーア派が多い国です。

　アラブ首長国連邦は、イスラーム62％で、スンナ派が多く、他にヒンドゥー教21％、南アジア系の民族が多いことが影響しています。

　イスラエルは、ユダヤ教76％・イスラーム17％・キリスト教2％で、ユダヤ民族が多いことが影響しています。

（7）中央・西アジアと北アフリカの歴史：古代

　西アジアでは、メソポタミア文明が紀元前3500年前に、北アフリカでは、エジプト文明が紀元前3000年にと、二つの古代文明発祥の地です。その要因は、大地形では安定陸塊、気候では、乾燥帯気候地域で、その中を、湿潤地域から来た外来河川である、チグリス・ユーフラテス川、ナイル川が流れることによります。すなわち、乾燥気候帯地域は、比較的肥沃な土壌で、湿潤地域を源とする豊かな水量を誇る外来河川が流れる流域は豊かな農業地帯となり、それを背景として文化・文明が栄えたわけです。

　古代文明発祥の後、オリエント文明を経て、ギリシャ文明、そして古代ローマ帝国が繁栄します。大地形で新期造山帯のアルプス・ヒマラヤ造山

帯の地、気候では温帯気候地域の地中海性気候の地が世界の中心となりました。その古代ローマ帝国から中国の都へは、シルクロードによって結ばれますが、陸のシルクロードのルートは、中央アジア・西アジアを通過しました。また、古代ローマ帝国の都市は、地中海の対岸である北アフリカの、新期造山帯のアルプス・ヒマラヤ造山帯で、地中海性気候の地にも分布しました。この時代、陸のルートで東西が結ばれましたが、次に、地理上の発見の時代・大航海時代によって、海で東西が結ばれます。

（8）ユダヤ教とユダヤ民族

　世界三大宗教の中で、乾燥帯気候地域を発祥の地とするのが、キリスト教とイスラームで、そのもととなった宗教が、ユダヤ教とされます。ユダヤ教は、ユダヤ民族の宗教です。

　ユダヤ教は、紀元前1280年頃に、モーセがシナイ山で神ヤハウェと契約を結んで始まったとされ、紀元前587年ユダ王国滅亡、バビロン捕囚を経て、古代ローマ帝国時代に、ユダヤ民族は世界に分散、ユダヤ教も世界に分散しました。その結果、移住した先では、参入しにくい産業分野もあり、職業の制約が発生、比較的狭い場所でできるダイヤモンド加工などの工業や、金融・不動産・商業の従事が比較的多くなりました。勿論、東欧と西欧など、地域によって差がありました。その後、19世紀末にユダヤ人のパレスチナ帰還運動（シオニズム運動）が起き、オスマン帝国であったパレスチナへの入植がはじまり、入植地では、農業に従事する人も出ました。今日では、ITやメディア関連に従事する人々も多く、カースト制が残るインドの人々がITソフト開発に従事する人が多いという職業選択と類似、そして世界のIT技術開発の中心は、消費者向けに強いアメリカ合衆国のシリコンバレーと、法人向けに強いイスラエルとされています。

（9）ペルシャとトルコ・オスマン帝国

　ペルシャは、ペルシャ語がインド＝ヨーロッパ語族とされるように、西アジアの周囲と異なる民族で、宗教においても、ペルシャ人のゾロアスターが創始したゾロアスター教が、紀元前550年成立のアケメネス朝ペル

シャで王の保護を受け、226 年成立のササン朝ペルシャで国教化と、独自の宗教が維持されました。しかし、651 年にササン朝ペルシャはアラブ人との戦いに敗れて滅亡、イスラームへの改宗が進みました。13 世紀のモンゴル帝国の制服を経て、1501 年にファヴィー朝ペルシャが成立、シーア派イスラームを国教としました。1919 年のイギリスの保護国化を経て、1935 年にパーレビ王朝がイランと改称しました。

　トルコは、11 世紀にセルジューク朝トルコが成立、13 世紀末にオスマン帝国が成立、アジア・アフリカ・ヨーロッパにまたがる大帝国となり、イスラームの宗主として、イスラームが拡大することとなりました。第一次世界大戦の敗北によって西欧列強によって分割されましたが、1923 年にトルコは共和国を建設しました。国土の大部分は西アジアの半島部ですが、ヨーロッパのバルカン半島の一部もトルコで、西アジアの国の中では乾燥帯気候が比較的少なく、温帯気候の地中海性気候が比較的多い。

(10) イスラームとその教義 ①

　中央・西アジアと北アフリカの宗教は、圧倒的にイスラームで、背景には、この地域が乾燥帯気候地域で、特に砂漠気候地域が大きく広がることと関係しています。成立は 7 世紀と比較的新しいのですが、ローマ帝国の衰退とともにイスラーム世界が拡大、特にオスマン帝国の拡大がイスラーム信仰地域を大きく拡大させました。

　イスラームの教えは、六信五行で、六信とは神・天使・啓示・預言者・来世・天命を信じ、五行とは信仰告白・礼拝・断食・巡礼・喜捨を行うことです。使用する暦は、ヒジュラ暦（イスラーム暦）で、預言者ムハンマドの聖遷（西暦 622 年）を元年とします。当然ながら、イスラームの世界では、キリスト教の暦である西暦は使用せず、通用しません。

　五行では、礼拝は、1 日 5 回決まった時間にメッカに向かって行い、断食は、ラマダーン月に、日の出から日没まで実施（夜間の飲食は行う）、コーラン（クルアーン）は聖典で、1 日 1 部読謡します。巡礼（ハッジ）は、メッカへの巡礼が、人生に一度が義務で、信者の一大行事です。喜捨（ザガード）は、窮乏者に行うことが義務となっています。

(11) イスラームとその教義 ②

　イスラームの五行の内容は、乾燥帯気候地域、特に砂漠気候地域での移動生活に役立つ内容となっています。砂漠気候地域は、一部の外来河川沿いやオアシスを除いて農業が困難で、人口支持力が低く、餌を求めて移動する牧畜が中心で、それをどのように行うのかが求められました。

　礼拝の意味は、砂漠では際立った目印がなく、現在地を見失う可能性が高く、メッカに向かった礼拝で、メッカの方向を知るためには、自分の位置の確認が必要となり、1日5回の礼拝で確認することとなります。

　断食の意味は、砂漠では特に日中は食事がとれないことも多く、定期的に昼間に断食を行うことで、食事なしに慣れておくこととなります。

　コーラン読誦の意味は、砂漠では日数の経過がわかりにくい、1日1部読誦することによって、日数の経過を確認することができます。

　喜捨の意味は、砂漠では、農業が困難で人口扶養力が低いため、格差が開く可能性が高く、喜捨でその格差を縮小することが期待されます。

　以上、砂漠気候地域、人口支持力・人口扶養力が低い地域での生活に役立つ内容ですが、他の地域の経済発展、他の地域の情報が伝わり、さらに生活スタイルの変化が、大きな影響を及ぼすこととともなっています。

(12) 中央・西アジアと北アフリカの宗教と民族

　この地域は、三大宗教の内、二大宗教であるキリスト教とイスラームの発祥の地で、さらにそれらに影響を与えたゾロアスター教とユダヤ教の発祥の地でもあり、きわめて多くの宗教発祥の地でもあります。その背景としては、自然環境の影響があり、それは厳しさとともに、外来河川沿いやオアシスでの豊かな農業による文明の成立という点も見逃せません。

　この地域は、東西交流地点で、多様な民族の交流の影響とともに、民族や強力な国家の拡大によって、他地域へ広がって発展した宗教もあり、キリスト教とイスラームが代表例で、三大宗教の内の二大宗教となりました。いまや信者数においては、キリスト教・イスラームともに、他の気候地域が中心を占め、気候と宗教の関係が変化せざるを得なくなっています。

　この地域は、当初から移動を伴うことが多いことから、民族の移動も

活発で世界的となり、宗教も拡散することとなりました。その結果、移動先の環境に適応するために、異なる環境で、教義に差異ができることともなっています。現在でも、欧州の宗主国等など、他の地域への移民を生み出している地域ですが、移民先での生活習慣の差異で、課題が発生することも考慮しなければならない状況です。

(13) 西アジアの観光

　西アジアの観光は、歴史遺跡観光が中心で、古代文明発祥の地である、イラクのメソポタミア文明では、ティグリス川流域のニネヴェ遺跡、ユーフラテス川流域のバビロン・ウル遺跡があります。イランでは、アケメネス朝・ササン朝ペルシャのペルセポリス遺跡があります。トルコでは、13世紀末から20世紀までのオスマン帝国の繁栄を物語る場所が多く、特に、イスタンブール（旧・ビザンチン）の歴史地区が代表的です。また、トロイの木馬で有名なトロイ遺跡や、奇岩が乱立するカッパドキアも見どころとして有名です。イスラエルのエルサレムは、ユダヤ教・キリスト教・イスラームの聖地で、信仰を目的に訪れる人々が多い場所です。死海は、水面が海の海抜高度よりも 400 m 低い位置にあり、塩分濃度が極めて高いため、人が浮くとされます。サウジアラビアのメッカとメディナもイスラームの聖地で、信者の来訪が多い場所です。

　以上のように、歴史や宗教の聖地が多いのですが、紛争が発生することもあり、宗教上の制約もあって、外国人の来訪が困難な場合があります。

(14) アラブ首長国連邦ドバイの発展

　西アジアの中で、独特の発展がみられるのがアラブ首長国連邦のドバイです。アラビア半島でペルシャ湾の入り口となるホルムズ海峡に近いこの地は、1853 年にイギリスの保護国となり、東インド会社の中継地となりました。1966 年にドバイ沖で海底油田が発見され、1971 年にアラブ首長国連邦が結成されました。その後の第四次中東戦争でアラブ産油国が原油価格を大幅値上げ、その結果、先進資本主義国では、省エネ・節電製品の開発、石油依存からの脱却へと向かいました。

　アラブ首長国連邦は、石油産出のみに依存する体制からの転換を目指し、1980年代に、産業の多角化を進め、金融・流通・観光へと産業を拡大、経済特区を設けて投資・雇用の自由化を図り、中東の金融センターとなるとともに、結節点となるハブ空港を開港、アジアとヨーロッパ・アフリカを結ぶ路線を開設、エミレーツ航空も就航開始、これによって、中東の航空交通の中心地点になりました。2000年代には、国際空港・人工港・ショッピングモールと周囲の国々にない施設がより整備され、中東でも抜きん出た場所となるとともに、中東では異例の外国人が多い地域となり、インド・フィリピン人などのほかに、欧米・邦人も多く居住しています。

(15) 北アフリカの国々の言語と宗教

　北アフリカの宗教は、乾燥帯気候が中心で、イスラームのスンナ派が多く、伝統信仰や植民地宗主国のキリスト教も残り、言語は、北部ではアラビア語、南部の内陸国では植民地宗主国の言語であるフランス語と現地語が中心で、植民地宗主国の英語や、各民族の言語が残る場合もあります。

　エジプトは、アラビア語が公用語、イスラーム・スンナ派84％・キリスト教15％、リビアは、アラビア語が公用語、イスラーム・スンナ派96％・キリスト教2％、チュニジアは、アラビア語が公用語、イスラーム・スンナ派97％、アルジェリアは、アラビア語が公用語、イスラーム・スンナ派99％、モロッコは、アラビア語とアマジク語（ベルベル語）が公用語、イスラーム・スンナ派97％、スーダンは、アラビア語と英語が公用語、イスラーム・スンナ派68％・キリスト教18％・伝統信仰11％、モーリタニアは、アラビア語が公用語、イスラーム・スンナ派99％です。内陸国では、マリは、フランス語が公用語、イスラーム・スンナ派90％・キリスト教5％、ニジェールは、フランス語が公用語、イスラーム・スンナ派85％・伝統信仰9％、チャドは、フランス語とアラビア語が公用語、イスラーム・スンナ派57％・伝統信仰19％・キリスト教プロテスタント11％です。

(16) 北アフリカの国々の宗主国

　北アフリカの国々には、乾燥帯気候地域の砂漠気候地域であるサハラ砂

漠が広がり、その砂漠の中を国境線が直線で通過、いわゆる数理国境です。西部はフランスの植民地、東部はイギリスの植民地、境界のリビアは、緩衝国でしたが、イタリア領となったため、英仏の共同統治となりました。

　北アフリカ東部では、エジプトは、16世紀にオスマン帝国、19世紀にイギリスが支配、1922年に独立、スーダンは、19世紀にマフディー国家を経てイギリス・エジプト共同統治、1956年に独立しました。北アフリカの中央のリビアは、16世紀にオスマン帝国、1912年にイタリア領、第二次世界大戦中に英仏共同統治、1949年独立しました。北アフリカ西部では、チュニジアは、16世紀にオスマン帝国、19世紀フランスの保護領、1956年独立、アルジェリアは、16世紀にオスマン帝国、19世紀フランスに併合、1962年独立、モーリタニアは、15世紀にアラブ人が渡来、19世紀にヨーロッパ人が入植、1904年フランス領の西アフリカに、1960年独立、チャドは、1910年仏領赤道アフリカに、1960年独立、モロッコは、1912年フランス領に、1956年独立、マリは、1920年フランス領に、1960年独立、ニジェールは、1922年フランス領西アフリカに、1960年独立しました。

(17) 北アフリカの観光

　北アフリカの観光は、西アジアと同様、歴史遺跡観光が中心で、地中海沿岸では、古代エジプト文明と古代ローマ帝国の文化・文明の遺跡が多く分布しています。エジプトでは、ギーザのピラミッド、古代都市テーベ、ナイル川のほとりのアブシンベル神殿などがありますが、ナイル川でのダム建設によって、肥沃な土壌を含む水がダムの下流に流れなくなり、農業不振となって、政情不安を引き起こし、観光客が減少、観光収入の減少によって、経済不振となり、一層の政情不安が引き起こされました。「エジプトはナイルの賜物」と称されるように、ナイル川の恵みで成り立っていたのですが、ダム建設によって、大きく影響を受けることとなりました。

　チュニジアには、チュニス旧市街と古代ローマ帝国のカルタゴ遺跡、アルジェリアのアルジェにはカスバ、モロッコには、マラケシ旧市街と古都メクネスがあり、地中海を介した交易都市の面影が残り、大西洋に面したカサブランカは、代表的な交易都市・港湾都市です。

　ジブラルタル海峡に面したセウタはモロッコの中のスペイン領、対岸の
ジブラルタルはスペインの中のイギリス領、両者は、海峡を間に、相対す
る要衝です。大西洋沖、スペイン領カナリア諸島はリゾート地です。

(18) アラブの春

　アラブの春とは、2010 ～ 2011 年、北アフリカ・中東での一連の民主化
運動を指し、1968 年のチェコスロバキアでの民主化運動である「プラハ
の春」から命名されました。寒い「冬」の時代から、暖かい「春」の時代
を求めたというわけです。しかし、現実は「秋」だったとの指摘もあります。
　具体的には、2010 年にチュニジアでジャスミン革命が発生、長期政権が
終了しました。2011 年にエジプトでも、長期政権が終了しました。さらに、
リビアでも、カダフィ政権が崩壊、イエメンでも、サレハ政権が崩壊しま
した。背景には、貧富の格差があり、若年失業率の高さが大きな要因です。
特に、教育を受け、情報手段を持つ「中間層」（相対的）の出現と、衛星放送・
インターネット・携帯電話の普及、イスラームの礼拝で人が集まり、情報
が交換されることによって、民主化運動が発生、広がることとなりました。
しかし、その後の政権は安定せず、不安定な状態が継続しています。
　貧しさの解消のために、人々は教育を受け、情報手段を得たわけですが、
改善されませんでした。受けた教育は役に立ったのか、情報は正しかった
のか、そして、この地域の基本的な地理的条件をしっかりと把握していた
のかが問われます。その結果、若者は欧州を目指すこととなりました。

(19) 中南アフリカの国々の衣食住と生活変化

　中南アフリカの気候は、熱帯気候地域が中心で、一部に乾燥帯気候地域
もありますが、温帯気候地域は僅かです。
　熱帯気候地域が中心のため、年中高温多雨で、薄手のゆったりとした衣
装が多く、装身具を身に着けることも多い。アジアの発展途上国で生産の
衣類は、まず、欧米を中心とした先進国へ送られ、多くは売れ残り、また、
まだ着用できる状態のまま破棄されることも多く、現在では、世界から中
古衣料がアフリカへ流入、日頃着用しない衣類が人気になっています。

赤道を中心とした熱帯雨林気候地域では、主食はイモ類（ヤムいも・タロいも・キャッサバなど）で、その周囲の熱帯サバナ気候地域では、主食は雑穀（あわ・ひえ・とうもろこし）です。住居材料は、草・竹（ワラ・ヤシなど）を中心に、ケニアでは木の枝に牛糞を塗った断熱性が高い住みやすい家もあります。勿論、都市部では鉄筋コンクリートの高層建築も多い。

　衣類以外にも、中古の家電・自動車・建設車両も流入しており、特に、修理がしやすいシンプルなものが人気で、日本からもリサイクル業者を経てアフリカへ輸出されます。携帯電話・太陽光パネルが急速に普及、その結果、送金も電子決済など、生活が大きく変化しています。

(20) アフリカから世界に広がったコーヒー文化

　アフリカから世界に広がった作物の代表が、コーヒー豆です。コーヒー豆でも、「アラビアコーヒー」と称されるのは、エチオピア南西部のカッファが原産地で、コーヒーの語源となったとされます。

　コーヒー豆は、6世紀に対岸のアラビアに伝わって栽培され、積出港のモカは銘柄名になっています。アラビアでは長らく種子の国外持ち出しを禁じて独占していましたが、17世紀末に、オランダが植民地のジャワに導入・栽培が開始され、18世紀に、ジャワからスリナムを経てブラジルに導入され、ブラジルがコーヒー豆の一大産地となりました。また、同じく18世紀にジャマイカに導入され、高級銘柄のブルーマウンテンになり、さらに、メキシコ・コスタリカなどの中央アメリカにも広まり、中南アメリカの熱帯気候地域全域で栽培される作物となりました。19世紀には、アフリカ・ハワイ・日本の小笠原にも導入され、アフリカでは、エチオピア・ケニア・タンザニアがコーヒー豆栽培で有名です。

　ボストン茶会事件以降、アメリカ合衆国でコーヒーを飲む習慣が急速に拡大、アメリカ合衆国発祥のコーヒーと軽食を提供する飲食店チェーンの世界展開で、コーヒー文化は世界中に広まることとなりました。

(21) 中南アフリカの国々の言語と宗教

　中南アフリカでは、宗主国の言語である英語・フランス語が比較的普及、

宗教もキリスト教が比較的普及しています。これは、北アフリカは乾燥帯
気候地域が中心に対して、中南アフリカは熱帯気候地域が中心で、アラブ
人の居住やイスラームがあまり広まらなかったことによります。

　エチオピアは、現地語、キリスト教とイスラームで、独立の歴史が長い
ため現地語です。コートジボワールは、現地語とフランス語、イスラーム
とキリスト教、ナイジェリアは、現地語と英語、イスラームとキリスト教、
タンザニアは、現地語と英語、イスラームとキリスト教と、これらの国で
は、現地語と宗主国の言語、イスラームも広まりました。

　コンゴは、現地語とフランス語、キリスト教8割、ガーナは、現地語と
英語、キリスト教7割、ザンビアは、現地語と英語、キリスト教8割、ケ
ニアは、現地語と英語、キリスト教8割、南アフリカ共和国は、現地語と
英語、キリスト教8割、リベリアは、現地語と・英語、キリスト教約9割
と、アフリカの南部を中心とした地域は、現地語と宗主国等の言語、そし
てキリスト教が多い地域となっています。

(22) 中南アフリカの国々の宗主国

　中南アフリカの国々は、15世紀から20世紀にヨーロッパの国々の植民
地となり、独立は、第二次世界大戦後十数年経過の1960年前後が多い。

　エチオピアは、アフリカ最古の独立国、イタリアに一時併合されたこ
とがあります。コートジボワールは、15世紀に欧州人が渡来、19世紀フ
ランス植民地に、ガボンは、15世紀にポルトガル人が渡来、19世紀にフ
ランス領に、ナイジェリアは、15世紀にポルトガル人が渡来、19世紀に
イギリス植民地に、ガーナは、15世紀にポルトガル人が渡来、20世紀に
イギリス植民地に、ケニアは、15世紀にポルトガル人が渡来、20世紀に
イギリス植民地に、ザンビアは、18世紀にポルトガルが進出、20世紀に
イギリス植民地に、カメルーンは、15世紀にポルトガル人が渡来、19世
紀にドイツ領に、タンザニアは、19世紀にドイツ領に、第1次世界大戦
後はイギリス領に、コンゴ民主共和国は、20世紀初頭にベルギー植民地、
南アフリカ共和国は、17世紀にオランダから移民、19世紀にイギリス領に、
リベリアは、19世紀に米殖民協会が進出しました。15世紀、地理上の発

見の時代、大航海時代、真っ先にアフリカに渡来したのはポルトガル人でしたが、ポルトガルの国力低下で、ほとんどは他のヨーロッパの国々が植民地としました。

(23) 中央・西アジアとアフリカの諸課題

　中央・西アジアとアフリカは、エジプト文明・メソポタミア文明と古代文明発祥の地となりました。また、ユダヤ教・キリスト教・イスラームの宗教発祥の地となりました。特に、イスラームの拡大によって、この地域の中心的宗教となり、キリスト教は、世界へと広がりました。

　この地は、15世紀以降の欧米列強の進出により、多くは植民地や保護領となり、第二次世界大戦後に独立したものの、民族問題の発生がありました。第二次世界大戦後に油田開発が行われた結果、国別や国内での格差の発生となり、油田国有化が行われたものの、原油収入に頼るため、産業発達の遅れが指摘されます。また、教育・情報の発達により、従来の体制維持が困難になった国々も多い。政治・経済と民族・宗教、これら両者が相互に大きく影響しています。さらに、世界に影響を与える地域でもあり、この地域の民族と宗教を学ぶ必要があると指摘されます。

「まとめ」：
中央アジアの、主な言語・宗教には、何があるか。
西アジアの、主な民族・言語には、何があるか。
北アフリカの、言語・宗教には、何があるか。

「考察」：
西アジアで成立したいくつかの宗教の成立背景・要因は何か。
ドバイの発展要因、きっかけは何か。
アラブの春の要因と、その後の状況の要因は何か。

【15】欧州・米州・オセアニアの民族文化

（1）欧州・米州・オセアニアの衣食住 ①：衣

　衣類において、欧州は、毛織物文化の地です。羊は、乾燥帯気候地域・温帯気候地域・冷帯気候地域と、幅広い気候地域で飼育が可能です。羊は、粗食に耐え、羊肉も利用可で、万能な家畜と言えます。特に、毛織物は、じょうぶで加工しやすく、保温・吸湿性にすぐれています。したがって、寒い冬だけでなく、暑い夏においても、着用できる利点があります。

　欧州では、伝統的に羊を飼育する牧場が多く、アニメ「ひつじのショーン」といった作品もあります。また、イギリスのヨークシャーやフランスからベルギーにかけてのフランドル地方も、伝統的な毛織物の産地です。

　毛織物は、温帯気候地域から冷帯気候地域と、幅広い気候で、着用されています。米州は、欧州の植民地で、衣類にも大きな影響を与えました。北アメリカでは、東部でイギリスの影響が強く、着衣が類似しています。

　北アメリカのカナダの寒冷地（寒帯気候地域）に住むイヌイットは、狩猟生活を営み、狩猟による動物の毛皮を衣類として着用、厳しい寒さから身を守っています。

（2）欧州・米州・オセアニアの衣食住 ②：衣

　衣類において、注目すべきは、北アメリカのアメリカ合衆国西部地域です。西部開拓時代には、実用性が重視され、綿織物のジーンズが発達しました。その理由は、極めてじょうぶで、染色素材が毒蛇除けになるとされたからです。伝統的衣類や見かけよりは、実用的な衣類が優先されました。勿論、今日では、ファッションとして、ジーンズ文化は世界に広まっています。ちなみに、日本の児島（岡山県倉敷市）は、ジーンズの町として有名で、学生服と共に、各種のジーンズ製品を生産・販売しています。

　米州では、新大陸で人口密度が比較的低く、牛の飼育が盛んで、牛肉を食用とする以外に、牛革を衣類に多用、いわゆる「ウエスタン」ファッションを多く生み出しています。

　中南アメリカでは、宗主国が南ヨーロッパのスペインとポルトガルで、

白を基調にした、南ヨーロッパ風の衣装を基本にしつつ、地域ごとに、カラフルな伝統的民族衣装が見られます。また、アンデスでは、リャマやアルパカの毛を利用した、日差しの強さからの女性の帽子着用も、西洋由来と言えます。このように、南ヨーロッパの影響を受けつつ、各地の風土に適応した衣類が発達しました。

（3）欧州・米州・オセアニアの衣食住 ③：食

主食において、旧大陸の欧州は小麦（パン・パスタ）が中心で、気候条件から米の栽培が難しく、歴史的に乾燥帯気候地域や温帯気候地域の地中海性気候地域で栽培されていた小麦を栽培するという伝統と共に、キリスト教の影響を受けて、パン食が中心ということがあります。欧州のドイツや北欧では、新大陸から伝来したジャガイモも、食生活の中心を占めているのは、ジャガイモが寒冷な気候地域でも栽培できることによります。

新大陸の北米・南米のアルゼンチン・豪州は、小麦と肉が食生活の中心で、新大陸の肉牛飼育が盛んな地域では、牛肉の消費が比較的多い。

南米のアンデス山中は、とうもろこしとジャガイモが食生活の中心、南米の熱帯気候地域は、キャッサバ（タピオカ）が食生活の中心です。とうもろこし・ジャガイモ・キャッサバは、新大陸原産で、この地で古くから栽培されるとともに、とうもろこしとジャガイモは、幅広い気候で栽培が可能で、旧大陸にも伝わり、広く栽培されるようになりました。特に、ジャガイモは欧州の冷涼地などで貴重な作物となりました。また、キャッサバは、旧大陸の熱帯気候地域に伝播、栽培されて主食となっています。このように、新大陸原産の作物は、世界中の人々を養う作物となっています。

（4）欧州・米州・オセアニアの衣食住 ④：住

住居材料において、伝統的住居は、石と木が中心となっています。南欧では石、北米・北欧では木、中南米では土・植物と、中心的材料は、気候や入手材料による差異が現れています。

南欧では、日差しの強さから、白を基調の石造りの家が多く、特に、地中海のギリシャの離島などでは、島の斜面に階段状に分布する白い住居が

連なる景観は、代表的な光景となって、観光客にも人気があります。

　北米・北欧では、豊富な森林資源を利用しています。柱のみならず、屋根や壁も木材を組み合わせる、丸太を組み合わせたのが、ログハウスですが、湿度が高い気候では、湿度対策が必要となり、本来の分布地域は限られていました。しかし、木の温かみと、独特の住居であるところから、今日では、世界の林業地域など、広くみられるようになりました。

　南米ペルーのチチカカ湖では、植物のヨシ（アシ）を使用した浮島を作成し、その上にも植物を使用した家があり、観光名所となっています。

　このように、気候や入手材料の影響を受けた家屋が、その美しさなどから、世界各地で取り入れられる住居様式となったものもあります。

（5）欧州の民族と宗教による地域区分

　ヨーロッパは、民族と宗教で、3地域区分することができます。

　西ヨーロッパと北ヨーロッパは、民族はゲルマン系で、宗教はキリスト教のプロテスタントが中心です。

　南ヨーロッパは、民族はラテン系で、宗教はキリスト教のカトリックが中心です。

　東ヨーロッパは、民族はスラブ系で、宗教はキリスト教の東方正教会が中心です。

　この民族と宗教の差異は、過去の歴史が影響しています。すなわち、古代においては、ギリシャやローマ帝国の南ヨーロッパが中心でしたが、ゲルマン民族の大移動があり、その後も東ヨーロッパに多くの民族が移住してきました。各地域の民族の差異は、さらに、その後の歴史、特に近現代史における経済発展にも、大きな影響を及ぼしました。

　ヨーロッパを見る時、以上のような地域による、民族と宗教の特色を学ぶことが是非とも必要です。すなわち、ヨーロッパの国というだけでなく、どのような民族、どのような宗教であるかも見る必要があります。

（6）キリスト教の推移

　西アジアの乾燥帯気候地域発祥のキリスト教は、温帯気候地域の地中海

性気候地域である古代ローマ帝国において発展しました。しかし、ローマ帝国の分裂によって、西方はカトリックに、東方は正教にと別れることとなりました。さらに、正教は、国ごとに独自の正教が成立しています。

　宗教改革の発生によって、北ヨーロッパ、イギリス、ドイツ、オランダはプロテスタントが中心となり、南ヨーロッパ、フランス、東ヨーロッパの西部はカトリックが中心となりました。そして、これらのヨーロッパの国々は海外に植民地を獲得、その地において宗主国のキリスト教が伝えられ、北アメリカとオーストラリア・ニュージーランドはプロテスタントが多く、中南アメリカとフィリピンはカトリックが多い状況となりました。

　キリスト教の宗派の違いが与えた影響にも注目する必要があります。すなわち、北ヨーロッパ・西ヨーロッパと共に、アメリカ合衆国とオーストラリアはプロテスタントが多く、近代以降の商工業の発展が著しく、商工業者にプロテスタントが多いということです。このように、先進国の中でも、先進国中の先進国とされる国々において、宗教であるキリスト教のプロテスタントが与えた影響についても、考察が求められるところです。

（7）米州・オセアニアのキリスト教と宗教の多様性

　新大陸の米州・オセアニアは、キリスト教が中心ですが、自然崇拝も残ります。北アメリカ・オーストラリア・ニュージーランドは、キリスト教のプロテスタントが多く、先住民の間では自然崇拝もあり、アメリカ合衆国では奇岩が立ち並ぶモニュメントバレー、オーストラリアでは世界一の一枚岩であるウルル（エアーズロック）などは、自然崇拝の対象となっています。そこから、宗教を重視して、観光客の立ち入りを制限することも求められます。なお、中南アメリカでは、キリスト教のカトリック多い。

　カナダのケベック州のフランス系住民は、キリスト教のカトリックが多く、アメリカ合衆国西部の乾燥帯気候地域には、キリスト教の一派とされるモルモン教の中心地ユタ州ソルトレークシティがあります。米州には、ユダヤ民族も多く移住し、宗教はユダヤ教です。このような宗教的状況に加えて、近代期以降、特に現代期に北アメリカやオーストラリアへは移民が増加しており、それに伴い、宗教も多様化しています。すなわち、アジ

ア系移民は、仏教・ヒンズゥー教・イスラーム、中南アメリカ系移民は、キリスト教のカトリックで、特にアメリカ合衆国では、従来のキリスト教のプロテスタントが多い状況から、民族と共に宗教も多様化しています。

（8）キリスト教とその文化 ①

　キリスト教・イスラーム・仏教は、三大宗教で、その信仰地域は、イスラームは中央・西アジア・北アフリカの乾燥気候地域が中心、仏教は東アジア・東南アジアの湿潤気候地域を中心と、発祥の地の気候地域を中心としているのに対して、キリスト教は欧州・米州・オセアニアと地域的に広く、また、気候は、発祥の地は乾燥帯気候地域でしたが、現在の信仰地域の気候は、温帯気候地域から冷帯気候地域、さらに熱帯気候地域にいたる幅広い気候地域となっています。

　このように、信仰地域が広く、また気候環境も異なり、その結果、カトリック・プロテスタント・正教会を代表としつつ、宗派も多く、教義も極めて多様となっています。食生活・結婚・職業観、教会・聖書などにおいても、差異があります。例えば、飲酒に関して厳格・寛容、結婚についても離婚の可否、職業と人生の目的、教会における神父さん・牧師さんといった名称、聖書の解釈など、宗派によって様々な考え方があります。

　以上から、ヨーロッパでの地域区分で示したように、キリスト教はカトリック・プロテスタント・正教会の区分のみならず、さらにその中での宗派による相違があること、その要因についても注目すべきでしょう。

（9）キリスト教とその文化 ②

　キリスト教においては、宗派による多様な教義がありますが、各宗派の唯一の共通点といっていいのが、聖書です。旧約聖書は、本来はユダヤ教の聖典で、イエス・キリスト以前に成立、新約聖書は、イエス・キリストの使徒の福音で、イエス・キリスト以後に成立しました。

　教会については、聖書のみとし、教会を持たない、無教会派も存在しますが、多くは教会に所属、旧約聖書の天地創造で示されたように、「神は七日目に休まれた」ことから、一週間は七日、「七はラッキーな数字」と

され、七日目の日曜日に、教会に集い、神に祈りをささげる礼拝を行うこととなりました。

　隣人愛も、「隣人を愛せよ」と示されたように、キリスト教の相互扶助の精神です。他の宗教でも行われますが、キリスト教においても、国内のみならず、海外への扶助活動の源となっています。

　この隣人愛は、特に新大陸において、重要でした。従来の居住地のみならず、新天地で役立つ、すなわち、新たな来訪者を受け入れる、受け入れられることとなり、新大陸の開発が進み、発展することとなります。

　この隣人愛が発展、社会貢献を行うのが人生の目的、社会に奉仕（サービス）するため、練達（マスター）に励むことが奨励されました。

(10) キリスト教とその文化 ③

　キリスト教のプロテスタントでは、重要な概念である「天職」とは、神（天）が命じた職業です。信仰を深めるとは、いかなる職業であっても「天職」で、職業に励むこととされました。特に、商工業者にプロテスタントが多く、職業である商工業に励み、商工業が発達して、プロテスタントが多い国々は先進国になったとされています。

　安息日は、「神は七日目にお休みになられた」ことから、日曜日に教会で信仰を深め、他の日は労働に励むこととなります。プロテスタントの「天職」の考え方は、労働を重視するということであり、その職業に就く、就職を目指す、そのために労働・就職のために学ぶこととなり、学問は役に立つべきという、実用主義の学問が発達しました。勿論、日曜日が安息日という、週休制、そしてキリスト教の暦である西暦も世界に普及することとなりました。

　実用主義の学問は、プロテスタントの国々において盛んとなり、特に、社会科学（法学・経済学・経営学・商学）が発達、商業等の企業における仕事に役立つとして、学問も世界に広まることとなりました。

(11) キリスト教とその文化 ④

　キリスト教は、気候では、乾燥帯気候地域、大地形では、安定陸塊地域

が発祥の宗教です。この地は、古代文明発祥の地となるとともに、広大な砂漠が広がる地でもありました。

　キリスト教は、気候では乾燥帯気候地域に隣接、大地形では安定陸塊地域に隣接した、古代ローマ帝国の地中海性気候地域・新期造山帯地域で発展しました。その要因は、地中海性気候地域では、夏季には高温で乾燥しますが、冬季には温暖で湿潤の降雨期であり、小麦栽培が可能となったわけです。冬が生育時期の小麦であるところから、冬小麦と称され、温暖な地域での小麦栽培の中心となっています。また、新期造山帯地域は、山の斜面が水はけがよいためにブドウ栽培に適し、山の高度差を利用して季節により適した地へ移動させる移牧による家畜飼育（牛・羊・豚）が可能と、食生活が豊かになったことがあります。

　さらにキリスト教は、隣接した西岸海洋性気候地域と古期造山帯地域に拡大、15世紀の地理上の発見の時代、大航海時代が到来して、ヨーロッパ人が世界へ進出、植民地を獲得、ヨーロッパ人が移民、植民地でキリスト教を布教と、世界に広がることとなったわけです。

(12) キリスト教とその文化 ⑤

　ヨーロッパの文化、特に食文化が植民地へ伝わりました。食文化のみならず、農業技術も植民地に伝えられ、農産物の生産が増加しました。勿論、植民地の食文化、食材もヨーロッパへと伝わりました。特に、新大陸原産の食材（とうもろこし・ジャガイモ・トマト・キャッサバなど）は、ヨーロッパの生活に大きく貢献することとなりました。ヨーロッパ人の植民地獲得は、支配・被支配の問題は勿論ありますが、食文化の交流によって、相互に恩恵をもたらすこととなりました。

　食文化とキリスト教が世界に広まることとなったわけですが、それが受け入れられた背景には、実用主義（プラグマティズム）があります。すなわち、農業技術や学問が「役立つ」ということが伴って、世界にキリスト教が広まることとなったわけです。

　食文化のみならず、衣文化においても、洋服は動きやすさで人気となり、勿論、実用性が最も求められる軍服に採用され、のちの戦争にも影響する

こととなりました。すなわち、武器、軍隊制度、指揮命令系統などです。

　芸術文化では、特に音楽で、讃美歌によってキリスト教が伝道されましたが、この「西洋音楽」は、娯楽としてとても人気となりました。

(13) キリスト教とその文化 ⑥

　キリスト教の文化は、ヨーロッパの発展とともに歩みました。気候では西岸海洋性気候地域、大地形では古期造山帯地域にキリスト教は広がりましたが、この西ヨーロッパの土地は、気候的には人間にとって比較的快適な気候で、地形も山があることによって森林資源が入手でき、建築や燃料に利用できます。しかし、農業では、土地が比較的肥沃ではない土地で、特に、過去に氷河におおわれて土壌が少ない土地もありました。

　このような土地においては、工夫と良いものを取り入れる知恵が必要だったわけです。特に、「発酵」という工夫、その食品の普及が必然でした。パンとワインは、キリストの肉と血とされ、ビールは、修道院の栄養補給用飲み物からで、その普及にキリスト教が大きく関係しています。

　南アメリカ原産のジャガイモは、栄養価が高く、冷涼でも栽培でき、すぐに西ヨーロッパや北ヨーロッパに普及しました。ハム・ソーセージ・チーズは、越冬・飢餓対策に役立ち、重要な食品となりました。

　このように、ヨーロッパで発展した各種の食文化は、キリスト教とともに、各種食品が世界に広がり、同様に比較的肥沃でない土地で栽培、越冬・飢餓対策に活用されています。

(14) キリスト教とその文化 ⑦

　キリスト教文化は、欧州から米州・豪州に、そして世界に広がりました。キリスト教文化は、「西洋文化」と称して、東洋に、世界に、キリスト教文化とあまり意識されずに、広がったわけです。

　本来は、キリスト教の暦である西暦の普及は、その最たるもので、「世界共通」と錯覚されています。一週間 7 日、日曜日休日の習慣も、当然のごとく定着しています。西洋音楽も世界に普及しました。クラシック音楽はキリスト教の聖歌から発展したもので、キリスト教は多くの音楽家を育

成しました。その代表例が、日本における音楽教育に活用されたことで、聖歌のメロディーに日本語の歌詞が付けられ、日本の小学校唱歌となって歌われ、オルガン演奏も全国の小学校に普及しました。

　大学教育にも大きな影響を与えました。日本においても、キリスト教系の大学が多く、特に、プロテスタント系の大学が主として都市部地域に多く設立されました。勿論、直接のキリスト教系大学ではなくても、欧州や米州の大学の影響を受けた大学は数多く、実用主義の学問や熱心な就職指導、設立や教学の精神など、様々な大学教育に見出すことができます。

(15) 中南アメリカの民族構成 ①

　中南アメリカは、白人・黒人・先住民、それぞれの混血と、多様な民族で構成され、特に、北アメリカと比べて、混血が進んでいるとされます。その民族構成は、大地形と気候により、構成の差異を指摘できます。

　中南アメリカ大陸東部は、大地形が安定陸塊で、大平原や広大な高原地帯が広がっており、大農業地帯です。かつての植民地時代に、熱帯気候地域を中心に、白人による大農園農業（プランテーション農業）が始まり、植民地からの独立後も、その農業形態が継続しました。ブラジル高原でのコーヒー豆栽培や、アマゾン川流域での天然ゴム栽培は、その典型例です。

　中南アメリカ東南部、特に、アルゼンチン・ウルグアイは、温帯気候地域の温暖湿潤気候地域で、快適で肥沃なパンパ地帯であり、居住と農業で最も恵まれた地で、ヨーロッパから移り住んだ白人が多い地域です。

　ウルグアイの民族構成は、白人88％・メスチソ8％、アルゼンチンの民族構成は、白人86％・メスチソ7％、ブラジルの民族構成は、白人54％・ムラート39％で、中南アメリカの国々では、白人が半分以上を占める、比較的白人が多い国々です。ちなみに、メスチソは、白人と先住民の混血、ムラートは、白人と黒人の混血です。

(16) 中南アメリカの民族構成 ②

　中南アメリカ大陸西部は、大地形が新期造山帯、環太平洋造山帯のアンデス山脈やメキシコ高原が連なっています。気候は高山気候地域、空気

が比較的薄いのですが、麓の熱帯気候地域に対して、高山は気温が適度で、高山都市が発達しています。この地域では、メスチソである白人と先住民（インディオ）の混血が進み、民族構成に影響を与えています。

エクアドルの民族構成は、メスチソ77%・白人11%、チリの民族構成は、メスチソ72%・白人22%、ベネズエラの民族構成は、メスチソ64%・白人20%、メキシコの民族構成は、メスチソ60%・先住民30%、コロンビアの民族構成は、メスチソ58%・白人20%と、中南アメリカの国々では、白人と先住民の混血であるメスチソが半分以上を占める、メスチソが比較的多い国々です。

新期造山帯の環太平洋造山帯のこれらの国々は、平地に比較的乏しいため、メキシコ・ベネズエラの石油、チリの銅といった鉱産資源の産出や、エクアドルのバナナ、コロンビアのコーヒー豆などの農産物の生産と、特定の鉱業・農業が中心の地域となっています。

(17) 中南アメリカの民族構成 ③

中南アメリカ大陸西部は、大地形が新期造山帯、環太平洋造山帯のアンデス山脈が連なり、ペルーとボリビアは、特にアンデスの山岳地帯です。気候は高山気候地域、空気が比較的薄いのですが、麓の熱帯気候地域の高温に対して、高山は気温が人間にとって適度で、高山都市が発達しています。このアンデスの山岳地帯では、先住民（インディオ）が比較的多いという、民族構成に影響を与えています。

ペルーの民族構成は、先住民45%・メスチソ37%・白人15%、ボリビアの民族構成は、先住民55%・メスチソ30%・白人15%で、先住民が半分前後と、中南アメリカの国々では先住民の比率が比較的高く、先住民に次いで白人と先住民の混血であるメスチソが多い民族構成となっています。特に、白人の比率が比較的低く、中南アメリカ東南部の白人が多い地域と、きわめて対照的で、民族構成は、大地形である安定陸塊と新期造山帯、気候である温帯気候と高山気候という、大地形と気候の差異の影響を強く受けている典型例ともいえます。

なお、言語は、ブラジルがポルトガル語、他はスペイン語と、かつての

宗主国の言語が、独立後も主要な言語、公用語となっています。

(18) オーストラリア・ニュージーランドの民族

　オーストラリアの先住民は、数万年前から居住しているとされるアボリジニーです。17世紀にオランダ人タスマンがタスマニア島に到達、18世紀に、イギリス人クックがオーストラリア大陸に上陸、英国領を宣言、その後、イギリスから最初の移民団到着、フィリップ海軍大佐が初代総督となりました。19世紀に、全土が英国植民地となり、金鉱が発見され、ゴールドラッシュとなりました。そのため、欧米以外からの移民が増加、摩擦が発生、白豪主義になったとされます。白豪主義とは、移民を白人優先とするものです。20世紀に独立国となり、1973年に移民の人種差別条項が撤廃され、白人以外の移民が増加し、多民族・多文化社会化が進行、21世紀の2008年にアボリジニー政策が撤回されました。民族構成は、欧州系が90％、アジア系7％、先住民が3％と、多民族国家です。

　ニュージーランドは、8世紀ごろにマオリ人が発見、上陸したとされます。17世紀にオランダ人タスマンがニュージーランドに到達、18世紀にイギリス人クックが探検、19世紀に英国植民地となり、20世紀に独立しました。民族構成は、欧州系が68％、マオリ人14％、アジア系9％、太平洋系7％と、多民族国家です。

(19) フィンランド・バルト三国（エストニア・ラトビア・リトアニア）・ハンガリー・ルーマニア・アルバニアの民族と言語

　ヨーロッパのフィンランド・バルト三国（エストニア・ラトビア・リトアニア）・ハンガリー・ルーマニア・アルバニアは、ゲルマン系中心の北西ヨーロッパ、ラテン系中心の南ヨーロッパ、スラブ系中心の東ヨーロッパ、これらと異なる民族が分布する国々で、周囲と異なる民族国家であるところから、「民族島」と称されます。

　北ヨーロッパのフィンランドは、民族はアジア系のフィン人で、言語はフィンランド語です。

　バルト3国は、旧・ソビエト連邦で、エストニアは、民族はバルト系の

エストニア人で、言語はエストニア語、ラトビアは、民族はバルト系のラトビア人で、言語はラトビア語、リトアニアは、民族はバルト系のリトアニア人で、言語はリトアニア語です。

東ヨーロッパのハンガリーは、民族はアジア系のマジャール人で、言語はマジャール語、ルーマニアは、ラテン系のルーマニア人で、言語はルーマニア語、アルバニアは、アジア系のアルバニア人で、言語はアルバニア語です。

(20) 東欧革命

東欧革命は、1980年代において、旧・ソビエト連邦の経済危機による国力低下が背景にあります。その時期は、先進資本主義国においては、特に日本では、バブル景気が発生、空前の好景気となっていました。

1988年に、当時のソビエト連邦のゴルバチョフ政権が、東欧における改革が可能と声明を出しました。翌年の1989年に、まず、石炭を産出して工業が発達したポーランドが非共産党国家となり、次いで、アジア系民族国家のハンガリーが非共産党国家となりました。さらに、ベルリンの壁が崩壊して、ドイツ統一へ向かい、翌年に、統一されました。親ソ系国であるブルガリアで共産党政権が崩壊、工業国のチェコスロバキアで指導者が交代、ラテン系民族国のルーマニアで大統領夫妻が処刑されました。一気に、各国で旧・ソビエト連邦の影響力が低下、非共産党系国家の誕生や、政権・指導者が交代、ドイツにいたっては、東西ドイツが統一されました。

1991年に、ソビエト連邦自体が崩壊、バルト三国が独立、ユーゴスラビア紛争が発生、1992年には、アジア系民族国のアルバニアが、非共産党国家となりました。このように、旧ソビエト連邦の影響下にあった東ヨーロッパの国々が、すべて、その影響下から離れることとなりました。

(21) ロシアとベラルーシ・ウクライナの民族と宗教

1917年のロシア革命でソビエト連邦が誕生、1991年にソビエト連邦が崩壊しました。20世紀に誕生し、21世紀を待たずに崩壊しました。

ロシア連邦は、旧・ソビエト連邦の中心的な国で、民族はロシア人8

割・他に多数の少数民族で構成され、言語はロシア語・他に多数の民族言語が用いられています。宗教は、キリスト教が約6割で、ロシア正教会が約5割を占めます。ベラルーシは、旧・ソビエト連邦の一員で、民族はベラルーシ人が約8割を占め、言語はロシア語が約6割、宗教は東方正教が8割です。ウクライナは、旧・ソビエト連邦の一員で、民族はウクライナ人が約8割、ロシア人が約2割、言語はウクライナ語、宗教はウクライナ正教会です。肥沃な農業地帯があり、また、石炭・鉄鉱石などの資源も豊富な国として知られています。

このように、ロシア・ベラルーシ・ウクライナは、中心的な民族・言語・宗教が異なり、ソビエト連邦の崩壊によって、各民族を中心として国家を形成することとなりました。なお、他に、中央アジアの国々やバルト三国の国々が、ソビエト連邦から独立することとなりました。

(22) 欧州の移民問題 ①

ヨーロッパの国々の中でも、イギリスとフランスは、かつて世界に広大な植民地を有し、植民地時代においても、植民地から宗主国の本国に移住するという、イギリスのインド人や、フランスのアフリカ系アラブ人の人々がおり、植民地が独立後も、この傾向は継続しました。背景には、より豊かな生活を求めてという、経済的要因が中心です。

ヨーロッパの国々の中でも、ドイツは、第一次世界大戦・第二次世界大戦ともに敗戦国となり、国土が荒廃、多くの若者を失って労働力不足となりました。そこで、ドイツ（第二次世界大戦後は西ドイツ）は、早くからトルコ人の移住者を受け入れてきました。

ヨーロッパ、特に経済が好調な西ヨーロッパの国々は、以上のような、過去の移民受け入れの流れから、近年では、中東の国々を中心に、西アジアや北アフリカ方面からの移住者が急増、受け入れ各国で問題となっています。すなわち、言葉や生活習慣の違いも大きく、負担となっています。また、陸路での移動、すなわち、東ヨーロッパの国々が通過地点となった場合、その先に進めず、東ヨーロッパ国内にとどまる結果となり、それらの国の負担となる問題もあり、いずれも、国際的な対応が求められます。

(23) 欧州の移民問題 ②

　イギリスは、2020年に、ＥＵ（ヨーロッパ連合）から離脱しました。イギリスは島嶼国で、ヨーロッパ大陸側に対して、過去から独特のスタンスを維持し、他のヨーロッパ諸国と比べて、ＥＵ（ヨーロッパ連合）への加盟（当時は、ヨーロッパ共同体、ＥＣ）は比較的遅い状況でした。1994年に英仏海底トンネル（ドーヴァー海峡トンネル）が開通、事実上、大陸側と「陸続き」となって大陸側との移動がより活発化、それに伴って、移民の移動も活発となりました。このことが、英のＥＵ離脱の要因となったとされます。また、2016年にアメリカ合衆国でのトランプ大統領誕生の要因も、移民問題が影響したとされます。このように、欧州を中心として、欧米の政治情勢は、移民問題で動いていると指摘されることがあります。

　欧州への移民には教育と情報を有する若者層が多く含まれ、影響を受けるとされるのが、受け入れ国の教育を受けた若者層です。これは何を意味するのか。移民問題の背景には、教育・情報問題があります。移民・若年層ともに、教育と情報を有するのに、という共通点があります。すなわち、教育・情報の本質（役立つのか、正しいのか）が問われています。本書の最初に示した、過去から繰り返す、理想と現実、経過と結果の問題です。

「まとめ」：
欧州と米州の衣類の代表には何があり、その着用・発達理由は何か。
欧州と米州の主食には、何があるか。
オーストラリア・ニュージーランドの民族には、何があるか。

「考察」：
キリスト教文化が世界に広まった要因は、何か。
東欧革命の要因は、何か。
欧州の移民問題の背景は、何か。

【16】 おわりに

　拙著『自然地域学』（竹林館）を 2021 年に、拙著『日本と世界の地域学』（竹林館）を 2023 年に、そしてこの拙著『人文・社会地域学』（竹林館）を 2023 年に発刊、以上で、地理学における「人文地理学」「自然地理学」「地誌学」の三学問分野を網羅、「地理的地域学」三部作が完結しました。学生時代に、「研究者は、○○学が専門分野と自称しますが、著作の論文では、いわゆる＜重箱の隅をつつく＞ことが多々あり、○○分野が専門なのであって、○○学の専門家とはいいがたい。やはり、○○学の概論・総論・総説の単行本を一人で書いてこそ、初めて○○学が専門と称することができる」「書名に○○学と称しても、内容は一部の分野の一部の事例を取り上げただけ、さらに複数の著者でも複数の一部の事例にとどまり、包括的とはいいがたい」いうお話を拝受しました。そこで、いつかは自分でということで、以上三学問分野 3 冊の単著を発刊させていただいた次第です。

　拙著『日本と世界の地域学』（竹林館）でも記しましたが、高等学校において「地理総合」がようやく必修となり、大学における教職課程の地理学関連科目の重要性が増しました。しかしながら、現在、大学で地理学授業担当の先生方は、多くは高等学校において「地理」が選択の時代で、高等学校によっては「地理」の教員（教員採用試験で地理教員として採用された教員）が配置されず、場合によっては選択科目の「地理」が開講されず、大学の「地理学」の教員だが、高校生時代に「地理」を受講していないことも十分に考えられます。その結果、大学入試の受験科目で「地理」での受験勉強を経験していないこともあるわけです。「はじめに」で触れましたように、現在、「地理学科」が大幅に減少、従来から、学科別募集ではなく学部別募集の場合、3 年次にようやく学科に配属となりましたが、学科が「地理学科」でなくなることによって、さらに学部生時代の「地理学」科目の受講が少なくなる傾向が加速しています。本来ならば、1 年次からできるだけ多くの「地理学」科目を計画的に受講して、学部段階ではできるだけ幅広い「地理学」分野を学んでおくことが、将来の研究に備えて、求められるところです。筆者の時代は、前後期制の 1 科目 2 単位取得

の時代ではなく、通年開講制の1科目4単位取得の時代で、一般教養の地理学に始まり、専門科目の地理学概論・人文地理学・自然地理学・地誌学・経済地理学・社会地理学・地理学外書講読（英書地誌・英書系統地理・第二外国語講読）・地理学特殊講義（複数受講、歴史地理学・都市地理学・計量地理学・地域研究法等）・測量学を受講して単位を取得、学部生時代には実に13人の地理学の先生方のご指導をいただきました。地理学の大学院に進学するならば、このように学部生時代において10人以上の地理学の先生方のご指導をいただくことが必要でしょう。これは、将来、大学教員となって、自ら授業を行う場合に、自ら受講したことがない科目の授業を担当するといったことを避ける意味合いもあります。3年次から専門科目の受講を始めると、年間受講時数の制約もあって、限られた授業・分野のみの受講となり、大学院に進学した場合に、その研究に大きな影響を与えることも十分に予想されます。また、筆者の時代は、特に大学院に進学することを考えた場合に、教員免許状を取得するのが当然で、実際に、院生時代に教員を経験していることも多い状況でした。ちなみに、筆者は学部生時代に教員採用試験に合格して専任教員として採用、いわゆる「二足の草鞋」でした。高大連携や地理教育を論じる場合、自らの高等学校における地理授業の受講、教員免許状の取得、自らの教員経験が重要となるのは、当然のお話です。勿論、教職科目「地理学」の授業担当や、教職科目「教科書」の執筆にあたっては、以上のことが十二分に考慮されるべきでしょう。この状況は、初等中等学校教員養成を目的とした教育学部において、初等中等学校教員経験のない教員が多くを占めている実態に対し、文部科学省は初等中等学校教員経験者を一定の割合（本来ならば全員が原則でしょうが）を採用するようにとの指示を出すに至ったことで、明確にあらわされています。ただ、「実務経験者」を優先するあまり、学位（課程博士号）取得者が従となるのも、あるいは、大学院の授業を担当、学生を指導するのに、自らは博士課程に在学した経歴がない、学位（課程博士号）を取得していないというのは、大学としていかがなものかということになるかと思われます。当然、両方とも重視すべきでしょう。反対に、中等教育学校での地理教育の経験から、地理教育が論じられる場合があります。その際に、強く

感じるのは、「地理学あっての地理教育」です。自ら「地理学」研究に取り組み、その成果を地理教育に生かすことが求められます。例えば、地域を語るとき、一時の時代背景だけで語るのではなく、江戸時代から現代に至る流れまでも背景として指摘すべきです。日本の農業を語る場合に、稲作は必須で、西廻り航路による酒田から大坂への米輸送から、戦後の減反政策、規制緩和による販売方法の変化まで指摘しておくことが必要です。現在（2021年）、水稲収穫量上位は新潟県・北海道・秋田県ですが、熱帯原産の米にとって、これらの地域が自然条件で「最適」という理由でないのは明らかです。これらの道県はかつてトップクラスではなく、特に戦前期においては、東北地方で冷害が頻発しました。是非とも、近世・近代の過去にさかのぼって、都市化の進展、他の作物への早期の転換、減反政策に対する対応などを、確認すべきです。郵便局の立地は、郵便制度発足時の交通状況が大きく影響しており、北海道の郵便局の位置を示すと、北海道の輪郭となるのは当時の交通状況、陸続きでも海や川を船で郵便物を輸送した、当時を反映しています。みわたしてつなげる場合、要因の説明に幅広い知識が必要で、要因の説明が十分でない・的確でない場合は、「事柄指摘」のみで終わり、みわたしても、つながらないこととなります。

「地理学」および「地域学」は、「総合科学」と指摘されますが、「総合科学」の研究には、自らが学部生時代に、幅広い学問分野の学びが必要です。特に、「政治地理学」分野や「経済地理学」分野の研究では、「政治学」「経済学」の幅広い専門科目の授業受講があってこそ、取り組める「地理学」といえます。かつて、歴史学がご専門の先生から指摘されたのが、「歴史学では、法制史・政治史は法学部、経済史は経済学部、自然史は理学部、都市史は工学部、農業史は農学部といったように各学部の専門家で研究され、文学部では文化史が中心、やはり系統的歴史学では、各系統的学問分野の素養が基礎・基本として必要です。ところが、地理学では、文学部に設置されている場合でも、政治地理・経済地理・都市地理、さらには自然地理まで文学部で研究される、驚異的」ということです。実際、「人文地理学」と書名に表記されている「教科書」用の本を見ると、人口・産業（農林水産業・鉱工業・商業・観光・交通・都市）・開発政策・環境政策・国家な

ど、ほとんどが経済地理・政治地理の分野で占められているのに、書名に
「人文（人間文化）地理学」と称することはいかがかな、というような思い
も生じるところです。少なくとも、「文化」の項目を設定することは、「人
文地理学」においては必須でしょう。特に、文学部や文化研究等の御出身
の場合は、是非とも取り上げていただきたい。歴史学と同様の考え方をす
るならば、法学部・経済学部等の出身で、法学・経済学・地理学を修めて、
政治地理学・経済地理学を論じるのが、「理想的」「本来」「王道」と言え
ます。実際、鉄道の立地では、自然条件や経済条件で説明されることが多
いのですが、いかに自然条件に合致し、経済的に求められても、法規に準
拠し、行政の許可を受けなければ開設できないのです。したがって、鉄道
法規と鉄道行政に基づく要因説明が必要です。「東京は帝都、大阪は民都」
とされることがありますが、大阪と、京都・神戸・奈良・和歌山を結ぶ京
阪・阪神・大軌（近鉄の前身）・阪和は、法規・行政の影響を大きく受けた
典型例です。地域では、離島の「離島航路整備法」「離島振興法」、そして、
延長改定時の「離島振興計画」が離島地域に大きな影響を及ぼし、離島関
係諸法・離島振興行政は必須です。時代的に言えば、明治期の郵便制度発
足とともに、徴兵制実施が「伝達」と「召集」のシステム構築、郵便・交
通ルート確立、市が少なく町村が圧倒的に多い時代に、郡役所の重要性と
郡役所所在地を中心とした地域システムの構築となったことに注目が必要
です。「人間活動に伴う諸現象」「地域を見る視点」で、経済的要因と共に
政治的要因も考慮しなければいけません。今日、「地政学」が大きく注目
されていますが、地理学でそれを避ける傾向からか、「政治」と距離を取っ
ていると指摘されます。検討が必要な場合もありますが、やはり必要なも
のは是非とも取り入れるべきで、学問の盛衰にも関わるでしょう。
　また、「○○分野は○○学」といったように、研究分野に対して学問
分野が決まっている、固定されているわけでなく、有効な相互関係の分
析、的確な要因説明ができる学問分野が、その研究をリードすることとな
り、結果を出せる学問・出せない学問と、学問分野の盛衰に関わってきま
す。研究論文で多いのが、最初に過去の研究を提示し、研究がないことや
少ないことを指摘した論考、あるいは○○からの検討と視点を限定した論

考が見られますが、実際は多くの研究があり、多彩な視点が必要です。第一には、指導者が論考投稿前に指導するとともに、第二には、査読論文であれば査読者が指摘すべきです。査読論文であっても、適切な査読者による適切な査読が必須で、執筆者・指導者・査読者のいずれもが狭い分野のみの過去論文検証、狭い視野の査読者の査読が、その学問分野の衰退を招くとの「危機感」を自覚することが必要です。勿論、査読は具体的・論理的であるべきで、抽象的・一方的な査読は、査読としては論外でしょう。

　本書の書名は、『人文・社会地域学』としました。これは、従来、「人文地理学」として学ばれていた内容を基礎に、社会科学分野の比重から「社会」を加え、「人文」という以上は、「文化」の比重を増し、人文科学・社会科学に対応し、さらなる飛躍の意味を込めて「地域学」とさせていただいた次第です。したがって、「人文地理学」にとらわれず、人文科学・社会科学の系統的地域学を、包括的に学んでいただきたいと考えています。「系統的地域学」は、「地域的地域学」の「地域区分」に対して、「系統区分」の検討が必須です。本書でも、「人口」「産業」「集落」「文化」の大きな系統区分を用いました。これらは基本的な「系統区分」として重要で、本書でも伝統的な「系統区分」にしたがって、構成・論述しています。従来、「専門書」においては、複数の「専門家」が自己の専門分野に基づき、「専門性」を発揮、特に自己の立場や「現代的・時事的」課題を盛り込んで、時代に即した内容展開とすることが多い状況です。勿論、それを否定することはないわけですが、読者からすれば、限られた時間の中で、いかに「絞って」内容を提供されるかが、重要なポイントです。大学の授業科目の教科書であれば、受講生の状況、目的、それらの多くが何であるのか、それに基づいた内容構成が求められます。そこから、「人口」「産業」「集落」の三大項目に、重要性を考慮すれば「文化」が加わり、まずは「現代的」課題の前に、厳選した基礎・基本を重視した構成と内容が必要です。「現代的・時事的」課題は、「現代」ではありますが、「未来」では変化が予想されます。歴史が「過去」ならば、地域は「未来」に向けて、基礎・基本を固めることが「必要」ということから、項目を多くすることによって、「あれもこれも」とならないことも、考慮しなければいけません。また、本書

では貿易統計等、できるだけ最新年度統計の比率・順位を提示しました。統計は、短期間で変化する側面はありますが、ただ単に「大小」や「多少」にとどまらない数値把握・順位把握は重要で、当然、今後の変化も意識しなければなりません。数値・順位がないと、学習者が抽象的イメージでとらえて終わることも予想され、本来の趣旨とはかけ離れたものとなります。勿論、卒業論文等の論述でも、数値・順位提示等の数値の必要性を指摘し、その入手が重要ということを明確にする必要があります。

　本書でもって、「地理的地域学」三部作を完結することができました。これも、ご指導いただいた先生方のおかげでもあります。学部生時には、大島襄二先生・星野輝夫先生・杉本尚次先生・浮田典良先生・藤岡謙二郎先生・足利健亮先生・鈴木富志郎先生・日下雅義先生・白井哲之先生・小谷昌先生・池田碩先生・松田信先生・武藤直先生の13人の先生方に、大学院修士課程時には、松田信先生・前田昇先生・武藤直先生・石井孝行先生・守田優先生の5人の先生方に、大学院博士課程後期課程時には、橋本征治先生・高橋誠一先生・伊東理先生・木庭元春先生・野間晴雄先生・水山高幸先生・石原照敏先生の7人の先生方にご指導をいただき、その延べ人数は25人（実人数は23人）となり、関西の地理学の多くの先生方にご指導いただきました。おそらくは、ご指導いただいた先生の総数では、トップクラスと自負しています。また、関西学院大学地理研究会、大阪教育大学地理学会、関西大学地理学研究会の先生方に、さらに、日本地理学会地理教育専門委員会では小泉武栄先生・中村和郎先生に、日本地理学会交通地理研究グループでは、青木栄一先生・中川浩一先生・大島登志彦先生に、日本地理学会地域政策研究グループでは伊藤達雄先生・東廉先生・今野修平先生に、日本地理学会空間的な視野に基づく交通研究グループの各先生方に、日本島嶼学会の鈴木勇次先生・中俣均先生に、日本クルーズ＆フェリー学会の池田良穂先生・赤井伸郎先生・片山徹先生に、日本離島センターの大矢内生気先生・三木剛志先生にと、実に多彩で多数の先生方とも交流いただく機会が与えられ、ここに深く感謝申し上げる次第です。

　特に、過去にお世話になり、ご逝去された先生方、関西学院大学及び関西学院大学地理研究会でお世話になりました大島襄二先生（2014年ご逝去）・

浮田典良先生（2005年ご逝去）、関西学院大学でお世話になりました藤岡謙二郎先生（1985年ご逝去）・星野輝夫先生（1995年ご逝去）・足利健亮先生（1999年ご逝去）・鈴木富志郎先生（2021年ご逝去）・杉本尚次先生（2022年ご逝去）、関西学院大学・大阪教育大学及び日本地理学会でお世話になりました白井哲之先生（2006年ご逝去）、大阪教育大学大学院でお世話になりました松田信先生（2007年ご逝去）・前田昇先生（2017年ご逝去）・守田優先生（2021年ご逝去）、大阪教育大学大学院で同窓の西村孝彦先生（1994年ご逝去）、大阪教育大学及び大阪教育大学地理学会地理教育部会でお世話になりました位野木壽一先生（2006年ご逝去）、大阪教育大学地理学会地理教育部会でお世話になりました古川浩先生（2004年ご逝去）・橋本九二男先生（2011年ご逝去）・奈良芳信先生（2013年ご逝去）・磯高材先生（2020年ご逝去）、関西大学大学院でお世話になりました高橋誠一先生（2014年ご逝去）・水山高幸先生（2013年ご逝去）、日本地理学会交通地理研究グループでお世話になりました中川浩一先生（2008年ご逝去）・青木栄一先生（2020年ご逝去）・中牧崇先生（2020年ご逝去）、日本地理学会地理教育専門委員会でお世話になりました中村和郎先生（2022年ご逝去）の各先生方に、重ねて感謝申し上げます。

　筆者は「地域学シリーズ」として、系統的地域学の拙著『自然地域学』（竹林館）、地域的地域学の拙著『日本と世界の地域学』（竹林館）をすでに発刊、その三部作として、この拙著『人文・社会地域学』（竹林館）を発刊、系統的・地域的に「地域」を見ていただきたいと考えています。「概論」「総論」「概説」の3部作を完結させましたので、「各論」の三部作、特に「人文・社会地域学」の各論、「自然地域学」の各論、それぞれの単行本の発刊も予定しています。すでに、系統的地域学で、観光に深化した「観光地域3部作」の、拙著『観光地域学』（竹林館）と拙著『テーマパーク地域学』（竹林館）を発刊、拙著『アニメ地域学』（竹林館）も発刊いたします。
「地域学」の発展のためには、多くの人々が系統的地域学や地域的地域学の研究に取り組んでいただき、他の「地域学」の書物が発刊されることをおおいに期待しています。その際に、拙著の「地域学シリーズ」が参考となりますならば、幸甚に存じる次第です。

● 著者略歴

奥野　一生（おくの　かずお）

大阪府立　千里　高等学校　卒業
関西学院大学　法学部　政治学科　卒業　　法学士
大阪教育大学　大学院　教育学研究科
　社会科教育専攻　地理学講座　修士課程　修了　　教育学修士
関西大学　大学院　文学研究科　地理学専攻
　博士課程　後期課程　修了　　博士（文学）学位取得

現在，大学教員

主著：『日本のテーマパーク研究』竹林館，2003 年発行
　　　『日本の離島と高速船交通』竹林館，2003 年発行
　　　『新・日本のテーマパーク研究』竹林館，2008 年発行
　　　『レジャーの空間』ナカニシヤ出版，2009 年発行（分担執筆）
　　　『新ソフィア叢書　No.1　観光地域学』竹林館，2018 年発行
　　　『日本ネシア論』藤原書店，2019 年発行（分担執筆）
　　　『新ソフィア叢書　No.2　自然地域学』竹林館，2021 年発行
　　　『新ソフィア叢書　No.3　テーマパーク地域学』竹林館，2022 年発行
　　　『新ソフィア叢書　No.4　日本と世界の地域学』竹林館，2023 年発行

所属：日本地理学会会員
　　　（1998 ～ 2001 年度役員＜地理教育専門委員会専門委員＞
　　　人文地理学会会員
　　　日本地理教育学会会員
　　　日本クルーズ＆フェリー学会会員（役員＜理事＞）
　　　日本島嶼学会会員（設立発起人，2005 ～ 2021 年役員＜理事＞）

自然地域学

Natural Regionology

奥野一生著

新ソフィア叢書No.2　ISBN978-4-86000-455-2・A5判・本体1800円＋税

旧版帝国図・地勢図・地形図50点掲載！
自然地理学概論・入門・教職テキストに！

今日、高等学校進学率は極めて高く、高等学校での教育と進路指導は、各自の人生に大きな影響を与える。高等学校の地理総合において、自然環境の学習にとどまらず、人間文化・人間社会に与える影響、そこに至る視点の指導が肝要となろう。勿論、部分的でなく包括的であることも大学教育に繋ぐ上で必要であり、教職を目指す場合、勿論、研究者を目指す場合も、基礎・基本となるはずである。本書では、その求められている状況に対し、大学での自然地理学の教科書として企画したものである。（「はじめに」より）

―目次より―
日本の自然地理と自然災害／大地形／安定陸塊地域／古期造山帯地域／新期造山帯地域／山地地形地域と平野地形地域／海岸地形地域とサンゴ礁地形地域／氷河地形地域・乾燥地形地域・カルスト地形地域／ケッペンの気候区分と日本の気候／熱帯気候地域／乾燥帯気候地域／温帯気候地域／冷帯気候地域・寒帯気候地域・高山気候地域／まとめ：日本の自然・鉱産物と歴史、世界の自然・鉱産物と歴史

日本と世界の地域学

Regionology of Japan and World

奥野一生著

新ソフィア叢書No.4　ISBN978-4-86000-493-4・A5判・本体2800円＋税

教職課程地誌学・地誌学概論・地誌学概説のテキストに！
日本と世界の全地域、全都道府県庁都市旧版地形図掲載！

小・中学校で「地理」を学び、「いつかは、日本各地へ」「いつかは、世界各地へ」と思った人は多いでしょう。それを実現して、旅行・留学、さらには居住された場合もあるでしょう。このような方々に、今一度、本書で「日本一周」「世界一周」というのもいかがでしょうか。また、小・中学校で「歴史」を学び、「いつかは日本史の舞台へ」「いつかは世界史の舞台へ」と思った人も多いでしょう。本書は、「教科書」として作成しましたが、「地理愛好家」「歴史愛好家」にも読んでいただけたらと思っています。（「はじめに」より）

―目次より―
日本の地域区分／南西諸島の地誌／南九州・北九州地方の地誌／中国・四国地方の地誌／近畿地方の地誌／中部地方の地誌／関東地方の地誌／東北地方の地誌／北海道地方の地誌／東アジア・東南アジア・南アジアの地誌／中央アジア・西アジア・北アフリカ・中南アフリカの地誌／ヨーロッパ・ロシアの地誌／アングロアメリカ・ラテンアメリカの地誌／オセアニアの地誌と世界の地域区分

人文・社会地域学 *Regionology of Humanities and Societies*　新・ソフィア叢書 No. 5

2023 年 11 月 1 日　第 1 刷発行
著　者　奥野一生
発行人　左子真由美
発行所　㈱ 竹林館
〒 530-0044 大阪市北区東天満 2-9-4 千代田ビル東館 7 階 FG
Tel　06-4801-6111　Fax　06-4801-6112
郵便振替　00980-9-44593
URL http://www.chikurinkan.co.jp
印刷・製本　モリモト印刷株式会社
〒 162-0813 東京都新宿区東五軒町 3-19

© Okuno Kazuo　2023 Printed in Japan
ISBN978-4-86000-504-7　C3325